Coleção
Avaliação &
Intervenção

Reabilitação Neuropsicológica

Avaliação e intervenção de crianças e adolescentes

2ª EDIÇÃO – REVISADA E AMPLIADA

Regina Maria Fernandes Lopes
Roberta Fernandes Lopes do Nascimento
ORGANIZADORAS

Artesã

Reabilitação Neuropsicológia – Avaliação e intervenção de crianças e adolescentes

2021, 2025 - 2ª Edição - Revisada e Ampliada

DIRETOR
Alcebino Santana

DIREÇÃO DE ARTE
Tiago Rabello

CAPA
Artesã Editora

REVISÃO
Giovanna Marques Haller Felipe

REVISÃO TÉCNICA
Marianne Farina: Psicóloga e Doutora em Psicologia (PUCRS)
Fernanda Fernandes Lopes: Psicóloga (PUCRS)
Paulo Roberto de Oliveira Lopes: Psicólogo (PUCRS)

PROJETO GRÁFICO E DIAGRAMAÇÃO
Conrado Esteves

Catalogação na publicação
Elaborada por Bibliotecária Janaina Ramos – CRB-8/9166

R281

Reabilitação neuropsicológica: avaliação e intervenção de crianças e adolescentes / Organização de Regina Maria Fernandes Lopes, Roberta Fernandes Lopes do Nascimento. – 2. ed. rev. ampl. – Belo Horizonte: Artesã, 2025.

(Avaliação e intervenção)
336 p.; 16 X 23 cm
ISBN 978-85-7074-110-3

1. Reabilitação neuropsicológica. I. Lopes, Regina Maria Fernandes (Organizadora). II. Nascimento, Roberta Fernandes Lopes do (Organizadora). III. Título.

CDD 616.80475

Índice para catálogo sistemático
I. Reabilitação neuropsicológica

IMPRESSO NO BRASIL
Printed in Brazil

(31) 2511-2040 (31) 99403-2227
www.artesaeditora.com.br
Rua Rio Pomba 455, Carlos Prates - Cep: 30720-290 | Belo Horizonte - MG
/artesaeditora

Apresentação da Coleção "Avaliação & Intervenção"

É com imensa satisfação que apresentamos a "Coleção Avaliação & Intervenção", que foi estruturada de maneira que o leitor reforce o seu conhecimento acerca na realização de avaliações psicológicas e neuropsicológicas, incluindo intervenções. Os volumes iniciais lançados abordam a Reabilitação Neuropsicológica: Avaliação e Intervenção em crianças, adolescentes, adultos e idosos, que propicia ao leitor o aprendizado sobre o assunto em diferentes contextos das fases do desenvolvimento. A coleção tem como objetivos mostrar práticas de avaliação e intervenção. Os demais volumes estão direcionados à abordagem da atuação do profissional, principalmente do psicólogo, em avaliações e/ou intervenção em diferentes contextos, entre os títulos estão: Avaliação Psicológica Psicossocial (envolve Normas Regulamentadoras - NRs); Avaliação Psicológica em crianças e adolescentes; Avaliação Psicológica em adultos e idosos; Avaliação Psicológica em diferentes contextos, entre outros títulos a serem incluídos na coleção "Avaliação & Intervenção".

Regina Maria Fernandes Lopes
Roberta Fernandes Lopes do Nascimento
Organizadoras

Dedicatória

"Quando aceitamos nossos limites,
conseguimos ir além deles."
(Albert Einstein)

A nossa família: Paulo Roberto de Oliveira Lopes, Roberto Chiumeo do Nascimento, Fernanda Fernandes Lopes, Anderson Gustavo Barrios, Mariana Lopes do Nascimento, Mateus Lopes do Nascimento, Rafaela Lopes Barrios e Murilo Lopes Barrios.

Agradecimentos

A Deus, por estar sempre no comando de nossas vidas!

Aos alunos dos nossos cursos, que ao ensinar, nos fizeram aprender muito sobre este tema.

Aos autores que fazem parte deste projeto!

As Psicóloga Dra. Marianne Farina e Carolina Carminatti, pelas contribuições gerais.

A todos que fizeram parte deste projeto, pela dedicação, envolvimento, disponibilidade e acima e tudo a paixão por Avaliação Psicológica, Neuropsicológica e Reabilitação.

Aos nossos mestres e excelentes professores que ao longo da nossa trajetória acadêmica e profissional nos ensinaram muito.

Especialmente a Editora Artesã, por ter acreditado e confiado no nosso trabalho!

Sumário

Apresentação

Este livro oferece dados de investigações mais recentes no campo da neuropsicologia, modulada pela experiência clínica dos autores da obra, em intervenções neuropsicológicas em vários processos patológicos neurológicos e psiquiátricos. Além disso, aborda os aspectos de reabilitação cognitiva em casos de menores infratores.

O primeiro capítulo denominado de "Deficiência Intelectual na Infância: da Avaliação à Reabilitação Neuropsicológica", destaca como objetivo principal traçar parâmetros para o diagnóstico de Deficiência Intelectual, e refletir sobre estratégias que amenize os prejuízos dessas crianças por meio dos conhecimentos da Neuropsicologia. Apresenta conceitos e histórico de inteligência, de deficiência intelectual, os principais instrumentos de avaliação neuropsicológica e estratégias de intervenção.

O segundo capítulo intitulado: "Dificuldades de Aprendizagem na Leitura", mostra formas de explorar as dificuldades da leitura e demostrar a importância desta no processo da educação infantil com um olhar psicopedagógico. Enfatiza a incentivar a criança à leitura, propondo análise das possíveis causas para as dificuldades de leitura que se apresentam durante a aprendizagem. Assim como, mostrar soluções para as dificuldades de leitura encontradas ao longo do estudo.

O terceiro capítulo "Dislexia Infantil: Um Processo de (Re)Habilitação", é composto por uma narrativa sobre a Dislexia Infantil, destaca os conceitos e fundamentos dos tipos de Dislexia e critérios diagnósticos. Descreve a avaliação neuropsicológica e mostra sugestões de testes para avaliação neuropsicológica deste transtorno, assim como evidencia formas de intervenção neuropsicológica.

O quarto capítulo denominado de "Dificuldades de Aprendizagem em Crianças: Estratégias de Intervenção", apresenta uma visão geral sobre o tema em quatro tópicos: definição do que é aprendizagem e dificuldades de aprendizagem; abordagem e métodos para a diagnose; estratégias para tratar as dificuldades de aprendizagem e finalmente, a relevância da Neuropsicologia no tratamento das dificuldades de aprendizagem.

O quinto capítulo intitulado 'Treinamento Cognitivo em Crianças com Dificuldades de Aprendizagem", descreve uma análise conceitual do transtorno e expõe os critérios diagnósticos em diferentes estágios de seu estudo. Além disso, mostra contribuição valiosa para entender os limites do uso dessas categorias diagnóstico, avaliação e reabilitação neuropsicológica no acompanhamento dos casos, assim como enfatiza por meio de tabela as tarefas propostas para reabilitação. Também, estabelece os passos para a realização da avaliação e reabilitação neuropsicológica.

O sexto capítulo: "Funções Executivas no Transtorno de Déficit de Atenção e Hiperatividade (TDAH)", descreve um breve histórico e define o Transtorno de Déficit de Atenção e Hiperatividade (TDAH), apresenta alguns dados epidemiológicos internacionais e faz referência a algumas condições nas quais as distintas capacidades cognitivo-comportamentais envolvidas nas funções executivas encontram-se comprometidas. Assim como, identifica alterações nas funções executivas em crianças e adolescentes com TDAH.

O sétimo capítulo denominado "O Cérebro e suas Funções Executivas: a Incrível Magia da Neuroplasticidade na Reabilitação", formula uma análise aprofundada a respeito da avaliação neuropsicológica, com foco principal na identificação da interação das funções executivas e no processo da neuroplasticidade. Ainda, buscou-se analisar a postura do neuropsicólogo a fim de obter melhores resultados.

O oitavo capitulo intitulado "TDAH na Infância: Avaliação e Reabilitação Neuropsicológica", visa colaborar para a compreensão da necessidade de programas de intervenção neuropsicológica no desenvolvimento de habilidades de atenção, memória de trabalho e funções executivas em crianças com TDAH. Apresenta os principais instrumentos de avaliação e as funções correspondentes. Tem como foco principal o campo da avaliação neuropsicológica e reabilitação neuropsicológica de crianças com TDAH.

O nono capítulo: "Transtorno de Déficit de Atenção e Hiperatividade (TDAH): um Olhar na Regulação Emocional", tem como foco principal realizar compreender o papel das emoções e da regulação emocional em crianças com diagnóstico de TDAH. Além disso, identifica as principais características do transtorno e como os instrumentos podem ser utilizados nas avaliações neuropsicológicas para estes casos. E finalmente, verificar possibilidades de tratamento a partir de intervenções e técnicas da Terapia Cognitivo Comportamental (TCC) e da Reabilitação Neuropsicológica.

O décimo capítulo com o título de "Reabilitação das Funções Executivas em Adolescentes com Transtorno de Déficit de Atenção e Hiperatividade (TDAH)", mostra a prevalência e os graves prejuízos que o transtorno acarreta em várias áreas de funcionamento dos adolescentes e futuros adultos, o tratamento por meio de reabilitação das funções executivas. Pretende explorar o tema da reabilitação neuropsicológica na síndrome disessecutiva de adolescentes com o TDAH e trazer informações atualizadas aos profissionais da área.

O décimo primeiro capítulo "Reabilitação Neuropsicológica em Pacientes Diagnosticados com Transtorno de Déficit de Atenção e Hiperatividade", expõe sobre a reabilitação neuropsicológica em pacientes diagnosticados TDAH. Esclarece que a reabilitação neuropsicológica é um conjunto de intervenções que visa a melhoria de processos cognitivos, sociais e emocionais para que esse possa alcançar uma melhor independência e qualidade de vida.

O décimo segundo capítulo: "Avaliação Neuropsicológica do Transtorno do Espectro Autista", investiga as possibilidades de diagnóstico do Transtorno do Espectro Autista (TEA), analisa o papel da avaliação neuropsicológica nesse quadro, visa identificar possíveis instrumentos que podem ser aplicados em crianças com esse diagnóstico.

O décimo terceiro capítulo intitulado "Avaliação e Reabilitação Neuropsicológica de Adolescentes com Comportamento Antissocial Precoce", mostra a relação entre possíveis influências do processo de maturação cerebral com o comportamento violento, apresenta um plano de avaliação e reabilitação neuropsicológica para adolescentes com comportamento antissocial precoce.

Este livro demonstra extensivamente a utilidade e o ganho dos princípios e condições de avaliação e reabilitação em crianças e adolescentes, uma vez que os transtornos produzem consequências diferentes na população, principalmente os aspectos relacionados com a plasticidade cerebral. Diante do exposto, um processo de avaliação e reabilitação realizado, o mais precoce possível proporciona a melhora da qualidade de vida desta população. Como materiais sobre o tema exposto são restritos, vale a pena conhecer esta obra. Boa leitura!

Regina Maria Fernandes Lopes
Roberta Fernandes Lopes do Nascimento
Organizadoras

1

Sensibilidade da avaliação neuropsicológica para construção de programas de reabilitação em crianças e adolescentes

Edimara Ana Pagoto
Regina Maria Fernandes Lopes

Introdução

A Avaliação Neuropsicológica é composta por instrumentos quantitativos e técnicas qualitativas que avaliam habilidades cognitivas em diferentes etapas e condições da vida. Quando se trata de crianças e adolescentes, considerando os aspectos de transitoriedade deste período vital, a avaliação se torna ainda mais desafiadora. Ela pode ser utilizada para fins de diagnóstico, prognóstico ou para a construção do processo de reabilitação neuropsicológica. Quando o objetivo da avaliação é o planejamento do processo de reabilitação neuropsicológica, a avaliação deve buscar, além de habilidades e dificuldades, os prejuízos funcionais a fim de traçar o plano que obtenha maior eficácia (Lezak, Howieson, & Loring, 2004).

Este capítulo pretende explorar alguns conceitos e evoluções históricas, além do processo de avaliação neuropsicológica, para, posteriormente, debater os resultados desta avaliação para a construção do programa de reabilitação e planejamento das intervenções a serem executadas com o indivíduo e com o ambiente. Também tem por objetivo explorar e discutir as contribuições e a sensibilidade da Avaliação Neuropsicológica de crianças e adolescentes na construção de programas de reabilitação.

Avaliação Neuropsicológica na infância e adolescência

A necessidade de entendimento da relação cérebro x comportamento tem feito expandir, recentemente, o campo da neuropsicologia, que se ocupa de compreender a organização cerebral, desenvolvimento, comportamento e cognição, seja em indivíduos saudáveis ou em processos onde há quadros patológicos associados (Mader-Joaquim, 2010).

No Brasil, a neuropsicologia da infância e da adolescência se confunde até mesmo com a história da neurologia pediátrica, que nas décadas de 30 e 40 ainda não existia no país, encontrava-se em formação e a neurologia mesclava-se com a psiquiatra (Reimão, Souza, & Gaudioso, 1999). Posteriormente à década de 60, a especialidade ganhou um modelo próprio, com corpo de conhecimento e disseminação do serviço no país. Em contrapartida, a neuropsicologia infantil emergiu na década de 70/80, como área de conhecimento específico e diferente da prática com adultos e idosos.

Nesse contexto, a avaliação neuropsicológica surgiu como procedimento investigatório, que buscava a identificação de sintomas neuropsicológicos e a localização de lesões cerebrais ou regiões cerebrais disfuncionais (Luria, 1981). Entretanto, após o surgimento dos exames de neuroimagem, a avaliação neuropsicológica se caracteriza pela qualificação e quantificação de déficits cognitivos, seja em pacientes com lesão recente ou não, além de identificar potencialidades e fraquezas (Brandão, Parente & Peña-Casanova, 1987), traçando um perfil cognitivo na realização das atividades de vida diária e prática, funcionalidade e aprendizagem.

No contexto da infância e adolescência, a avaliação é fundamental e deve ser criteriosa, devido ao período de desenvolvimento e ao caráter de transitoriedade, bem como às implicações deste processo na vida do paciente. Dessa forma, a neuropsicologia infantil se volta, de forma técnica e teórica, para a realidade e as peculiaridades da população infantil, demandando atuação interdisciplinar, ou seja, um trabalho conjunto com especialidades médicas ou demais áreas da saúde, bem como de interface substancial com a educação. Essa forma de interlocução abre espaço para a especificidade dos novos métodos multidisciplinares voltados à infância, de acordo com a evolução das políticas públicas voltadas a esta população, considerando o significativo crescimento das patologias associadas ao desenvolvimento, além do número de sequelas neurológicas, psiquiátricas, endócrinas, entre outros.

Crianças e adolescentes em desenvolvimento necessitam de olhar multidisciplinar, seja nos quadros de sequelas evidentes ou sutis, transitórios ou limitantes. Quadros desenvolvimentais podem alterar cognição, motricidade, linguagem, interação, relações sociais e comportamento. E, nesse aspecto, a neuropsicologia da infância e adolescência investe no desenvolvimento de técnicas e métodos de diagnóstico precoce para o estabelecimento de intervenções com resultados significativamente mais favoráveis que deem conta do tempo necessário para estes sujeitos e suas famílias, sendo um desafio com premissas na saúde e na educação, seja para reabilitação, seja para ações de inclusão.

O Processo Avaliativo

Conforme os tópicos anteriores, reforça-se a importância de construir uma avaliação neuropsicológica criteriosa e consistente, assim constituindo base para as intervenções posteriores. A contribuição da avaliação também se dá extensivamente ao processo de ensino-aprendizagem, considerando o estabelecimento de relações entre as funções corticais superiores (memória, atenção, linguagem, inteligência) e a aprendizagem simbólica, através da aquisição de leitura, escrita e conceitos. Sendo assim, uma avaliação bem estruturada permite reunir informações acerca das funções mentais envolvidas, sem as quais a aprendizagem não ocorre normalmente.

Além de subsidiar o programa de reabilitação, uma boa avaliação psicológica também permite e fornece ferramentas aos demais profissionais envolvidos no trabalho com a criança, inclusive à escola.

Dessa forma, a estruturação da avaliação, no primeiro momento, deve ser realizada de forma global, investigando o desenvolvimento estrutural e instrumental do sujeito, o meio em que ele vive e as relações que estabelece, além da coleta de informações consideradas importantes, o que pode demandar contato com a escola e/ou outros profissionais. Organicamente, o desenvolvimento neurológico da criança tem características específicas a cada faixa etária, demandando a utilização de instrumentos de acordo com o processo maturacional do sujeito em avaliação, devendo contemplar esse critério, além da variabilidade dos parâmetros do desenvolvimento e a linha tênue entre o desenvolvimento orgânico, neurológico e emocional.

Após a investigação global das funções corticais superiores (inteligência, linguagem, memória, atenção, funções executivas, funções motoras e psicomotoras, aspectos sensoriais), a investigação deve prosseguir em relação aos achados neste primeiro momento, detendo-se em investigar detalhadamente as dificuldades encontradas, bem como as habilidades da criança, de forma a utilizar-se das mesmas durante a intervenção. Isso se dá através da interpretação quantitativa e qualitativa dos resultados obtidos.

Ilustração através de caso clínico

Criança recebida para avaliação neuropsicológica, 7 anos, através de busca espontânea dos pais. Os mesmos referem que a criança vem apresentando significativos atrasos no processo de aprendizagem, especialmente leitura e escrita, além de agitação psicomotora e dificuldades atencionais. Frequenta o primeiro ano do ensino fundamental e a escola sugere aos pais a retenção. Quanto à história pregressa, a criança é a única filha do casal, provém de gestação planejada e sem intercorrências, parto cesáreo, a termo, sem complicações. Considerando a variabilidade dos parâmetros do desenvolvimento, a criança avaliada apresentou as aquisições do desenvolvimento neuropsicomotor dentro do esperado, exceto linguagem mais tardia.

Ao receber a criança, observou-se, clinicamente, significativa dificuldade no estabelecimento do vínculo e na resposta a ordens pontuais. Ainda mantém objeto transacional, especialmente em situações de maior angústia. Apresenta baixo limiar de tolerância à frustração, significativa agitação psicomotora e presença de habilidades específicas como desenhar, pintar, criar objetos e construir. Frequentemente, refere-se a si mesma na terceira pessoa. Sugere limitações sensoriais, especialmente auditivas, seletividade alimentar e de interesses e dificuldades em relação ao juízo social e simbólico.

Tabela 1 – Desempenho em instrumentos padronizados e tarefas neuropsicológicas por habilidade e função cognitiva avaliada

Instrumentos/tarefas	Escore Bruto/ Total	Escore Padronizado	Interpretação Clínica
INTELIGÊNCIA			
WISC-IV – QI TOTAL	115	111	Médio Superior
ATENÇÃO			
WISC-IV (Dígitos)	12	12	Superior
D2-R (Precisão)	17,14	100	Médio
D2-R (Concentração)	58	102	Médio
D2-R (Velocidade)	70	98	Médio
MEMÓRIA			
WISC-IV (Informação)	07	07	Limítrofe
WIS- IV (Seq. Números e Letras)	07	07	Limítrofe
Figuras Complexas de Rey (memória)	19	90	Superior
TDE II (Aritmética)	11	40	Médio
FUNÇÕES MOTORAS E PSICOMOTORAS			
WISC-IV (Código)	31	08	Médio Inferior
WISC-IV (Procurar Símbolos)	24	13	Superior
LINGUAGEM ORAL			
WISC-IV (Vocabulário)	20	11	Médio
WISC-IV (Raciocínio com Palavras)	07	09	Médio
WISC-IV (Informação)	07	07	Limítrofe
FUNÇÕES EXECUTIVAS			
WISC-IV (Aritmética)	13	11	Médio
WISC-IV (Dígitos)	12	12	Médio Superior
FDT (Leitura) Erros	48 0	5 95	Inferior Superior
FDT (Contagem) Erros	52 0	25 95	Médio Inferior Superior
FDT (Escolha) Erros	86 6	25 25	Médio Inferior Médio Inferior
FDT (Alternância) Erros	111 4	25 25	Médio Inferior Médio Inferior
FDT (Inibição)	38	50	Médio
FDT (Flexibilidade)	63	50	Médio

Instrumentos/tarefas	Escore Bruto/ Total	Escore Padronizado	Interpretação Clínica
HABILIDADES VISO-ESPACIAIS/VISUO-CONSTRUTIVAS/VISUO-PERCEPTIVAS			
WISC-IV (Cubos)	30	15	Muito Superior
AVALIAÇÃO POR DESEMPENHO ESCOLAR (TDE-II – normas de escola privada, 1ºano)			
Escrita (Versão 1º ao 4º ano)	13	25	Médio Inferior
Aritmética (Versão 1º ao 4º ano)	11	40	Médio
Tempo Total Aritmética	4'51''	40	Médio
Leitura (Versão 1º ao 4º ano)	25	20	Alerta para Déficit
Tempo Total Leitura	4'52''	20	Alerta para Déficit
RAVLT – Aprendizagem Auditivo-Verbal de Rey			
Etapas de Aprendizagem	3,4,4,2,2	<25	Médio Inferior
Distrator – Memória Curto Prazo Verbal	4	50	Médio
Evocação Imediata	1	<5	Déficit Clínico
Evocação Tardia	0	<5	Déficit Clínico
Reconhecimento	1	<25	Médio Inferior
Índices de Aprendizagem	15	<25	Médio Inferior
Índices de Retenção	0	25	Médio Inferior
Índices de Interferência	1,3	75	Médio Superior

(Fonte: De Paula, & Malloy-Diniz, 2018; Wechsler, 2013; Sedó, de Paula, & Malloy-Diniz, 2017; Brickenkamp, Schimidt-Atzert, & Liepmann, 2018; Sein, Giacomoni, & Fonseca, 2019; Oliveira, & Rigoni; Rey, 2010).

O Laudo Neuropsicológico como norteador do Plano de Reabilitação

O momento da elaboração do laudo é peculiarmente desafiador, pois prevê a sintetização de todas as informações obtidas durante a investigação. É o momento de traduzir as conclusões obtidas, a hipótese diagnóstica, a conduta e outras decisões importantes tomadas a partir de então. Fruto de um amplo e complexo processo, o laudo passa a constituir-se como um documento de fundamental relevância no cotidiano do indivíduo avaliado. Deve basear-se nos resultados obtidos, apresentar uma linguagem clara, objetiva e contendo todas as informações necessárias para a tomada de decisões.

A responsabilidade técnico-científica do laudo deve sempre ser considerada, uma vez que se trata de um registro permanente da avaliação, sendo entregue por meio de uma entrevista de devolução com os pais ou responsáveis, assim como para a escola, visando possíveis mudanças em estratégias de ensino e avaliação. Essa última etapa, entretanto, deve ser discutida com os pais e realizada mediante sua autorização.

A avaliação como instrumento norteador de Intervenção

Considerando o uso da avaliação neuropsicológica no contexto da integralidade e funcionalidade, deve-se considerar a necessidade da visão globalizada do sujeito, especialmente ao nível psíquico, evitando correr o risco de a avaliação ser apenas de caráter localizacionista ou diagnóstico. Cérebro e sujeito, como um todo, devem ser considerados no momento da avaliação, cujas áreas são interdependentes e se correlacionam, culminando na funcionalidade do indivíduo. Pode ser determinante de inúmeros desfechos, favoráveis ou não. É de extrema responsabilidade do profissional apropriar-se deste conceito.

O mapeamento com uso, não somente de testes específicos e padronizados para cada habilidade (atenção, percepção, linguagem, raciocínio, abstração, memória, aprendizagem, habilidades acadêmicas, processamento da informação, visuoconstrução, afeto, funções motoras e executivas), mas também a construção metapsicológica do caso, avaliando criteriosamente os aspectos psíquicos, cognitivos, funcionais e sociais, adquire um caráter de confiabilidade e consistência do processo avaliativo.

O resultado destes achados reflete os ganhos principais ao longo do desenvolvimento e pode determinar a evolução específica de cada criança, assim como a possibilidade de detecção/intervenção precoce de sinais e sintomas do desenvolvimento psíquico e aprendizagem. Com isso, obtém-se um rastreio preciso que pode favorecer minuciosamente o ritmo e o processo da intervenção e/ou reabilitação, considerando a singularidade do sujeito.

Tomando o exemplo clínico acima, a criança apresenta, além dos aspectos detectados nos instrumentos neuropsicológicos, questões psíquicas de extrema importância, considerando desenvolvimento e aprendizagem. A criança, após avaliação, foi encaminhada para Avaliação do Processamento Auditivo, que detectou alterações significativas no processamento auditivo central, ou seja, a avaliação foi determinante para a condução precisa do caso. Além disso, foi indicada a intervenção psicoterápica imediata e sistemática, reabilitação neuropsicológica e orientações necessárias ao caso no ambiente familiar e escolar. Foram necessárias adaptações no método de ensino, como, por exemplo, o aproveitamento das habilidades visomotoras e gráficas, adaptação da localização na sala de aula, utilização de material colorido que auxilie a criança nos processos de decodificação das informações, dentre outros. Já no âmbito familiar, necessitou de adequação no tempo de estudo e tarefas, formato e quantidade, além da utilização de ordens diretas e curtas nos enunciados.

Sem a criteriosa análise dos materiais avaliativos, que considerou fortemente também a presença de situações emocionais e constitutivas do sujeito, não seria possível o sucesso na reabilitação do caso.

Considerações finais

Ao finalizar a discussão sobre a sensibilidade da avaliação neuropsicológica na construção de programas de reabilitação, ressalta-se a importância da postura criteriosa e sensível do neuropsicólogo na avaliação. Esta, por sua vez, se transforma em possibilidade de localização das habilidades, promove a possibilidade de transformação das dificuldades que não limitam a vida do avaliado e sim conferem necessidades que exigem estratégias de intervenção. Isto não seria possível se a avaliação se reduzisse apenas à hipótese diagnóstica cognitiva.

Referências

Brandão, L., Parente, M. A., & Peña-Casanova, J. (2010). Estratégias comunicativas de pessoas com doença de Alzheimer. *Psicologia: Reflexão e Crítica, 23*(2), 308-316

Brickenkamp, R., Schimidt-Atzert, L., & Liepmann, D. (2018). *Teste d2-R: Atenção concentrada.* São Paulo: Hogrefe.

De Paula, J. J, & Malloy-Diniz, L. F. (2018). *Teste de aprendizagem auditivo--verbal de Rey (RAVLT)*. 1. Ed. – São Paulo: Vetor.

Jones-Gotman, M., Smith, M. L., Risse, G. L., Westerveld, M., Swanson, S. J., Giovagnoli, A. R., ... & Piazzini, A. (2010). The contribution of neuropsychology to diagnostic assessment in epilepsy. *Epilepsy & Behavior,* 18(1-2), 3-12.

Lezak, M. D., Howieson, D. B., & Loring, D. W. (2004). *Neuropsychological assessment.* 4. ed. New York: Oxford University Press.

Luria, A. R. (1981). *Fundamentos de Neuropsicologia*. São Paulo: Edusp, 1981.

Mäder, M. J. (1996). Avaliação Neuropsicológica: aspectos históricos e situação atual. *Psicologia: Ciência e Profissão*. P. 12-18.

Oliveira, M. S., & Rigoni, M. S.; Rey, A. (2010). *Figuras Complexas de Rey: Teste de cópia e reprodução de figuras geométricas complexas*. São Paulo: Pearson Clinical Brasil

Reimão, R., Souza, J. C. R. P., & Gaudioso, C. E. V. (1999). Hábitos de sono da criança indígena Bororó. *Arq Neuro-Psiquiatr.*, *57*(1),14-7.

Sedó, M., de Paula, J. J., & Malloy-Diniz, L. F. (2017). *O Teste dos Cinco Dígitos*. 1 ed. São Paulo: Hogrefe.

Sein, L. M., Giacomoni, C. H., & Fonseca, R. P. (2019). *Teste de Desempenho Escolar II*. Stein, L. M., Giacomoni, C. H., & Fonseca (Eds). Teste de Desempenho Escolar II. São Paulo: Vetor. ISBN: 978-85-7585-917-9.

Wechsler, D. (2013). *Escala Wechsler de Inteligência para Crianças: WISC-IV. Manual Técnico*. 4 ed. São Paulo: Casa do Psicólogo.

Deficiência intelectual na infância: avaliação à reabilitação neuropsicológica

2

Milena Bugs Antunes
Regina Maria Fernandes Lopes

Introdução

A inteligência é um constructo muito estudado ao longo dos anos pelas áreas de Psicologia, Educação e Neurociência. Mesmo assim, não há uma definição considerada conclusiva. O que se sabe é que possivelmente ela é composta por inúmeras conexões e funções cognitivas que estão em contínuo desenvolvimento desde a infância. Já a deficiência intelectual é o déficit nessas conexões.

Variadas são as causas desta deficiência, sendo as mais conhecidas as síndromes genéticas, a desnutrição, o abuso de drogas durante a gestação, problemas no parto, entre outras. Dumas (2011) afirma que a deficiência intelectual tem diversas origens, assim, as características (prejuízos e facilidades) também são diversas. Percebe-se que os estímulos no início da vida para o desenvolvimento das conexões neurais são importantes, favorecendo a aprendizagem, visto que, em crianças com deficiência intelectual, os estímulos são mais necessários, pois minimizam os impactos negativos do transtorno (Dobrochinski & Parra, 2016).

Portanto, o presente capítulo tem como objetivo traçar parâmetros para o diagnóstico desse transtorno e refletir sobre estratégias que amenize os prejuízos dessas crianças por meio dos conhecimentos da Neuropsicologia. A escolha por estudar a infância é advinda da percepção de que uma estimulação precoce evita problemas de comportamento no adulto, aumenta a autoestima e, como consequência, reduz transtornos psiquiátricos.

É importante refletir sobre a infância como um momento de desenvolvimento rápido e ativo, portanto, uma janela para a estimulação. Entretanto, há também uma etapa do ciclo vital em que se faz importante a entrada para o mundo simbólico, sendo válido desenvolver atividades recheadas de fantasias, brincadeiras lúdicas e divertidas.

A questão da inteligência

Os autores Laros, Valentini, Gomes e Andrade (2014) retomam historicamente autores que investigaram o conceito de inteligência ao longo do tempo. Esses autores chegam à conclusão de que "deve-se compreender a inteligência como complexa" (p.38) e acrescentam que a mesma é desencadeada das conexões de diversas habilidades específicas, pois citam a teoria Carroll-Horn-Carroll (CHC), publicada em 1993 por Carroll, na qual o teórico organiza o constructo em uma estrutura fatorial hierárquica de três níveis. O nível III é composto por uma única dimensão, o II por 16 dimensões mais amplas e o I por 80 habilidades. Os indivíduos têm diferentes habilidades cognitivas, por exemplo, podem ser fortes na habilidade espacial, mas apresentar déficits na memória. Sendo importante a reflexão do modelo hierárquico da inteligência para compreensão da singularidade do sujeito (Cosenza, & Guerra, 2011).

Umas das habilidades de níveis hierárquicos mais altos são a inteligência fluida e a inteligência cristalizada. A inteligência fluida é a capacidade que as pessoas têm de aprender e resolver problemas novos. Já a inteligência cristalizada é a capacidade de utilizar conhecimento prévio para resolver os problemas semelhantes (Cosenza & Guerra, 2011). Portanto, pressupõem-se (Sic) que a última pode ser desenvolvida com a aquisição de novas experiências ao longo da vida (Zampieri, Schelini, & Crespo, 2012).

Os autores Abreu *et al.* (2014) relacionam a inteligência com as funções executivas, ainda que até o momento não apresentem dados definitivos sobre essa relação, porém relatam indícios de que o desempenho dessa é consequência da memória operacional, do controle inibitório e da flexibilidade cognitiva. Eles afirmam também que a performance da memória operacional pode predizer o desempenho da inteligência.

As funções executivas englobam habilidades superiores, essenciais para a vida cotidiana, pois influenciam nos aspectos emocionais, comportamentais e cognitivos (Uehara, Mata, Fichman, & Malloy-Diniz, 2016) por meio do comando das funções cognitivas cerebrais, por exemplo, regulam o comportamento e auxiliam na resolução de problemas por meio do planejamento e do raciocínio. Desenvolvendo-se ao longo da infância e adolescência, tais funções são importantes para o processo de aprendizagem.

Três são as funções executivas principais: inibição, memória operacional e flexibilidade cognitiva (Cimadon, 2012). A Inibição é a capacidade de controlar os impulsos, a atenção e os pensamentos inadequados ou irrelevantes, ou seja, pensar antes de agir. A Memória operacional é a habilidade de manter e manipular a informação mentalmente para após emitir uma resposta. Flexibilidade é a capacidade de alterar o foco, adequando-se às mudanças ambientais, o que faz com que o indivíduo seja capaz de adaptar-se a situações novas (Abreu *et al.*, 2014; Cardoso, 2017; Seabra, Reppold, Dias & Pedron, 2014). Portanto, de acordo com Abreu *et al.* (2014), os indivíduos que têm o diagnóstico ou a suspeita de déficit intelectual devem realizar uma avaliação das funções executivas para o entendimento desse déficit e também para elaborar a intervenção mais eficaz.

Deficiência intelectual – conceituação e diagnóstico

Para iniciar a conceituação de Deficiência Intelectual, faz-se necessário o uso da Classificação Estatística Internacional de Doenças e Problemas Relacionados com a Saúde – 10 (CID 10), manual cuja utilização é feita principalmente pela área médica. Este manual define a Deficiência Intelectual como paralisação dos avanços no desenvolvimento e das funções que estabelecem o nível de inteligência global, o qual pode acompanhar outro transtorno ou não. Nesse manual, utiliza-se o termo "Retardo Mental", o qual não é mais empregado no meio científico, pois, muitas vezes, é confundido com doença mental.

Mais atualizado, o Manual Diagnóstico e Estatístico de Transtornos Mentais V (DSM-V-TR), elaborado pela Associação Americana de Psiquiatria (*American Psychiatric Association* – APA, 2023), é o guia utilizado por profissionais da área da saúde mental para auxílio no diagnóstico de transtornos por meio da classificação de critérios estabelecidos e de forma longitudinal. Contudo, de acordo com o DSM-V-TR, a deficiência intelectual pode ser definida como um conjunto de déficits em capacidades mentais genéricas e prejuízo nas funções adaptativas diárias em comparação com indivíduos pareados com idade, gênero e aspectos socioculturais semelhantes, iniciadas durante o período do desenvolvimento.

O diagnóstico baseia-se tanto em avaliação clínica quanto em testes padronizados das funções adaptativas e intelectuais. Um dos aspectos mais salientados no manual é o prejuízo na funcionalidade social. Ainda de acordo com o manual, deve-se especificar a gravidade em leve, moderada, grave ou profunda, conforme apresentado no quadro a seguir.

Tabela 1 – Quadro: gravidade da deficiência intelectual

Leve	Dificuldades de aprendizado. Relações sociais imaturas. Dificuldade de abstração. Necessidade de apoio para tomar decisões.
Moderada	Lento processo de compreensão em atividades acadêmicas. Dificuldade de julgamento social. Limitação na capacidade de tomar decisões. Quando estimulados conseguem cuidar da higiene e de serviços domésticos.
Grave	Pouca compreensão da linguagem escrita. A linguagem falada é limitada em vocabulário. Necessita de apoio para todas as atividades cotidianas.
Profunda	Habilidades costumam envolver mais o mundo físico do que o processo simbólico. Compreensão limitada da comunicação, dependendo dos outros para todos os aspectos do cuidado físico diário.

Fonte: Adaptado de APA (2023).

É importante salientar que esses níveis não devem ser definidos com base em escores de Quoeficiente de Inteligência (QI), mas sim no funcionamento adaptativo e no nível de apoio de que necessitam.

O processo de diagnóstico se inicia por observação clínica do médico pediatra, o qual sinaliza a família sobre a suspeita de atraso no neurodesenvolvimento. Para tal, o profissional pode utilizar testes de rastreio (Rocha, Dornelas, & Magalhães, 2013) como:

a) **Denver II**: para crianças de 0 a 6 anos de idade, que avalia os setores pessoal-social, a adaptação, a linguagem e o motor.
b) ***Ages and Stages Questionnaires* (ASQ-Br)**: para crianças de 0 a 5 anos e meio de idade, o qual avalia a comunicação, a coordenação motora ampla, a coordenação motora fina, a resolução de problemas e pessoal/social.
c) **Escala de Bayley – III** e o **Teste de Triagem Bayley-III**: avaliam crianças de 1 a 42 meses nos domínios de cognição, linguagem, motor, social-emocional e componente adaptativo.

Por meio do resultado dessa abordagem inicial, o paciente é encaminhado para a avaliação interdisciplinar, feita por um neuropsicólogo, profissional que tem como objetivo aplicar os testes e ter um entendimento dinâmico sobre o funcionamento da criança, relacionando o comportamento dela com as funções cerebrais. O primeiro critério para o diagnóstico do resultado é o do QI com dois desvios padrões abaixo da média, ou seja, QI menor que 70 em testes padronizados em que a média é 100 (APA, 2023). Nas pesquisas realizadas podem ser listados os principais instrumentos padronizados utilizados no Brasil para avaliação da inteligência.

Tabela 2 – Testes padronizados para avaliação da inteligência

Testes	Função	Idade
B-SPG: Teste Gestáltico Visomotor de Bender	Avaliar a maturação percepto-motora por meio da análise da distorção de forma.	6 anos a 10 anos
COLÚMBIA – Escala de Maturidade Mental (CMMS-III) Escala de Maturidade Mental Colúmbia 3	Estimativa da capacidade de raciocínio geral das crianças.	3 anos e 0 meses a 9 anos e 11 meses

Testes	Função	Idade
CPM RAVEN – Matrizes Progressivas Coloridas de Raven	Mensurar a inteligência (Fator g), habilidade para gerar novos ***insights***, ir além da informação dada para perceber o que não é imediatamente óbvio (habilidade edutiva).	5 anos a 11 anos e 11 meses
R-2 - Teste não verbal de inteligência para criança	Avaliar o fator G de inteligência de crianças.	5 anos a 11 anos
SON-R 2½-7 [a] - Teste não verbal de Inteligência	Avaliação da inteligência geral não verbal.	2 anos e 6 meses a 7 anos e 11 meses
SON-R 6-40 - Teste não verbal de inteligência	Avaliação da inteligência geral não verbal.	6 anos a 40 anos
WASI – Escala Wechsler Abreviada de Inteligência	Instrumento breve de avaliação da inteligência.	6 anos a 89 anos
WISC IV – Escala Wechsler de Inteligência para Crianças	Avaliar a capacidade intelectual das crianças e o processo de resolução de problemas.	6 anos e 0 meses a 16 anos e 11 meses

Fonte: Elaboração própria.

Os pesquisadores Haase *et al.* (2016) afirmam que os testes de QI têm como objetivo estimar o potencial cognitivo geral por meio da análise de um conjunto de funções cognitivas que auxiliam na resolução de novos problemas, o que causaria a dificuldade na adaptação e nos aspectos psicossociais. Esses autores sugerem que em decorrência do comprometimento mais difuso e multifocal da estrutura do cérebro, há uma grande variabilidade de perfil neuropsicológico, sendo importante traçá-lo para a intervenção.

Nesse momento, o neuropsicólogo faz o entendimento dos resultados dos testes aplicados, relacionando-os com o comportamento. Portanto, é necessária a observação clínica, das atividades da vida diária, a anamnese detalhada sobre o desenvolvimento e o contato com o professor/escola e com os cuidadores da criança (pais, avôs, babas, etc.). Conforme Pontes e Hubner (2007, p. 7), "déficits cognitivos diferentes podem gerar escores gerais idênticos ou globalmente deficientes", visto que, como afirmado anteriormente, não é só com o resultado do QI que se justifica o diagnóstico, mas sim com o funcionamento global.

Para avaliação da funcionalidade da criança, Mecca, Orsati e Macedo (2014) relatam sobre dois questionários *Vineland Adaptative Behavior Scales II,* o qual relaciona comportamentos que a criança emite com a fase do desenvolvimento, e *Adaptative Behavior Assessment System* (ABAS), em que os pais verbalizam sobre o comportamento da criança quando necessário tal comportamento. É importante salientar que ambos os questionários não têm tradução e adaptação oficial para amostra brasileira, sendo as pesquisas realizadas com normativas da versão original.

O diagnóstico precoce é importante para alcançar melhores resultados na intervenção, uma vez que a plasticidade cerebral auxilia na reabilitação/habilitação. Segundo Consenza e Guerra (2011), o cérebro humano é plástico, se reorganiza ao longo do desenvolvimento humano, modificando conexões, o qual auxilia no processo de aprendizagem.

Sabe-se que a neuroplasticidade continua durante a vida adulta, portanto os circuitos neurais podem se adaptar diante da estimulação. Contudo, a primeira infância é o período no qual o cérebro está em pleno desenvolvimento, construindo as redes neurais, havendo uma janela para vulnerabilidades, mas também um momento em que a intervenção se faz muito eficaz, pois as atividades favorecem a integração de diferentes fontes sensoriais, criando adaptação diante de diversas situações mentais e sociais (Ferreira, Coutinho, Freitas, Malloy-Diniz, & Haase, 2010). Nas observações das experiências diárias de Dobrochinski e Parra (2016), as intervenções precoces atingem marcos no desenvolvimento da criança de forma mais eficiente do que intervenções tardias.

A plasticidade atua em múltiplos níveis, abarcando sinapses, conexões, "modificando estratégias cognitivas de acordo com os desafios ambientais" (p. 161). Além disso, esses autores apontam estudos em que as intervenções medicamentosas precoces com crianças com Transtorno de Déficit de Atenção e Hiperatividade e Autistas auxiliam na reorganização cerebral para circuitos de atenção, memória e comportamentos desadaptativos (Muszkat & Cardoso, 2016).

O uso de testes padronizados e a avaliação funcional da criança, aliados com um diagnóstico precoce do transtorno, em virtude da neuroplasticidade, mostra-se como um facilitador no desenvolvimento por meio da reabilitação neuropsicológica.

Reabilitação neuropsicológica

A reabilitação neuropsicológica se utiliza dos resultados dos testes (forças e fraquezas) e da avaliação das características adaptativas (comportamentais/sociais) e subjetivas. Haase *et al.* (2016), com o objetivo de melhorar a qualidade de vida do paciente, criando novas rotas compensatórias de aprendizagem por meio das funções preservadas ou desenvolvendo novas habilidades, usam-se essas informações na orientação da família, evitando uma superproteção ou uma exigência demasiada, em busca da melhora do entendimento dos familiares e consequentemente de seu comprometimento na reabilitação (Capovilla, 2007).

Para iniciar esse processo, é necessária uma avaliação neuropsicológica, a qual informará o perfil da criança, e a partir disso será elaborado um programa de reabilitação com objetivos e prazos definidos. Esse programa tem como finalidade auxiliar no desenvolvimento adaptativo e ajudar os pais a manejarem as crianças. De acordo com os estudos de Dumas (2011),

> Vários programas educativos permitem efetivamente aumentar o Q.I. médio de crianças por eles beneficiadas de maneira significativa (de quase um desvio padrão) em relação a crianças sem dificuldades, desde que eles tenham inícios durante a primeira infância. (p. 67).

Seguindo a reflexão, pode-se observar que a reabilitação pediátrica tem como função um fator protetor, evitando comportamentos desadaptativos (Natale, Teodoro, Barreto, & Haase, 2008). Ganz *et al.*, 2015, reforça, afirmando que o terapeuta pode utilizar jogos criativos e lúdicos que auxiliem no desenvolvimento de estratégias práticas, pois as crianças precisam estar motivadas e interessadas no processo.

Na reabilitação neuropsicológica com crianças diagnosticadas com Deficiência Intelectual, é necessário elaborar o programa de acordo com a gravidade. Portanto, com grau leve, em que a criança é mais lenta na aquisição da aprendizagem, mas atinge um grau de autonomia e desenvolve um envolvimento social, pode-se utilizar treino cognitivo para melhorar as funções cognitivas, reforçando o aprendizado. Já para crianças de grau moderado, no qual tem prejuízos no aprendizado de "ler e escrever", faz-se necessárias intervenções para treinos em tarefas simples que auxiliem nas atividades da vida diária. Já os graus grave e severo, nos quais são necessários cuidados intensificados, no programa devem-se enfatizar atividades mínimas de autocuidado.

A primeira definição que precisa ser pensada no processo de reabilitação é o estabelecimento de uma meta, "o que se quer alcançar?" e, por meio dessa resposta, elaborar as estratégias para alcançá-la. A partir disso, fica claro ao terapeuta como está o desempenho e a motivação da criança e de sua família na adesão do cronograma (Laros *et al.*, 2014).

De acordo com o mesmo autor, há três abordagens para a reabilitação, apresentadas a seguir:

- **Abordagem remediativa, treino cognitivo:** utiliza jogos para desenvolver a função, a qual se encontra em déficit. O grau de dificuldade aumenta conforme seu desempenho.
- **Abordagem adaptativa ou compensatória:** uso de estratégias para compensar os déficits, por exemplo: uso de agendas, despertador entre outros.
- **Abordagem mista:** utiliza as abordagens remediativa e adaptativa ao mesmo tempo.

Observa-se que a reabilitação pode ser um programa individualizado, no sentido de intervenção diante das dificuldades ou em grupo para prevenção e promoção do aumento da eficácia no processo de aprendizagem e convivência social. Cabe ao profissional elaborar um plano de tratamento que não esteja embasado somente no aumento dos escores nos testes, mas sim na maneira que ele soluciona suas dificuldades diárias (Pontes & Hubner, 2008).

Por meio de estudos, pesquisadores desenvolveram alguns programas de reabilitação cognitiva em grupos de crianças. Moura (2012) escreve sobre o Programa de Enriquecimento Instrumental (PEI), criado por Feuerstein em 1980, Romeno, Ph.D. em Psicologia do Desenvolvimento. O objetivo é melhorar as funções cognitivas por meio do treino cognitivo, garantindo uma maior autonomia. Outro aspecto é que o paciente desenvolve a capacidade de compreender suas funções cognitivas deficitárias e adquirir novas estratégias compensatórias, generalizando-as para as atividades do cotidiano. Essa compreensão dos déficits é importante, mas também é função do programa descobrir como o paciente aprende, utilizando essa habilidade para aumentar seu potencial de aprendizagem, e assim, modificar as estruturas cerebrais por meio da neuroplasticidade.

Corrêa (2009) também descreve o PEI como um programa com aplicabilidade para crianças e adultos que, entre outras dificuldades, possuem baixo rendimento escolar, dificuldade de raciocínio/abstração e síndromes, cujo terapeuta mediador tem como papel auxiliar na resolução de problemas por meio de treinos de estratégias para assegurar a autoestima. Tal programa também se demonstra de alta relevância para a questão da Deficiência Intelectual, grau leve.

Outros programas internacionais são encontrados, como *Tools of Mind, Sarilhos do Amarelo e PATHS*. Porém, nesse estudo, será dada ênfase aos programas brasileiros.

Em sua tese, Dias e Seabra (2013) desenvolvem um programa de intervenção precoce para crianças de cinco a seis anos para o desenvolvimento das funções executivas. O programa chama-se Programa de Intervenção sobre a Autorregulação e Funções Executivas (PIAFEx). Esse programa tem objetivos preventivos e é destinado ao trabalho dos professores em sala de aula. O trabalho acontece em dez módulos com atividades padronizadas, cuja intenção é desenvolveras funções executivas. Os resultados encontrados demonstram evoluções significativas na vida acadêmica e generalizações para resoluções de problemas novos. Porém, ainda não foi possível fazer uma pesquisa comprovando que esse programa mantém esse desenvolvimento ao longo da vida.

O Programa Heróis da Mente, descrito no I Seminário Tecnologias Aplicadas à Educação e Saúde, por Carvalho e Abreu (2014), tem como objetivo o desenvolvimento das funções executivas e da autorregulação. Ele é dividido em quatro módulos, realizados pelo professor em sala de aula. Outro programa descrito é o Programa de Estimulação Neuropsicológica da Cognição em Escolares: ênfase nas funções executivas (PENcE). Ele tem como objetivo a prevenção, desenvolvendo as funções executivas, e a promoção da generalização das habilidades desenvolvidas para a vida diária, além de ter como consequência a melhora no comportamento e afetividade (Cardoso, 2017).

Salienta-se que os programas descritos são do modelo treino cognitivo e não específicos para crianças com diagnóstico de Deficiência Intelectual, mas podem ser utilizados em graus leves para melhora no desempenho funcional. Pensa-se que o envolvimento da família é de suma importância para a evolução da reabilitação neuropsicológica em todos os graus da Deficiência Intelectual.

Considerações finais

O estudo da inteligência é de alta relevância, visto que a obtenção de conhecimento a respeito do tema possibilita um diagnóstico precoce da Deficiência Intelectual, agindo como facilitador de uma intervenção eficaz. Em síntese, o capítulo discorre sobre a conceitualização da inteligência, sua relação com as funções executivas, deficiência intelectual, processo de avaliação neuropsicológica da inteligência e programas de reabilitação neuropsicológica.

O diagnóstico para a Deficiência Intelectual vem sendo aprimorado ao longo das edições dos manuais (CID e DSM), sendo atualmente muito significativa a avaliação do QI e da funcionalidade do indivíduo. Esses dados levantados durante o processo são utilizados na elaboração de um programa de reabilitação de Neuropsicológica Infantil.

A inteligência é de grande interesse das áreas de Neurologia, Educação e Psicologia cognitiva. Entretanto, na realização desse estudo, fica clara a escassez de artigos que abordem a reabilitação da criança com deficiência intelectual, o que é considerado importante diante de tantos diagnósticos. Contudo, sugerem-se estudos futuros sobre o desenvolvimento de um programa de reabilitação específico para essa demanda, fazendo uso da abordagem mista de treino cognitivo e de estratégias compensatórias, aliando atividades da vida diária com as funções executivas eco o treino de habilidades sociais.

Referências

Abreu, N., Siquara, G., Conceição, I. L., Nikaedo, C., & Abreu, P. M. J. E. de (2014). Relações entre inteligência e funções executivas. In A. G. Seabra, J. A Laros, E. C. Macedo, & N. Abreu. (Org) *Inteligência e funções executivas*: Avanços e desafios para a avaliação neuropsicológica (pp.51-71). São Paulo, SP: Memonn.

APA, American Psychiatric Association (2014). *Manual Diagnóstico e Estatístico de Transtornos Mentais – DSM-V-TR* (5a ed.) (Maria Inês Corrêa Nascimento, Trad.). Porto Alegre, Rio Grande do Sul: Artmed.

APA, American Psychiatric Association (2023). *Manual Diagnóstico e Estatístico de Transtornos Mentais – DSM-V-TR* (5a ed. rev.) (Maria Inês Corrêa Nascimento, Trad.). Porto Alegre, Rio Grande do Sul: Artmed.

Burgemeister, B. B.; Blum, L. H. & Lorge, I. (2018). *CMMS-3 – Escala de Maturidade Mental Colúmbia 3: manual para aplicação e interpretação.* São Paulo: Pearson.

Capovilla, A. G. S. (2007). Contribuições da neuropsicologia cognitiva e da avaliação neuropsicológica à compreensão do funcionamento cognitivo humano. *Cadernos de Psicopedagogia*, *6*(11), 00. Recuperado de http://pepsic.bvsalud.org/scielo.php?script=sci_arttext&pid=S1676-10492007000100005&lng=pt&tlng=pt..

Cardoso, C. de O. (2017) *Programas de intervenção neuropsicológica precoce-preventiva: estimulação das funções executivas em escolares.* (Tese de Doutorado), realizada no Programa de Pós-Graduação em Psicologia da Pontifícia Universidade Católica do Rio Grande do Sul, Porto Alegre, RS, Brasil.

Carvalho, C., & Abreu, N. (2014) Estimulando funções executivas em sala de aula: o programa heróis da mente. *I Seminário Tecnologias Aplicadas a Educação e Saúde.* out. UNEB, Campus I, Salvador-BA.

Cimadon, E. (2012) *Funções executivas em crianças com dificuldades de leitura.* (Monografia não publicada), Programa de Pós-Graduação em Neuropsicologia, Universidade Federal do Rio Grande do Sul. Porto Alegre, Rio Grande do Sul.

Corrêa, R. C. R. (2009). Uma proposta de reabilitação neuropsicológica através do programa de enriquecimento instrumental (PEI). *Ciências & Cognição, 14*(2), 47-58. Recuperado de http://pepsic.bvsalud.org/scielo.php?script=sci_arttext&pid=S1806-58212009000200005&lng=pt&tlng=pt.

Cosenza, R. M., & Guerra, L. B. (2011) *Neurociência e educação: como o cérebro aprende.* Porto Alegre, Rio Grande do Sul: Artmed.

Dias, N., & Seabra, A. G. (2013) Funções executivas: desenvolvimento e intervenção. *Temas sobre Desenvolvimento*; *19*(107).

Dobrochinski, S. C. A., & Parra, C. R. (2016) *A essencialidade da intervenção precoce em crianças com deficiência intelectual.* Recuperado de http://www.psicologia.pt/artigos/textos/A0968.pdf

Dumas, J. E. (2011) *Psicopatologia da infância e adolescência*. Porto Alegre, Rio Grande do Sul: Artmed.

Ferreira, F. O., Coutinho, G., Freitas, P. M., Malloy-Diniz, L. F., & Haase, V. G. (2010). O exame neuropsicológico na idade pré-escolar. In L. F. Malloy-Diniz, D. Fuentes, P. Mattos, & N. Abreu (Orgs). *Avaliação Neuropsicológica* (pp. 210-220). Porto Alegre: Artmed.

Ganz, J. S., Campos, L. M., Silva, P. B. da, Mecca, T. P., Almeida, R. P. de, Melo, C. R. B. de, Correa, M. M. de S., Mendes, M. C. F., & Macedo, E. C. de. (2015). Programa de estimulação cognitiva "ativamente" para o ensino infantil. *Revista Psicopedagogia,32*(97), 14-25. Obtido em 11 de agosto de 2017. Recuperado de http://pepsic.bvsalud.org/scielo.php?script=sci_arttext&pid=S0103-84862015000100003&lng=pt&tlng=pt.

Gomes, C. M. A. (2009) Qualidades psicométricas do conjunto de testes de inteligência fluída. *Rev. Avaliação Psicológica, 8*(1), pp.17-32.

Haase, V. G., Oliveira, L. de F. S., Pinheiro, M. I. S., Andrade, P. M.O., Ferreira, F. de O., Freitas, P. M. de, Jaeger, A., & Teodoro, M. L. M. (2016). Como a neuropsicologia pode contribuir para a educação de pessoas com deficiências intelectuais e/ou autismo? *Periódicos PUC Minas*, v. *8*(2)., n. 2. Recuperado de http://periodicos.pucminas.br/index.php/pedagogiacao/article/viewFile/12870/10072

Laros, J. A., Valentini, F., Gomes, C. M. A., & Andrade, J. M. (2014) Modelos de inteligência. In A. G. Seabra, J. A Laros, E. C. Macedo & N. Abreu (Org.). *Inteligência e funções executivas: Avanços e desafios para a avaliação neuropsicológica* (pp.17-38). São Paulo, SP: Memonn.

Laros, G. R. de Jesus & C. A. Karino. (2015) *Teste não-verbal de inteligência SON-R 2½-7 [a]*. São Paulo: Editora Hogrefe.

Mecca, T. P., Orsati, F. T., & Macedo, E. C. (2014) Inteligência e transtornos do desenvolvimento. In A. G. Seabra, J. A Laros, E. C. Macedo & N. Abreu (Org.). *Inteligência e funções executivas: Avanços e desafios para a avaliação neuropsicológica* (pp. 95-112). São Paulo, SP: Memonn.

Moura, A. T. P. (2012). A psicopedagogia e o PEI como recurso na estimulação cognitiva dos problemas de aprendizagem. Eds Em J. Abrisqueta-Gomez, J. (pp. 242-250) *Reabilitação Neuropsicológica: Abordagem Interdisciplinar e modelos conceituais na prática clínica* (242-250). Porto Alegre, Rio Grande do Sul: Artmed.

Muszkat, M., & Cardoso (2016). Neuroplasticidade e Intervenções Precoces Em Salles, J. F.; Haase, V. G.; Malloy-Diniz, L. F.. (Org.). *Neuropsicologia do*

Desenvolvimento: Infância e Adolescência. (161-166). Porto Alegre, Rio Grande do Sul: Artmed.

Natale, L. L., Teodoro, M. L. M., Barreto, G. de V., & Haase, V. G. (2008). Propriedades psicométricas de tarefas para avaliar funções executivas em pré-escolares. *Psicologia em Pesquisa, 2*(2), 23-35. Recuperado de http://pepsic.bvsalud.org/scielo.php?script=sci_arttext&pid=S1982-12472008000200004&lng=pt&tlng=pt.

Organização Mundial da Saúde. (1993). *Classificação de transtornos mentais e de comportamento da CID-10.* Porto Alegre, RS: Artes Médicas.

Pontes, L. M. M., & Hübner, M. M. C. (2008). A reabilitação neuropsicológica sob a ótica da psicologia comportamental. *Archives of Clinical Psychiatry* (São Paulo),*35*(1), 6-12.

Rocha, S. R., Dornelas, L. de F., & Magalhães, L. de C. (2013) Instrumentos utilizados para avaliação do desenvolvimento de recém-nascidos pré-termo no Brasil: revisão da literatura. *Cadernos de Terapia Ocupacional. UFSCar, 21*(1), 109-117.

Seabra, A. G., Reppold, C. T., Dias, N. M., & Pedron, A. C. (2014) Modelos de funções executivas. In A. G. Seabra, J. A Laros, E. C. Macedo, & N. Abreu (Org.). *Inteligência e funções executivas: Avanços e desafios para a avaliação neuropsicológica* (17-38). São Paulo, SP: Memonn.

Uehara, E., Mata, F., Fichman, H. C., & Malloy-Diniz, L. F. (2016) Funções executivas na infância. InJ. F. Salles, V. Gde Haase, &L. F. Malloy-Diniz (Org.) *Neuropsicologia do desenvolvimento: infância e adolescência.* Porto Alegre, RS: Artmed.

Zampieri, M., Schelini, P. W., & Crespo, C. R. (2012). Eficácia de um programa de estimulação de capacidades intelectuais. *Revista Estudos de Psicologia, 29*(3), 353-362.

Transtorno do desenvolvimento intelectual e reabilitação neuropsicológica

3

Vanessa Pozzi
Regina Maria Fernandes Lopes

Introdução

A inteligência é uma capacidade de lidar com diversas situações da vida, sendo muito mais ampla do que o Quociente de Inteligência (QI) que muitos testes psicológicos e neuropsicológicos avaliam. Nela também estão as habilidades de se comunicar, resolver problemas novos, abstrair, simbolizar, compreender o mundo ao seu redor, perceber, imaginar o que pode ser feito, dar sentido às coisas, e resolver de forma melhor possível suas demandas envolvendo si próprio e o ambiente.

Na Deficiência Intelectual (DI), muitas dessas capacidades/habilidades podem estar abaixo da idade cronológica do indivíduo, com isso, os mais diversos problemas surgem em influência da criança não estar adaptada /com maturidade emocional para lidar com as demandas do meio escolar e familiar.

Com o crescimento da re(h)habilitação neuropsicológica muitos avanços podem ser feitos para inserir a criança com DI em uma rotina que incentive o desenvolvimento e um bom nível de independência. Para isso, planejamentos, técnicas e intervenções neuropsicológicas são necessárias, como também, a participação dos pais ou responsáveis. Neste capítulo, tenho como objetivo conceituar e explanar a inteligência e a Deficiência Intelectual, exemplificando algumas formas de re(h)habilitação para a criança desempenhar melhor suas rotinas e atividades da vida diária, melhorando assim a qualidade de vida dela e dos familiares.

Inteligência

A inteligência é uma capacidade mental muito geral que implica em habilidades de: raciocínio, planejamento, resolução de problemas, abstração, categorização, compreensão de ideias complexas, aprendizagem e aprendizagem a partir da experiência (Dalgalarrondo, 2019; Malloy-Diniz *et al.*, 2010).

Wechsler (1958 como citado em Dalgalarrondo, 2019, p.309) definiu inteligência como "a capacidade global do indivíduo de agir com propósitos, de pensar racionalmente e de lidar eficazmente com o seu ambiente". Sendo assim, a inteligência é o conjunto das habilidades da pessoa, e essas habilidades permitem que o sujeito possa identificar e resolver problemas novos, bem como, reconhecer e solucionar, de forma mais eficaz possível, as diversas situações da vida, respondendo as exigências de adaptação as demandas do dia a dia (Dalgalarrondo, 2019). As habilidades do indivíduo são exigidas cotidianamente, por isso prejuízos significativos da inteligência impactam na funcionalidade global da pessoa, ocasionando diversas dificuldades, como o acompanhamento acadêmico, habilidades sociais e na independência rotina da vida diária. Então, além das dificuldades cognitivas globais, também há impacto na adaptação do indivíduo ao meio (Antunes & Costa, 2017).

Algumas categorias da inteligência são possíveis avaliar por meio do Quociente de Inteligência (QI) obtido por testes padronizados, considera-se DI quando o QI estiver abaixo de 70. Outras categorias da inteligência são avaliadas através da anamnese com os pais, observação da criança em seu meio e dados escolares.

Transtornos do neurodesenvolvimento

Os transtornos do neurodesenvolvimento normalmente se revelam na infância, antes da criança iniciar a vida escolar. São caracterizados por déficits de desenvolvimento que acarretam em prejuízos pessoais, acadêmicos, sociais e profissionais. Dentre os transtornos do neurodesenvolvimento encontram-se: Transtornos da Comunicação; Transtornos do Espectro Autista; Transtorno de Déficit de Atenção e Hiperatividade; Transtornos Específicos da Aprendizagem; Transtornos Motores e

Transtorno do Desenvolvimento Intelectual (APA, 2023). Neste capítulo será abordado o transtorno do desenvolvimento intelectual com a nomenclatura de Deficiência Intelectual (DI).

Diversas dificuldades e limitações podem ocorrer nos transtornos do neurodesenvolvimento, como por exemplo: limitações específicas na aprendizagem, no controle de funções executivas, prejuízos globais em habilidades sociais ou cognitivas.

Deficiência Intelectual

Segundo o IBGE (Agência Brasil, 2015), 0,8% da população brasileira apresentam DI, destes 0,5% já nasceram com as limitações. Do valor total 54,8% apresentam grau intenso ou muito intenso de limitações e 30% frequentam algum serviço de reabilitação.

Figura 1 – Representação de dados percentis da DI no Brasil

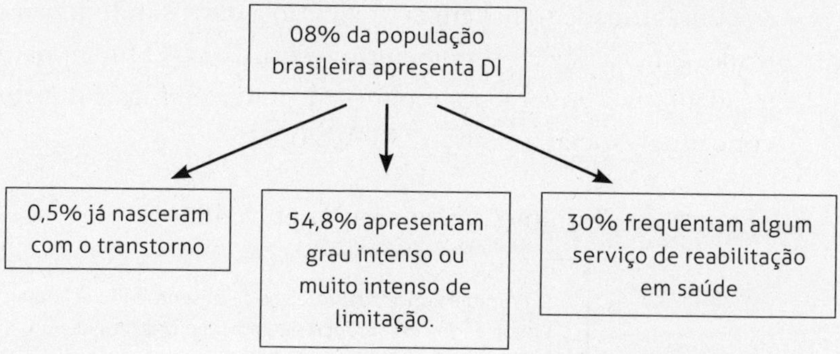

Fonte: Agência Brasil (2015)

Os percentuais mais elevados foram encontrados em pessoas sem instrução e baixa escolaridade (Agência Brasil, 2015), com maior prevalência no sexo masculino e em países de baixa e média renda onde as taxas são quase duas vezes maiores que nos países desenvolvidos.

A Organização Mundial da Saúde define a Deficiência Intelectual como uma capacidade significativamente reduzida de compreender informações novas ou complexas e de aprender e aplicar novas habilidades (inteligência prejudicada) (Pereira, 2014). A American Association of Mental Retardation compreende a Deficiência Intelectual em uma perspectiva multidimensional, funcional e bioecológica, caracterizada por limitações significativas no funcionamento intelectual e no comportamento adaptativo, como expresso nas habilidades práticas, sociais e conceituais (Milian *et al.*, 2013).

O Manual Diagnóstico e Estatístico de Transtornos Mentais DSM-5-TR (APA, 2023) categoriza o Transtorno do Desenvolvimento Intelectual (Deficiência Intelectual) através de três critérios diagnósticos:

- Critério A – déficits em capacidades mentais genéricas, (raciocínio, solução de problemas, planejamento, pensamento abstrato, juízo, aprendizagem acadêmica e pela experiência e compreensão prática). A Compreensão verbal, memória de trabalho, raciocínio perceptivo, raciocínio quantitativo, pensamento abstrato e deficiência cognitiva são componentes críticos desse critério. O Funcionamento costuma ser testado através de testes de inteligência (APA, 2023).
- Critério B – refere-se a padrões de independência pessoal e responsabilidade social em comparação a outros indivíduos com idade, gênero aspectos socioculturais similares. O funcionamento adaptativo envolve raciocínio adaptativo em três domínios: conceitual, social e prático (APA, 2023).

Figura 2 – Domínio do funcionamento Adaptativo

Domínio do funcionamento adaptativo

O **domínio conceitual** refere-se a desempenho acadêmico, envolvendo competências como: memória, linguagem, leitura, escrita, raciocínio matemático, aquisição de conhecimentos práticos, solução de problemas e julgamento em situações novas, etc.

O **domínio social** envolve percepção de pensamentos, sentimentos e experiência dos outros; empatia; habilidade de comunicação interpessoal; habilidades de amizade; julgamento social; etc

O **domínio prático** envolve aprendizagem e autogestão em todos os cenários da vida, inclusive cuidados pessoais, responsabilidade profissional, controle com dinheiro, recreação, autocontrole comportamental e organização de tarefas escolares.

Fonte: Adaptado do DSM-5-TR (APA, 2023)

Esse critério é preenchido quando, pelo menos um domínio do funcionamento adaptativo está prejudicado a ponto de necessitar auxílio contínuo para que a pessoa tenha desempenho adequado (APA, 2023).

- Critério C – refere-se ao reconhecimento de déficits intelectuais no período de desenvolvimento (infância ou adolescência) (APA, 2023).

Como observado, a DI traz limitações importantes no funcionamento intelectual e no comportamento adaptativo do indivíduo (Nitrini & Bacheschi, 2003; Arnedo *et al.*, 2018). Essas limitações são exigidas cotidianamente, por isso, prejuízos significativos da inteligência impactam a funcionalidade da pessoa, ocasionando, por exemplo, dificuldades no acompanhamento da turma escolar, nas habilidades sociais e na independência do dia a dia. Assim, além de déficit na habilidade cognitiva global, também há um impacto na adaptação do indivíduo ao meio (Pereira, 2014; Antunes & Costa, 2017).

A Deficiência Intelectual é uma condição heterogênea, para a qual podem contribuir fatores genéticos, ambientais e sociais, que levam a pessoa ter um desempenho intelectual abaixo de 70 nos testes de QI (Nitrini & Bacheschi, 2003), existem diferentes níveis de severidade: leve, moderada, grave e profunda. Quanto maior o nível, maior é o impacto na vida do indivíduo e maior é sua dependência de um cuidador (Antunes & Costa, 2017).

Tabela 1 – Classificação de Deficiência Intelectual de acordo com QI

Nível da DI	QI – APA	
Leve	QI: 55 – 70	**+ Funcionamento Adaptativo Prejudicado**
Moderada	QI: 35 – 54	
Grave	QI: 20 – 34	
Profunda	QI: <20	

Legenda: QI = Quociente de Inteligência;
DI = Deficiência Intelectual; APA = American Psychiatric Association
Fonte: Pereira (2014)

É importante ressaltar que a ocorrência de comorbidades associadas a DI é frequente, podendo acontecer acompanhada por outros transtornos mentais, anomalias físicas ou mesmo ocorrer isoladamente (Pereira, 2014; APA, 2023).

Na DI leve, na maioria das vezes, as causas são desconhecidas. Já nos casos mais graves o rastreio tem maior probabilidade de encontrar resultados etiológicos. Marcelli & Cohen (2010) apresentam uma tabela com as principais causas da Deficiência Intelectual.

Tabela 2 – Principais causas da DI

Classificação	Exemplos
Causas pré-natais de origem genética – 32%	
Cromossômicas	Síndrome de Down ou Mongolismo
Mutações Monogênicas	X frágil Fenilcetonúria Esclerose Tuberosa
Microdeleção	Síndrome Velocardiofacial Síndrome de Prader-Willi Síndrome de Angelman Síndrome de Williams- Beuren
Causas pré-natais de Origem Externa – 12%	
Infecções Maternas	HIV
Causas toxicas	Síndrome de alcoolismo fetal
Causas obstétricas	Prematuridade
Malformações de origem desconhecida – 8%	
Malformações do SNC	Não fechamento do tubo neural
Síndrome polimalformativa	Síndrome de Cornélia de Lange
Causas perinatais – 11%	
Infecções	Encefalite
Problemas durante o Parto	Anóxia neonatal
Outras	Hiperbilirrubinemia
Causas pós-natais - 8%	
Infecções	Encefalite
Causas toxicas	Saturnismo
Psicossocial	Patologia de privação
Outras	Traumatismos ou tumores cerebrais
Causas desconhecidas - 25%	

Fonte: Adaptado de Marcelli e Cohen (2010).

O diagnóstico precoce e o encaminhamento para programas de estimulação e reabilitação, além de medidas educacionais apropriadas, têm grande impacto no rendimento final e na capacidade de inserção social desses indivíduos (Nitrini & Bacheschi, 2003).

Re(h)abilitação Neuropsicológica e Intervenções

A re(h)abilitação neuropsicológica é a abordagem de tratamento que corresponde a um conjunto de procedimentos e técnicas. Seu objetivo é melhorar os processos cognitivos, emocionais e comportamentais prejudicados, possibilitando o mais alto nível de adaptação possível e uma melhor qualidade de vida (Dias & Cardoso, 2019). Isso inclui todas as medidas que pretendem reduzir o impacto da inabilidade e condições de desvantagem, permitindo que as pessoas com déficits e deficiência atinjam uma integração social ótima (OMS, 1980 como citado em Fuentes *et al.*, 2014).

Quando a intervenção envolve reabilitar os processos cognitivos que foram prejudicados após lesão cerebral, o termo sugerido é reabilitação. Já em situações em que os déficits cognitivos estão associados à menor estimulação cognitiva ou alterações do neurodesenvolvimento, chama-se o processo de habilitação (Dias & Cardoso, 2019; Gindri *et al.*, 2012).

A habilitação neuropsicológica é normalmente relacionada a crianças com transtorno do neurodesenvolvimento (Dias & Cardoso, 2019) ou jovens e adultos que queiram melhorar algum desempenho cognitivo, comportamental ou emocional (Gindri *et al.*, 2012). Ela se propõe a auxiliar na aquisição e no desenvolvimento de habilidades que não foram adquiridas pela criança, ou ainda, que se encontram com baixo desempenho em suas tarefas diárias, de acordo a demanda do ambiente (Dias & Cardoso, 2019; Gindri *et al.*, 2012).

Como a DI impacta diversos âmbitos da vida da criança e da família, as intervenções devem ser direcionadas a adaptação cotidiana, sendo o principal objetivo desenvolver independência, tornando a criança capaz de realizar atividades rotineiras como, por exemplo: tomar banho, comer e se deslocar sem ajuda de outras pessoas (Antunes & Costa, 2017; Arnedo *et al.*, 2018; Dias & Cardoso, 2019). A organização de hábitos e rotina é essencial, sendo uma das principais ferramentas de tratamento (Fuentes *et al.*, 2014). A intervenção neuropsicológica também deve ter entre seus objetivos a melhoria dos processos cognitivos, comportamentais e emocionais básicos que facilitam as estratégias adaptativas para alcançar sua participação nos contextos habituais (Arnedo *et al.*, 2018).

As intervenções neuropsicológicas devem ser feitas e personalizadas para cada paciente, porém, descreverei algumas técnicas e intervenções que podem elucidar a habilitação neuropsicológica de forma mais geral no contexto da Deficiência Intelectual no âmbito de funcionalidade prática, voltada ao dia a dia da criança.

Psicoeducação é importante para familiares ou responsáveis da criança, pois é uma técnica que visa educar o paciente e familiares acerca das dificuldades e habilidades, curso da doença e forma de tratamento, objetivando proporcionar maior conscientização e aceitação do déficit. Para isso, diferentes materiais podem ser utilizados, tais como folhetos, livros, filmes, etc.

Recomenda-se as cartilhas para que os familiares leiam e se inteirem do transtorno, como também, com o auxílio do DSM-5-TR mostra as dificuldades que podem ser encontradas no desenvolvimento da criança.

O neuropsicólogo deve proporcionar durante o processo de reabilitação um momento de acolhimento aos pais, para que possam expor como veem se sentindo (culpa, raiva, tristeza, negação, aceitação) e suas preocupações (Dias & Cardoso, 2019).

Organização e Rotina: é auxiliar a criança a ter mais autonomia nas atividades da vida diária, mostrando mais colaboração nas atividades domésticas e nos cuidados e organização pessoal, incluindo aquelas atividades que necessitam de movimentos finos como amarrar o sapato e abotoar camisa. (Arnedo *et al.*, 2018). Nesse caso, recomenda-se o uso de recursos externos de auxílio, como agendas bloco de notas, sinalizações. Busca-se oferecer recursos para que o paciente diminua o impacto de suas dificuldades na rotina e funcione na vida prática (Fuentes *et al.*, 2014).

Observando as principais queixas de hábitos e organização da criança, sugiro a confecção de murais interativos, preferencialmente confeccionados pela família e o paciente. Nesse mural devem constar dias da semana e figuras ilustrativas do que o paciente deve fazer em seu dia a dia (dificuldades). Diariamente, o paciente deve marcar ou sinalizar no mural as atividades feitas. Após o comportamento ser aprendido, outro mural pode ser confeccionado com as novas demandas do paciente e com maiores dificuldades, como por exemplo: acrescentar horários e turnos, os marcadores do mural também podem ser substituídos por marcadores com expressões emocionais, assim pode ser possível verificar o quanto a atividade é interessante ou o humor do paciente no dia. Lembrando que o nível de dificuldade deve ir crescendo aos poucos. Abaixo, modelo de mural interativo.

Figura 4 – Modelo de mural interativo

Atividades Pode colocar figuras ou desenhos da atividade	Segunda	Terça	Quarta	Quinta	Sexta	Sábado	Domingo
Arrumar a cama							
Vestir-se sozinho							
Escovar os dentes							
Tomar banho							
Fazer a lição e/ou / atividades escolares							
Brincar							
Guardar brinquedos							
Ir à escola							
Dormir no horário							
Outros							

Fonte: Elaboração própria

Comunicação com os outros: auxiliar a criança a prestar atenção em pistas socioemocionais, comunicativas e linguísticas para participar melhor de interações com pessoas (Arnedo *et al.*, 2018). O conhecimento semântico surge das experiências socioemocionais próprias e alheias, a partir de pistas socialmente relevantes: a expressão facial, a postura corporal, o que e como é verbalizado. A percepção social começa direcionando o olhar para o rosto das outras pessoas e dele extraindo características especificas, as quais permitem fazer um julgamento social (Fuentes *et al.*, 2014). É possível incentivar a cognição social em termos de leitura de pistas sociais de baixo nível (olhar, expressão facial, entonação, postura, sorriso) e mentalistas (fazer inferências sobre intenções, emoções e crenças) (Arnedo *et al.*, 2018).

A teoria da mente designa a capacidade de compreender que o outro tem emoções, pensamentos e intenções, distintos de nossos próprios, o que nos capacita a prever ações ou intenções de terceiros. Essas habilidades que nos permitem obter conhecimento sobre o mundo social, reconhecendo-o, interpretando-o e emitindo respostas adequadas ao contexto (Dias & Cardoso, 2019). O déficit na teoria da mente está relacionado a dificuldades em compreender os sentimentos do outro (Seabra & Dias, 2012) e perceber intenções do outro através expressão facial (Dias & Cardoso, 2019).

A capacidade da teoria e cognição social podem ser trabalhadas através de ordenação de historinhas que descrevem situações físicas, comportamentais ou mentalistas, atividades de se colocar no lugar do outro (desenvolver o papel do outro em uma dramatização), histórias de empatia representada em bonecos (Arnedo *et al.*, 2018). Reconhecimentos de emoções como raiva, medo, tristeza, alegria, nojo através de expressões faciais também podem usadas e dramatizadas (Dias & Cardoso, 2019).

O livro *Pintando as emoções: caderno para colorir* tem diversas emoções para conhecer, pintar e representar em histórias, também tem faces em branco para a criança preenceher com a emoção adequada ao momento e contexto trabalhado na habilitação.

O Caderno de Intervenção – cognição social – Coruja Especialista é um material de intervenção para cognição social mais geral, não direcionado apenas as teorias da mente. A proposta é oferecer um conjunto de atividades estruturadas para estimular a capacidade de extrair informações contextuais, verbais e não verbais, bem como lidar com essas informações de forma efetiva (Dias & Cardoso, 2019).

Lidando com dinheiro: ensinar a criança a mexer com dinheiro real é fundamental para que ela possa adquirir algum nível de independência e saiba diferenciar valores monetários. Para isso é necessário explanar 3 etapas: reconhecimento, discriminação e manipulação. No reconhecimento são apresentadas todas as notas e moedas reais para criança. Na discriminação, desenvolve-se atividades para diferenciar as notas e moedas (cores, números, centavos). A criança precisa entender que o valor monetário corresponde ao que está escrito no dinheiro e não a quantidade de notas. Na etapa de manipulação pode-se simular situações de compras no supermercado (Antunes & Costa, 2017).

Essas atividades de compras podem ser feitas consultório do neuropsicólogo ou em casa com os pais.

- Deve-se fazer etiquetas para os produtos, constando reais e centavos.
- A criança receberá uma quantidade de notas e moedas.
- Na simulação de compras, ela deve entregar o valor correto da etiqueta para cada produto.
- Iniciar a atividade de forma fácil, após ir dificultando gradativamente, acrescentando, lista de compras, soma de valores e troco.

Aprendizagem escolar: melhorar os requisitos cognitivos que estão por trás das atividades acadêmicas, como por exemplo: velocidade de processamento, atenção, memória operacional, raciocínio verbal e espacial, dentre outras (Arnedo *et al.*, 2018).

O neuropsicólogo pode, juntamente com a escola, desenvolver tarefas que auxiliem a melhorar o desempenho dos prejuízos cognitivos da criança. Uma criança com DI necessita de apoio extra na sala de aula e atividades direcionadas à sua compreensão. Deve ser oferecido um ambiente pedagógico diferente, dentro do espaço físico da escola, onde elas terão assistência individual e especializada. A inclusão escolar possibilita um aprendizado que seja compatível com as potencialidades e interesses das crianças, esse preparo é direcionado para elas possam dar conta das demandas da vida adulta e vivam da maneira mais independente possível (Schwartzman & Lederman, 2017).

Considerações Finais

O propósito deste capítulo foi discorrer sobre o Transtorno do Desenvolvimento Intelectual (Deficiência Intelectual), propondo formas de identificação e possibilidades de reabilitação neuropsicológica, para melhorar a qualidade de vida destes pacientes e de suas famílias.

Desta forma, muitas intervenções podem ser utilizadas para melhorar o desempenho e a independência da criança com DI. As intervenções e programas de habilitação exigem do neuropsicólogo criatividade, conhecimento, flexibilidade e motivação para lidar com as diferentes demandas da clínica. Neste capítulo, de forma geral, foram citadas algumas intervenções que podem ser utilizadas nas crianças com DI e em outros transtornos do neurodesenvolvimento.

Referências

Agência Brasil. (2015). *IBGE*: 6,2% da população têm algum tipo de deficiência. Recuperado de: http://agenciabrasil.ebc.com.br/geral/noticia/2015-08/ibge-62-da-populacao-tem-algum-tipo-de-deficiencia

American Psychiatric Association – APA. (2023). *Manual diagnóstico e estatístico de transtornos mentais: DSM-5.* 5. ed. Porto Alegre: Artmed.

Antunes, A. M., & Costa, A. J. (2017). *Cartilha de treinamento de habilidades cotidianas na deficiência intelectual.* Recuperado de: http://materiais.pearsonclinical.com.br/cartilhas-interfaces-em-neurociencias-download

Arnedo, M. M. *et al.* (2018). *Neuropsicologia Infantil através de casos clínicos.* 1. ed. Pindamonhangaba: CEPSIC.

Dalgalarrondo, P. (2019). *Psicopatologia e semiologia dos transtornos mentais.* 3. ed. Porto Alegre: Artmed.

Dias, N. M., & Cardoso, C. O. (2019). *Intervenção neuropsicológica infantil*: da estimulação precoce-preventiva à reabilitação. São Paulo: Pearson Clinical Brasil

Fuentes, D. *et al.* (2014). *Neuropsicologia*: teoria e prática. Porto Alegre: Artmed.

Gindri, G. *et al.* (2012). *Métodos em neurociência.* São Paulo: Manole. Recuperado de: http://www.nnce.org/artigos.html

Malloy-Diniz, L. F. *et al.* (2010). *Avaliação Neuropsicológica.* Porto Alegre: Artmed.

Marcelli, D., & Cohen D. (2010). *Infância e Psicopatologia.* Porto Alegre: Artmed.

Milian, Q. G. *et al.* (2013). Deficiência Intelectual: doze anos de publicações na base SciELO. *Revista Psicopedagogia, 30* (91), 64-73.

Nitrini, R., & Bacheschi, L. A. (2003). *A neurologia que todo médico deve saber.* São Paulo: Atheneu.

Pereira, R. R., (2014). *O papel da variação do número de cópias genômicas no fenótipo clínico de deficiência intelectual em uma coorte retrospectiva da rede pública de saúde do Estado de Goiás*. Tese (Doutorado em Biologia) - Programa de Pós-graduação em Biologia (ICB), Universidade Federal de Goiás, Goiânia.

Schwartzman, J. S., & Lederman, V. R. G. (2017). Deficiência Intelectual: causas e importância do diagnóstico e intervenções precoces. *Revista IBCIT, 10* (2), 17-27.

Seabra, A. G., & Dias, N. M. (2012). *Avaliação neuropsicológica cognitiva*: atenção e funções executivas. V. 1. São Paulo: Memmon.

Wechsler, D. *The measurement and appraisal of adult intelligence*. Baltimore: Williams & Wilkins, 1958.

Reabilitação neuropsicológica infantil em epilepsia e cirurgia do hipocampo

4

Nola Cátia Santos de Jesus
Regina Maria Fernandes Lopes

Introdução

Epilepsia é o nome dado a uma condição neurológica que se caracteriza por intervalos periódicos e repentinos da função cerebral, nomeada de convulsões epilépticas. A epilepsia pode ter uma complexidade de desordem que repercute na disfunção cerebral latente, podendo resultar de diversas causas distintas. Essa desordem neurológica afeta 0,5 a 1% da população mundial. Mesmo em território em que os medicamentos anticonvulsivantes são disponibilizados gratuitamente, cerca de ¼ dos pacientes persistem indicando crises mesmo com uso de fármacos (Campos-Castelló, 2006).

Sendo assim, se o local de origem desses sinais puder ser localizado a partir da descrição das crises, ou através de descobertas por ressonância magnética, é indicada a cirurgia para investir numa melhor chance de recuperação aos pacientes decorrente destas crises epilépticas. Segundo pesquisadores da Liga Internacional contra a Epilepsia (ILAE), a Epilepsia caracteriza-se por modificação cerebral e tendência a originar crises contínuas epilépticas (Fisher *et al.*, 2005).

Objetivos da cirurgia para a epilepsia

Alguns dos objetivos da cirurgia do em crianças são os seguintes:

- Controlar as crises epilépticas
- Reabilitação do desenvolvimento motor
- Melhorar a qualidade de vida tanto psicossocial e acadêmica
- Minimizar significante impacto no desenvolvimento cognitivo e neuromotor dos pacientes.

Entretanto, o objetivo principal da cirurgia de epilepsia é obter liberdade convulsiva ou pelo menos uma redução significativa na frequência das crises sem causar déficits neurológicos ou neuropsicológicos. Por último, mas não menos importante, os efeitos negativos de repetidas crises epilépticas no desenvolvimento cognitivo adicional podem ser influenciados favoravelmente na infância. Dentro deste contexto, as crianças menores de seis anos de idade, pela transecção cirúrgica têm maior chance de recuperação devida a sua neuroplasticidade cerebral.

Hipocampo e suas funções

O dano ao hipocampo pode conduzir à perda de memória e de dificuldade em estabelecer memórias novas, inibindo as respostas que têm sido aprendidas de modo prévio, ou seja, quando há algum tipo de lesão no hipocampo, há falha também em armazenar o que foi aprendido. O hipocampo também tem atuação eficaz na consciência que as pessoas têm de suas próprias ações, pois, sendo um suporte para memória de trabalho, tem ínfima relação com execução cognitiva, afetiva e motora. Portanto, a neuroplasticidade infantil é de suma importância e corrobora na possível redução de alguns déficits cognitivos. Entretanto, é possível sugerir que possa existir a chance de um quadro epilético desenvolver comorbidade em Deficiência Intelectual, acerca das áreas cerebrais atingidas por sua severidade (Honora & Frizanco, 2008).

Epilepsia e a Aprendizagem

As crianças e adolescentes com epilepsia podem apresentar dificuldades escolares que se devem a doença, de acordo com a idade de início, frequência e grau de controle das crises, tipo de síndrome epiléptica, etiologia e tipo da medicação utilizada. Além disso, outros fatores como o processo de escolarização com baixa expectativa dos pais e professores quanto ao sucesso da criança e adolescente, possibilidade de rejeição dos professores e colegas de escola, baixa autoestima e o funcionamento familiar também podem interferir no aprendizado (Guerreiro *et al.*, 2011).

Neuropsicologia infantil

As investigações neuropsicológicas desempenham um papel importante no diagnóstico e tratamento da epilepsia. O sucesso de um tratamento – seja medicinal, seja cirúrgico – é medido, além do controle de crises alcançado, também sobre o quão bem o desempenho mental e psicológico do paciente pode ser mantido e promovido.

Antes e após a cirurgia de epilepsia são realizados extensos exames neuropsicológicos, que examinam funções como desempenho da memória, funções especiais de linguagem e muito mais.

Portanto, a avaliação neuropsicológica envolve o diagnóstico de problemas de desenvolvimento; a identificação de alterações cognitivas e comportamentais, através de instrumentos padronizados para avaliar globalmente as capacidades e dificuldades. E a partir disso, estabelecer associações entre dificuldade e desordem, detectar um distúrbio cognitivo generalizado, de déficits específicos de atenção, memória, linguagem, percepção e habilidades viso espaciais. Problemas de aprendizagem como dislexias, disgrafias e discalculias. Ou seja, oferecer suporte para a compreensão das funções cerebrais e proporcionar método específico corroborando assim, com a possível Reabilitação Neuropsicológica.

Reabilitação Neuropsicológica

A Reabilitação Neuropsicológica tem como objetivo tratar aspectos cognitivos e comportamentais, resultantes de uma lesão cerebral. Possibilitando tornar funcional o indivíduo com algum tipo de inabilidade e, assim, melhorar a qualidade de vida através de estratégias compensatórias, bem como, aquisição de novas habilidades e adaptação às perdas perduráveis.

Esse processo visa a recuperação do paciente com algum tipo de lesão cerebral, o capacitando a administrar suas dificuldades e aprendendo a lidar com elas. Dirimindo, assim, os déficits cognitivos procedentes de algum dano neurológico, ou seja, contornar estes déficits, resgatando o melhor nível de funcionamento possível, tanto em adaptação social, psicológicos e físicos.

Sendo assim, é de suma importância a qualificação do neuropsicólogo para desenvolver estratégias acerca da reabilitação cognitiva, assim como, estabelecer contato com uma equipe multidisciplinar para que as técnicas sejam de fato efetivas (Vasques, 2018).

Tipos de Intervenção na Reabilitação Neuropsicológica (Zibetti, 2018)

- **Treino cognitivo:** Visa a estimular por meio de atividades focais a neuroplasticidade, remodelando conexões cerebrais alcançáveis.
- **Estratégia compensatória:** Emprega-se recursos do paciente ou ambiente para a manejo de atividades funcionais diárias.
- **Intervenção no ambiente:** Objetiva-se a alterar o ambiente, quando o paciente tem dificuldade de manejá-las.

O quadro a seguir apresenta as atividades para estimular as funções executivas, que devem ser assíduas para exercitar e obter melhor resultado nas funções cognitivas específicas.

Quadro 1 – Atividades para estimular as funções executivas

Atividade	Descrição	Objetivo	Duração
Memória	Achar a figura igual para formar o par correto	Treinar habilidade de memória e atenção	10 minutos
Quebra cabeças	Encaixar as partes específicas a partir da figura apresentada	Capacidade de concentração, noção espacial e percepção visual. Habilidades de resolução de problemas	
Jogo dos 7 erros	A criança deve achar os sete erros no ambiente físico, ou seja, procurar os brinquedos que faltam no próprio consultório	Treinar a capacidade de percepção e atenção	20 minutos

Atividade	Descrição	Objetivo	Duração
Dominó	O jogo começa com que tem a pedra dobrada mais alta, sempre começará quem tem o seis e seguir na sequência.	Contribui para o desenvolvimento cognitivo, atenção e motor.	20 minutos
Jogos de cartas	A criança deve localizar cartas específicas	Exercitar a memória de trabalho	20 minutos
Resta 1	A criança deve pegar uma peça e passar sobre outra peça, sempre na horizontal ou na vertical, terminando em um espaço vazio.	Treinar memória de trabalho, o controle inibitório e a flexibilidade cognitiva	
Labirinto	A criança deve encontrar o caminho correta para ligar um ponto ao outro	Ativar o senso lógico, direcional, de organização, planejamento e lateralidade	10 minutos
Caderno de atividades para estimulação cognitiva: *Qual objeto que falta? *Recorte e cole as partes do corpo no lugar correto *João e o pé de feijão: pintar os feijões de acordo com a sequência *Corpo Humano: complete os rostos * Colorir as formas geométricas seguindo a sequência *Preencher os pompons colorindo conforme e sequência de cores	A criança leva para a casa o caderno para exercício com o objetivo de trabalhar estas atividades e estimular as funções cognitivas. O mesmo caderno a criança deve trazer na próxima sessão para continuar as atividades de estimulação com sua neuropsicóloga.	Estimular as funções cognitivas. Treinar memória, percepção e atenção.	

Fonte: Adaptado de Silva, Andrade & Oliveira (2007) e de Cantiere, Ribeiro, Seraceni & Machado (2012).

A Reabilitação Neuropsicológica através de atividades de estimulação cognitiva aponta que existe a possibilidade de recompensar certos déficits em algumas áreas do cérebro comprometidas por uma reorganização da área envolvida. Ficando claro que estímulos específicos e direcionados podem contribuir para a ativação de certas conexões.

Portanto, a estimulação cognitiva é configurada como uma intervenção voltada para o bem-estar geral da pessoa, a fim de aumentar seu envolvimento em tarefas que visam reativar as habilidades residuais e diminuir a perda funcional causada por algum déficit cognitivo (Antunes, 2011).

Quadro 2 – Alguns instrumentos utilizados para Avaliação Neuropsicológica

Instrumento	Funções e faixa etária
WISC-IV (Wechsler, 2013).	Permite a avaliação da inteligência geral, em alguns subdomínios (habilidade verbal e de execução) e fornece a medida de QI. Crianças e Adolescentes de 06 a 16 anos.
WASI (Wechsler, 2014).	Visa atender à necessidade de uma medida breve de inteligência. Crianças de 06 anos de idade até idosos na faixa etária dos 89 anos.
SON-R- 2 ½ a 7 (Laros, Tellegen, Jesus & Karino, 2015).	Avaliação geral do desenvolvimento e das habilidades cognitivas, através de quatro subtestes: habilidades espaciais e viso-motoras e raciocínio abstrato e concreto. Funcionamento intelectual de crianças de 2 ½ a 7 anos e 11 meses.
SON-R- 6-40 Laros, Tellegen, Lima & Valentini, 2022).	Avaliação da inteligência não verbal na avaliação das habilidades cognitivas, para pessoas com dificuldade auditivas, problemas de linguagem, transtornos do desenvolvimento e imigrantes.
Colúmbia (CCMS-3) (Burgemeister, Blum & Lorge, 2018).	Avalia capacidade de raciocínio geral de crianças pequenas e permite a avaliação de Deficiência Intelectual por se tratar de um teste não verbal. Público-alvo: Crianças 03 a 09 anos.
Matrizes Progressivas Raven CPM- RAVEN (Raven, Raven, & Court, 2018).	Avalia a inteligência (Fator g), fornece informações sobre a habilidade dos indivíduos para gerar novos insights (habilidade edutiva). Crianças de 5 a 11 anos e 11 meses de idade.
Teste de Atenção Concentrada (D2-R) (Brickenkamp, 2018).	Avaliar a capacidade do sujeito de manter a atenção concentrada no trabalho realizado durante um período determinado. Crianças e adultos de 7 a 76 anos de idade.
Teste dos Cinco Dígitos FDT (Sedó, 2015).	Avaliar a velocidade de processamento, atenção e as funções executivas, subcomponentes e controle inibitório. Crianças e Adultos de 06 a 92 anos.
RAVLT (De Paula & Malloy-Diniz, 2018).	Avaliar os processos de memória declarativa episódica, utilizando a repetição de uma lista de palavras. Crianças até idosos de 6 aa 92 anos.
Figuras Complexas de Rey (Oliveira, Rigoni & Rey, 2010).	Visuoconstrução, Organização Perceptual e Memória Visual. Público-alvo: Crianças e Adultos de 04 a 88 anos.
Pirâmides Coloridas de Pfister (Villemor-Amaral, 2016).	Avaliar características de personalidade, aspectos emocionais e prevê sobre o nível intelectual ou desenvolvimento cognitivo. Crianças e adolescentes de 7 a 14 anos de idade.

Fonte: Elaboração própria

O uso de teste neuropsicológico é um método construído de acordo com uma teoria especial de teste, com a qual as funções a serem medidas (por exemplo, capacidade de resolver problemas, atenção, memória, certos aspectos da fala) são induzidas (acionadas, exigidas) para torná-las mensuráveis. De acordo com a intenção de medição do teste, por exemplo, é feita uma distinção entre testes de inteligência, atenção, memória ou linguagem.

A padronização dos testes permite que os resultados sejam os mais independentes possíveis do tempo e do investigador. A padronização dos testes também permite a classificação do desempenho em um ou mais grupos de comparação (por exemplo, amostra representativa da população, que pode ser subdividida adicionalmente de acordo com idade e sexo, amostras especiais de pacientes), o que por sua vez permite determinar a posição relativa do desempenho do sujeito sendo possível o grupo de comparação.

Portanto, permite-se que a classificação das realizações esteja bem acima da média, acima da média, média, abaixo da média ou muito abaixo da média, identificando, assim, não apenas possíveis déficits funcionais, mas também recursos de desempenho (Hartje, 20014).

Fragmentos de caso clínico

Identificação

Nome: Jasmin Lírio
Idade: 10 anos
Escolaridade: 4ª série
Dominância manual: Direita
Data do início de atendimento: 13 de março de 2018
Tipo de escola: Pública

Descrição da Demanda

A paciente veio encaminhada para avaliação neuropsicológica através da solicitação do neurologista para mensuração da capacidade intelectual, visto que esta apresenta comprometimento e dificuldade na aprendizagem.

Jasmin teve uma infância normal até os dois anos de idade. Após as crises convulsivas a menina começou a ter dificuldades no desenvolvimento e sempre foi assistida de perto, porém, a mãe da menina relatou que Jasmin por causa das crises passou a ter a infância totalmente comprometida. Exames Realizados até o momento: Ressonância Magnética e Eletroencefalograma.

Procedimento

Entrevista de anamnese com os pais; Entrevista com Jasmin Lírio, nove consultas de uma hora; Devolutiva dos resultados para os pais e para Jasmin.

- Total de sessões – nove (9).
- Aplicação do teste WASI – Escala Wechsler Abreviada de Inteligência (Wechsler, 2014)
- Técnica projetiva de desenho – Casa, árvore e pessoa - HTP (Buck, 2003). Compreender aspectos da personalidade como a forma de interação com as pessoas e com o ambiente. O HTP estimula a projeção de elementos da personalidade e de áreas de conflito dentro da situação terapêutica e proporciona uma compreensão dinâmica das características e do funcionamento do indivíduo.
- Figuras Complexas de Rey (Rey, 2014). Avalia habilidades de cópia, de memória de curto e de longo prazo e oferece a possibilidade de analisar componentes de organização e planejamento das funções executivas.
- Matrizes Progressivas Coloridas de Raven – CPM (Raven, Raven, & Court, 2018). Avalia a capacidade intelectual infantil.
- Desenho livre - O desenho como expressão dos sentimentos da criança" tem como principal objetivo alertar e conscientizar para a real importância que tem o desenho, em que a criança na fase escolar vive num misto de emoções e descobrimentos que, para ela, não são de fácil expressão
- Hora do jogo - Utilizou-se o jogo da memória (avaliação da memória episódica visoespacial), Lince (avaliação da velocidade de processamento e função de sondagem da atenção concentrada), jogo de pega varetas (observação das habilidades de motricidade fina e de planejamento de movimentos) e labirinto (estimula a paciência, a habilidade manual, a concentração, planejamento e o controle inibitório).

Análise:

No teste da Wasi aplicado à paciente Jasmin, pode-se perceber que a mesma apresentou dificuldades em todos os subtestes, uma vez que seus escores foram inferiores ao teste como um todo. Os subtestes da Wasi têm funções distintas no que diz respeito aos domínios cognitivos avaliados. Portanto, Jasmin apresentou desempenho abaixo do esperado para sua idade. O mesmo padrão pode ser observado no subteste cubos. Jasmin também apresentou desempenho prejudicado nos subteste semelhanças quando comparados com crianças da mesma idade sem nenhum prejuízo cognitivo. A mesma tendência é observada nos QIs Verbal, de Execução e Total. Nos subtestes verbais a paciente apresentou também escores abaixo do esperado quando comparados às demais crianças de sua idade. Desta forma, o desempenho de Jasmin nos quatro substestes da Wasi e também as medidas de QI mostram-se úteis de avaliação das dificuldades cognitivas evidenciando suas limitações intelectuais.

	Escala Verbal		Escala de Execução	
	VC	SM	CB	RM

	Soma dos escores	QI	Percentil
Verbal (QIV)	40	55	0,1
Execução (QIE)	77	83	13
Escala total – 4 (QIT-4)	117	68	2

Legenda

Média	
Paciente	

No que diz respeito ao H-T-P, Jasmin primeiramente apresentou resistência para iniciar o desenho se queixando que não era capaz para realizar a tarefa. O tempo de latência da mesma se aproximou a 30 segundos (e as pausas a cada desenho foram constantes). No H-T-P, a paciente demonstrou uma desorganização da percepção e dificuldade de perceber a realidade. No desenho casa a mesma não conseguiu completar o desenho se sentindo cansada por tentar (a fadiga ajuda a piorar o desempenho do desenho- incapacidade para completar os desenhos). No que se refere ao desenho da árvore, Jasmin esboçou insatisfação com o resultado este que não ficou como a mesma esperava. O desenho da pessoa também teve um tempo de latência superior a 30 segundos. Entretanto, este apresentou organicidade, retraimento, necessidade de realização, regressão e falta de confiança em si. Assim como, dependência, insegurança, ansiedade e tensão. Portanto, observou-se nos desenhos dificuldades para realiza-los estando estes empobrecidos para sua idade. Não alcançando a maturidade cognitiva para realização dos mesmos.

Quanto às Matrizes Progressivas de Raven, Jasmin apresentou o escore total de 9 pontos; de acordo com a tabela, esse escore corresponde ao percentil 1 e a um escore padronizado de 65. A análise quantitativa indica que Jasmin está na classificação equivalente ao nível intelectualmente inferior (Nível V).

Na sessão a hora do jogo, Jasmin demonstrou-se participativa e conseguiu entender o objetivo da tarefa, que teve a duração de uma sessão inteira, ou seja, 50 minutos (montar um quebra-cabeça). Observou-se motivação e cooperação da paciente acerca da atividade estabelecida, assim como, compreendeu as regras e soube esperar sua vez.

Conclusão

Com base nos dados levantados a partir do processo de avaliação neuropsicológica, Jasmin demonstra, no presente momento, função intelectual em nível deficitário. Essa incapacidade caracteriza-se por limitações significativas tanto no funcionamento intelectual como no comportamento adaptativo, que prejudicam em suas habilidades sociais.

Orientações/Encaminhamento

- Reabilitação Neuropsicológica
- Continuidade no tratamento psicológico
- Inclusão escolar (monitora para acompanhamento no ambiente escolar).
- Fonoaudiólogo
- Terapia ocupacional
- Musicoterapia - No tratamento das doenças neurológicas este estimula o sistema nervoso por meio do som, ritmo, harmonia e melodia, promovendo o aprendizado, comunicação e memória, que pode levar à melhora pequena que seja, ou ao restabelecimento de funções da paciente.

Considerações finais

Este capítulo traz uma contribuição acerca do trabalho voltado à Reabilitação Neuropsicológica no que diz respeito à prática em consultório de uma paciente de 10 anos com histórico de epilepsia e retirada de tumor benigno. Jasmim teve uma infância normal até os 2 anos de idade. Após as crises convulsivas, a menina começou a ter dificuldades no desenvolvimento e sempre foi assistida de perto, porém a mãe relatou que Jasmim, por causa das crises, passou a ter a infância totalmente comprometida.

Portanto, a partir das intensas crises epilépticas, sugere-se que estas puderam levar à morte neuronal de uma determinada área do cérebro a deixando vulnerável. Isso corrobora com a perda de o^2 (hipóxia), bem como a retirada de um tumor no polo temporal direito e a ausência do hipocampo direito (conforme mostrou tomografia da paciente).

Sendo assim, destacaram-se importantes déficits no que diz respeito à compreensão verbal, entre outras habilidades que necessitam de Reabilitação Neuropsicológica e reflexão acerca da modalidade de ensino para garantir melhor aproveitamento tanto no ambiente escolar quanto na vida social de Jasmim.

Dentre estes, o auxílio externo e a ativação como um todo contribui na estimulação da capacidade cognitiva. Além do treino cognitivo e com o estímulo, pode-se esperar que haja uma plasticidade cerebral, ou seja, as habilidades do cérebro para se reconstituir e reestruturar. O treino dessas habilidades melhora as funções executivas e também habilidades cognitivas ajudando a recuperar os déficits destas e de outras funções. Assim como nossos músculos precisam de um trabalho frequente e direcionado para fortalecê-los, o treino cognitivo, também irá fortalecer as conexões do cérebro, bem como suas estruturas.

Referências

Abrisqueta-Gomez, I., & Silva, K.K.M. (2016) Fundamentos da Reabilitação Cognitiva, Em Malloy-Diniz, L.F., Mattos, P. Neander, A., & Fuentes, D. *Neuropsicologia Aplicações Clínicas* (p. 223-241). Porto Alegre: Artmed.

American Psychiatric (2023). *Manual Diagnostico e Estatístico de Transtornos Mentais (DSM-5-TR)*. Porto Alegre: Artmed.

Antunes, C. (2011). *Jogos para a estimulação das múltiplas inteligências.* São Paulo: Editora Vozes.

Brickenkamp, R. (2018). *Teste d2 - Atenção Concentrada.* Manual/Padronização Brasileira: Leandro Fernandes Malloy. São Paulo: Hogrefe.

Buck, J. N. (2003) *H- T- P : Casa- árvore- pessoa, técnica projetiva de desenho: manual e guia de interpretação.* Tradução de Renato Cury Tardivo; revisão Iraí Cristina Boccato Alves.1ª ed. São Paulo: Vetor.

Burgemeister, B. B., Blum, L. H., & Lorge, I. (2018). *Escala de Maturidade Mental Colúmbia 3.* Pearson Clinical Brasil.

Campos-Castelló, J. (2006). Neuropsicologia da epilepsia: quais fatores estão envolvidos. *Revista de Neurologia, 43* (Suppl 1), 59-70.

Costa, D. I., Azambuja, L. S., Portuguez, M. W., & Costa, J. C. (2004). Avaliação neuropsicológica da criança. *Jornal de Pediatria,* 80(2), 111-116.

Cantiere, C. N., de Fátima Ribeiro, A., Khoury, L. P., Seraceni, M. F. F., & Macedo, L. F. R. (2012). Treino cognitivo em crianças e adolescentes com sinais de desatenção e hiperatividade: proposta de protocolo de intervenção neuropsicológica nos domínios verbal e executivo. Cadernos de Pós-Graduação em Distúrbios do Desenvolvimento, 12(1).

De Paula, J. J., & Malloy-Diniz, L. F. (2018). *Teste de aprendizagem auditivo-verbal de Rey (RAVLT).* São Paulo: Vetor.

Fisher, R. S. *et al.* (2005). Convulsões epilépticas e epilepsia: definições propostas pela Liga Internacional Contra Epilepsia (ILAE) e pelo Bureau Internacional de Epilepsia (IBE). *Epilepsia, 46*(4), 470-472.

Guerreiro, C. A. M. *et al.* (2011). Qualidade de vida em epilepsia na infância. *Jornal da Liga Brasileira de Eplepsia,* 7(1).

Hartje, W. (2004). *Avaliação neuropsicológica.* Hogrefe Verlag.

Honora, M., & Frizanco, M. L. (2008). *Esclarecendo as deficiências*: aspectos teóricos e práticos para contribuir com uma sociedade inclusiva. Ciranda Cultural.

Isolan, G. R., Azambuja, N., Paglioli Neto, E., & Paglioli, E. (2007). Anatomia microcirúrgica do hipocampo na Amígdalo-hipocampectomia seletiva sob a perspectiva da técnica de Niemeyer e método pré-operatório para maximizar a corticotomia. *Arq. neuropsiquiatr,* 65(4a), 1062-1069.

Kahane, P., & Bartolomei, F. (2010). Epilepsia do lobo temporal e esclerose do hipocampo: lições dos registros eletroencefalográficos profundos. *Epilepsia,* 51, 59-62.

Laros, J. A., Tellegen, P. J., Jesus, G. R., & Karino, C. A. (2015). *SON-R 2½-7[a]. Manual – Teste não- verbal de inteligência.* Hogrefe-CETEPP.

Laros, J. A., Tellegen, P. J., Lima, R. M. F., & Valentini, C.A. (2022). *Teste não-verbal de inteligência SON-R 6-40.* São Paulo: Editora Hogrefe.

Manreza, M.L.G., Grossmann, R.M., & Valerio, R.M.F. (2003). *Epilepsia na infância e adolescência.* São Paulo: Lemos.

Oliveira, M. S., & Rigoni, M. S.; Rey, A. (2010). *Figuras Complexas de Rey:* Teste de cópia e reprodução de figuras geométricas complexas. São Paulo: Pearson Clinical Brasil.

Raven, J., Raven, J. C., & Court, J. H. (2018). *CPM RAVEN – Matrizes Progressivas Coloridas de Raven.* Adaptação brasileira de J. J Paula, C. G. M Schlottfeldt e L. F. Malloy-Diniz. São Paulo: Pearson.

Santos, F. H. (2005). Reabilitação neuropsicológica pediátrica. *Psicologia: ciência e profissão,* 25(3), 450-461.

Sedó, M. (2015). *O teste dos cinco dígitos FDT.* São Paulo: Hogrefe CETEPP.

Silva, A. N., Andrade, V. M., & Oliveira, H. A. (2007). Avaliação neuropsicológica em portadores de epilepsia do lobo temporal. *Arquivos de Neuropsiquiatria, 65*(2-B), 492-497.

Vasques, A.M. (2017). *Avaliação da Inteligência e Aprendizagem aplicada a Neuropsicologia I.* Slide aulas do curso de especialização Neuropsicologia.

Villemor-Amaral, A. E. (2016). *As Pirâmides coloridas de Pfister.* São Paulo: Casa do Psicólogo.

Wechsler, D. (2014). *Escala Wechsler abreviada de Inteligência – (WASI).* São Paulo: Casa do Psicólogo.

Wechsler, D. (2013). *Escala de Inteligência Weschsler para Crianças.* 3. ed. SP: Casa do Psicólogo.

Yacubian, E. M. T. (2002). Tratamento da epilepsia na infância. *Jornal de Pediatria, 78*(1), S19-S27.

Zibetti, M. R. (2018) *Avaliação e Reabilitação Neuropsicológica.* Slides da aula de Especialização em Neuropsicologia.

dificuldades encontradas no caminho da aprendizagem acabam comprometendo o desenvolvimento do indivíduo em todos os setores da vida.

Ressalta-se que o psicopedagogo tem um papel importante com a criança, que é o de trazer a confiança da criança para as ações dela por meio de intervenções que contribuam no processo de ensino-aprendizagem durante o desenvolvimento, e não apenas de compreender a dificuldade apresentada, mas descobrir de que maneira o sujeito pode aprender com ela. Assim, a psicopedagogia atua nos processos de aprendizagem do indivíduo e nos distúrbios apresentados durante o desenvolvimento das capacidades relacionadas à leitura (Dantas & Alves, 2011). Assim sendo, verifica-se a importância de uma intervenção psicopedagógica em crianças que manifestem algum tipo de distúrbio na leitura ou na fala durante a alfabetização, o que é de suma importância para a prevenção de uma dificuldade futura de aprendizagem. Aliado a este contexto, adentramos no campo do saber, em que a Neuropsicologia ajuda a identificar os pontos fracos deste indivíduo avaliando as funções cognitivas.

Identificar quais são as dificuldades que o aprendiz possui já no início do processo de aprendizagem da leitura é fundamental, bem como, saber quais procedimentos devem ser tomados para sanar tais dificuldades. São vários os motivos pelos quais uma criança apresenta dificuldade de leitura, como a semelhança do som de algumas letras e a falta de incentivo à leitura durante o processo de ensino. O educador deve estar constantemente observando as dificuldades de aprendizagem para saber quais as transformações necessárias no método de ensino.

É importante criar o hábito da leitura nas crianças, desenvolver a curiosidade pelo conteúdo do livro, mostrar o formato das letras e incentivar a escrita. A leitura e a escrita estão interligadas, ensinar a leitura correta e a estrutura da linguagem adequada tem como consequência uma leitura e escrita correta e uma fala adequada. Ao iniciar a vida escolar, uma criança já deve compreender explicações, precisa saber falar, reconhecer formas e desenhos, enfim, já deverá ser capaz de entender ordens e regras e, sem dúvida, ela aprenderá muitas outras coisas durante ano escolar. Porém, o que deve ter uma grande relevância para os educadores e para os familiares é que a leitura é uma habilidade que necessita de atenção para a linguagem e serve de incentivo para os pequenos.

No campo da Neuropsicologia, de acordo com o conteúdo que foi estudado, percebemos as dificuldades de aprendizagem como um conjunto de distúrbios sistêmicos que se desenvolvem durante a aprendizagem escolar, resultantes da insuficiência funcional de um ou mais sistemas cerebrais. A identificação e correta interpretação das falhas nos sistemas funcionais do cérebro é uma das vantagens da avaliação neuropsicológica (Guerra, 2015). O esclarecimento sobre as dificuldades de aprendizagem de um indivíduo se dá por meio do seu perfil neuropsicológico, na tentativa de compreender o processo de ensino-aprendizagem, identificando as limitações ou habilidades e as maneiras de possíveis intervenções para colaborar com o sucesso do desenvolvimento do aprendiz. Percebe-se que as escolas não têm conseguido atingir o objetivo de transmitir adequadamente os conteúdos social ou historicamente produzidos, apesar de haver legislação pertinente para amparar e manter todos na escola. A dificuldade de aprendizagem é um fator excludente quando não diagnosticada ou quando ignorada, visto que aquele indivíduo que apresentar tal dificuldade não permanecerá por muito tempo no campo escolar ou não progredirá academicamente.

Inúmeros são os fatores responsáveis pelo fracasso escolar, sejam eles extraescolares como socioeconômicos, problemas psicológicos como falta de memória, de motivação, atenção ou percepção, ou ainda biológicos, e não podemos esquecer dos currículos escolares defasados e da falta de percepção por parte dos educadores de notar qual dificuldade o aluno enfrenta. Alunos com dificuldade de leitura ou na elaboração de textos, por diversas vezes, passam despercebidos e não são encaminhados ao profissional adequado, pois não há conhecimento por parte do educador sobre as dificuldades de leitura e escrita.

Sobre a experiência individual psicopedagógica

Durante a atividade como profissional da área psicopedagógica, observou-se o bloqueio por parte de educadores em diagnosticar adequadamente os obstáculos que impedem a correta aprendizagem da leitura pelos alunos. No decorrer dos estudos, ao nos aprofundarmos no tema, percebemos o ato de alfabetizar como um ato primordial para a aquisição da consciência crítica pelo aprendiz. Não queremos apenas diagnosticar a patologia, mas compreender como ela ocorre e de que forma podemos colaborar para tratá-la após seu diagnóstico.

Crianças que apresentam dificuldade de autocontrole, impulsividade, falta de atenção, são aquelas que não obtiveram sucesso ao longo do processo de aprendizagem; são aquelas cujo desenvolvimento de atividades, como a memória, criatividade, flexibilidade, disciplina, foram prejudicadas e refletem na falta de autocontrole, de tomada de decisões e dificuldade de julgamento.

Para diagnosticar, é necessário investigar, entrevistar e ouvir os lados: a escola, a família e a criança, a fim de reconhecer os processos de aprendizagem aos quais o indivíduo foi submetido, e assim, entender como ele assimila o novo e como é o comportamento dele dentro da sociedade.

Sabe-se que são realizados inúmeros estudos relacionados ao baixo desempenho e à baixa dificuldade de aprendizagem. Eles nos mostram que crianças com poucas habilidades de planejar, por exemplo, apresentam um risco maior de baixo desempenho escolar, ou ainda, aquelas crianças que não conseguem manter o foco ou a organização também têm o desempenho escolar comprometido, enfim, várias pesquisas comprovam a correlação entre saúde mental e as funções cognitivas, as quais podem ser prejudicadas.

Dentro das situações que podem nos ajudar a identificar transtornos na aprendizagem e na aquisição da leitura da escrita, ou até mesmo da fala, estão as observações em sala de aula: observar os padrões de comportamento dos alunos, como o aluno se comporta diante de situações específicas, como ele desempenha as atividades e onde apresenta dificuldades, e ainda, quais são as dificuldades.

Quanto à dificuldade relacionada à leitura, podemos notar que há algumas estratégias para aproximar as crianças da leitura, como incentivar atividades em que é possível perceber a escrita e onde seja possível desenvolver a consciência fonológica, reforçando a possibilidade de inserir as crianças no sistema da escrita, como o da alfabetização desde a educação infantil. Incentivar a prática da leitura e da escrita, proporcionar atividades em que as crianças possam ler, escrever, criar histórias e colocar no papel, atividades com jogos que estimulem a identificação de letras e palavras, são algumas das inúmeras atividades existentes a colaborar para o diagnóstico, por meio da observação no decorrer destas atividades. Ainda dentro do contexto escolar, reiteramos que é primordial o acompanhamento do trabalho do aluno, a orientação e advertência dos erros de raciocínio. O professor deve observar as crianças enquanto elas trabalham, verificar como estão fazendo as atividades e ver quais as dificuldades encontradas.

Sempre haverá um aluno que apresentará maior dificuldade de aprendizagem e são estes que necessitam de atenção e colaboração por parte do todo. A intervenção pedagógica precisa moldar-se às necessidades daqueles que fazem algo fora do normal.

Dificuldades na aquisição da leitura

A leitura e as demais habilidades que devem ser desenvolvidas durante o crescimento são atividades muito complexas, desempenhando papel fundamental no desenvolvimento dos educandos. Trata-se de pontos que favorecem a comunicação e a aquisição do conhecimento, representando o passo principal para o aprender. Apresentar algum problema específico em uma das áreas é fator decisivo para o desenvolvimento cognitivo, neurológico, emocional, afetivo e social, já que ambas atuam em paralelo. A falha nestas áreas pode resultar em muitos problemas de aprendizagem e, futuramente, em um sujeito frustrado perante a sociedade. Os distúrbios da leitura não são necessariamente diagnosticados como uma patologia, assim como a dislexia.

Os exames neuropsicológicos são de importante relevância para diagnosticar quadros clínicos já na infância, como a dislexia e hiperatividade ou déficit de atenção. A ideia das avaliações é auxiliar na descoberta adequada de intervenção para que consigam desenvolver as funções neuropsicológicas ou diminuir as dificuldades de aprendizagem e comportamentos do indivíduo.

Compreende-se que a dislexia é um distúrbio de leitura e escrita, desenvolvido durante a alfabetização. O aluno troca letras com sons parecidos, como 'd' e 'b' ou "p" e "q", ou ainda, faz a troca de palavras, como pato por prato, apresenta dificuldades na junção de sílabas, durante a leitura, entre outros.

A desinformação e o pouco conhecimento relacionado ao assunto podem gerar dificuldades durante a aprendizagem. Às vezes, a dislexia, por ter aspectos semelhantes às dificuldades normais de ensino, não são diagnosticadas ou percebidas, porém as dificuldades geradas por ela se manifestam continuamente e são bem mais complexas. Já as dificuldades comportamentais, como a hiperatividade, acarretam problemas também no âmbito social, pois contém características marcantes, tais como dificuldade de seguir ordens, inquietação motora, verbal e intelectual, desatenção, entre outras.

As causas referentes ao indivíduo, prejudiciais à aprendizagem, dizem respeito à existência de alguma deficiência, seja sensorial, mental, física ou motora. Já as dificuldades gerais referem-se a situações externas, como abandono escolar, problemas familiares ou sociais, culturais ou socioeconômicos.

Ainda no campo da dislexia, apresentamos um breve relato sobre a dislexia adquirida, em que o indivíduo detinha a capacidade da leitura e, por motivo de alguma lesão cerebral, perde essa habilidade, ou ainda, as dislexias evolutivas que sugerem a dificuldade na aprendizagem da leitura, porém não existe lesão cerebral conhecida, entram aqui as alterações emocionais e os problemas de cunho social, econômico, falta de oportunidade, entre outros.

Durante a fase da alfabetização, pode ocorrer dificuldades de memória, para memorizar canções, por exemplo, ou ainda dificuldades relativas aos sons (consciência fonológica). Assim, é preciso também atenção relativa à capacidade auditiva e visual. Com base no referencial teórico estudado até então, sabemos que já existem algumas contribuições de intervenção quem vêm colaborar para evitar as dificuldades de leitura como um todo. Por exemplo, citamos intervenções que se pode realizar em sala de aula para desenvolver as habilidades da linguagem oral. Tais intervenções podem ser realizadas preventivamente ou como forma de colaborar no tratamento das dificuldades apresentadas. O interventor precisa ter ciência da dificuldade que o aluno sofre e a capacidade para identificar o tipo correto de intervenção a ser realizada. As crianças da educação infantil devem receber um tratamento preventivo, destacando a importância de diagnosticar corretamente a dificuldade. O tempo de tratamento muda de acordo com a idade: quanto mais velha for a criança, maior o tempo de tratamento para obter os resultados adequados.

Segundo Mecca e Dias dentro das contribuições da Neuropsicologia e da Psicologia para o desenvolvimento educacional, Schneider, Wolfgang e Ennemoser apresentaram três programas com estratégias para intervenção preventiva em que diz: "o primeiro teve foco na consciência fonológica, o segundo no ensino da correspondência entre letra e som e o último uniu os dois procedimentos". Estes programas acompanharam 139 crianças e seus resultados demonstram que todas as intervenções aumentaram a capacidade fonológica dos envolvidos e que o grupo que participou da intervenção que apresenta correspondência entre letra e som atingiu nível de leitura semelhante ao grupo controle.

É importante destacar que a compreensão da relação neuropsicológica com o desenvolvimento cognitivo é essencial para o correto diagnostico e tratamento de transtornos comportamentais que possam se apresentar na infância. No que diz respeito às dificuldades auditivas, falamos em Transtorno do Processamento Auditivo Central (TPAC), o que basicamente é uma falha em traduzir as informações enviadas pela audição. Este problema ocorre no sistema nervoso central e ocasiona dificuldade de percepção e localização sonora, falha nas funções do processamento auditivo, como na habilidade de discriminar sons entre agudos/curto/forte ou fraco.

Lesões cerebrais, falhas genéticas, traumatismo craniano, distúrbios neurológicos, são algumas das causas que podem provocar o TPAC. Problemas no sistema auditivo central acabam por desencadear dificuldades de linguagem e prejudicam o desenvolvimento do vocabulário, bem como causam complicações no desenvolvimento da estrutura gramatical, impedindo o indivíduo de captar determinados sons e ruídos ou ainda de entender palavras por completo e, como consequência, resultam em uma escrita errada, inversão de letras, disgrafia, enfim todos estes apontam para um desempenho escolar comprometido.

A constante dificuldade de atenção, de memorização, a necessidade de repetição, ou ainda, a dificuldade em conversar em meio ao barulho ou de identificar de onde vem o som, são alguns sintomas a serem observados. Com o tratamento adequado e profissionais competentes, é possível minimizar ou até mesmo reverter os problemas que se desencadearam com o transtorno e, para que isto ocorra, é preciso entender o problema.

Para entendermos melhor sobre as dificuldades relacionadas ao processo de aprendizagem, precisamos observar que o indivíduo que apresenta dificuldade na aprendizagem desenvolve mais algum processo problemático no decorrer do processo de ensino. Querermos mostrar aqui que alterações nos processos cerebrais dependem da alteração em algum circuito cerebral e que ele afeta diversas áreas, ou seja, as dificuldades de aprendizagem não surgem de uma problemática isolada, e sim, de um dano que afeta diversas áreas.

Com base no que diz Smith e Strick (2001),

> Muitas áreas do cérebro devem funcionar juntas para o processamento eficiente da linguagem, e as deficiências podem resultar de colapsos em diversos pontos diferentes do sistema. A dificuldade com o uso e a compreensão geralmente está ligada a áreas com hipofuncionamento no córtex cerebral esquerdo.

Por isso, um aprendiz que apresenta dificuldade não vai ter problemas apenas de leitura ou escrita, mas também de audição, visão, ou alguma dificuldade neurológica.

O amadurecimento cerebral é o que vai tornando a criança capaz, ao longo do desenvolvimento, quando aprende a falar, a andar, a questionar, todos estes feitos ocorrem devido às conexões neurais formadas nos primeiros anos de idade. Segundo Dias (p. 208):

> A literatura demonstra de forma consistente a importância de diversos processos cognitivos-linguístico específicos essenciais para o desenvolvimento da leitura no nível da palavra e que devem ser avaliados ainda nos anos da pré-escola. Atrasos no desenvolvimento da linguagem oral da criança pré-escolares podem indicar prejuízo no desenvolvimento de circuito cerebrais, como córtex auditivo primário, córtices parietal inferior e temporal posterior, córtex temporal médio e córtex frontal inferior os quais vão posteriormente se associar ao desenvolvimento da linguagem escrita, por exemplo, o atraso em começar a falar (atraso no desenvolvimento oral) é fator de risco para a dificuldade na leitura, como também tendem a ter familiares com histórico de dificuldade de leitura". Concluímos então, conforme a autora: "a existência de evidências relacionando a leitura e outras variáveis neuropsicológicas, como a aritmética, memória de trabalho, fluência verbal fonêmica ortográfica, habilidades perceptomotoras, memória não verbal e consciência morfológica.

Quando as dificuldades se apresentam, observamos as seguintes confusões: troca de letras, omissão de sílabas, repetição de letras por sílabas, fragmentação das palavras, contaminação (bonita menita em vez de bonita menina), inversão de letras ou sílabas, omissão e repetição de palavras, leitura repetida de linhas, não utilização a pontuação correta e consequentemente a entonação inadequada. Na leitura silenciosa nota-se que a criança faz uma cochichada com movimentação dos lábios, realiza a leitura apontando nas linhas com o dedo, lápis ou régua e o seu olhar não mantém o foco, ficando direcionado para todos os lados, faz brincadeiras e mantém a distração durante a leitura ou não consegue permanecer sentada.

Já durante a leitura compreensiva, as falhas encontradas foram: inabilidade para reproduzir o que leu, tanto oralmente como por escrito, às vezes necessita apoio do professor para lembrar a sequência da leitura, os alunos ainda demonstram inabilidade para reproduzir detalhes. Em relação a interpretação do texto lido, constata-se a dificuldade para determinar a ideia principal. Geralmente, a criança não estabelece relação de espaço e de tempo (onde e quando ocorreu a história), nem a sequência cronológica da história ou a relação de causalidade da mesma.

Destaca-se também a leitura emocional, que conta com sentimentos, com as emoções nas quais o leitor sente-se envolvido, até inconscientemente. Trata-se de um processo de identificação, no qual o leitor, às vezes, costuma justificar ou negar seu envolvimento com o que leu. Nesse contexto, observa-se que a criança é muito mais capaz de se envolver emocionalmente com um livro, do que um adulto.

O processo de aquisição de aprendizagem

De acordo com Druoet (2003), a leitura faz parte do processo de desenvolvimento da linguagem e a criança recebe os estímulos pelos cinco sentidos, formando sua linguagem interna, pela audição, a criança recebe símbolos sonoros, emitidos pelos objetos contidos no seu ambiente e que passam a ter significado a ela (linguagem receptiva ou auditiva).

Quando a criança atinge a idade escolar, entre 6 a 7 anos, ela aprende a ler por meio de símbolos verbais visuais, que vão se unir à sua linguagem auditiva. Durante o processo de ensino da alfabetização, a leitura e a escrita ocorrem simultaneamente, algumas crianças aprendem primeiro a escrever e depois a ler e vice-versa. (Drouet, 1997).

A aquisição da leitura apresenta-se com uma sequência, sendo ela: aquisição do significado, compreensão da palavra falada, expressão da palavra impressa (leitura) e expressão da palavra impressa (escrita). Para que possamos trabalhar com as dificuldades da leitura, faz-se necessário que tenhamos o diagnóstico de uma avaliação neuropsicológica e demais exames complementares com profissionais adequados para que, então, saibamos como realizar o planejamento das atividades que serão desenvolvidas com a criança e que este apresente atividades que sejam prazerosas e eficazes. É preciso ainda utilizar técnicas pedagógicas apropriadas para desenvolver as habilidades visuais e auditivas como o método das boquinhas usadas por fonoaudiólogas e psicopedagogas em salas de educação especializadas apresentando resultados positivos em muitos casos de crianças que possuem dificuldades de processamento auditivo.

Por fim, dentro de todo o estudo realizado ao desenvolver este trabalho, e da busca e aprofundamento teórico que foi feito em relação ao tema, notamos que a influência dos fatores cognitivos, orgânicos, sociais e pedagógicos está diretamente relacionada às dificuldades de leitura e apontamos que cada vez mais a Neuropsicologia contribui para que saibamos diagnosticar e tratar os distúrbios encontrados no desenvolvimento da aprendizagem.

Baseado no fato de que o presente trabalho foi realizado por meio de intervenção e revisão literária, apresentamos os fatos relacionados ao tema e, no decorrer do desenvolvimento, demonstramos as possibilidades de que o diagnóstico adequado dentro da Neuropsicologia nos traz para que possamos reduzir de maneira eficaz as problemáticas que envolvem a dificuldade de leitura. Vimos que os resultados obtidos por meio de pesquisas e estudos feitos na área da Neuropsicologia nos mostraram formas eficazes de amenizar as dificuldades de desenvolvimento, como a interação da família e a realização de atividades adequadas após ser diagnosticado o problema.

Considerações finais

A aprendizagem da leitura é parte do processo de desenvolvimento da linguagem, sendo que as dificuldades encontradas durante esse processo de aprendizagem são resultado de alguma deficiência na estruturação e organização da linguagem como um todo (Rocha, 2003). Portanto, é necessário ter o conhecimento de que quando uma criança não consegue ler ou apresenta dificuldade de concentração, estes infortúnios têm causa em alguma desordem psicomotora seja referente à estruturação de espaço e tempo, ou ainda, dificuldades cognitivas relativas à visão, à audição e a outras falhas de percepção como discriminação e memorização visual e auditiva, além das falhas de simbolização. Conhecer o sistema de desenvolvimento de uma criança é importante no diagnóstico e prognóstico da leitura para o ensino aprendizagem. No entanto, não se deve apressar, pois não cabe a nós, profissionais, acelerar o processo da leitura quando seu neurológico não estiver com a maturidade para este momento.

Referências

Dantas, V. A. D. O., & Alves, J. D. A. A. (2011). Dificuldades de leitura e escrita: Uma intervenção psicopedagógica. *V Colóquio Internacional: Educação e Contemporaneidade*, São Cristóvão-SE.

Diagnóstico da Dislexia. (s.d). *Instituto Inclusão Brasil*. Recuperado de http://www.institutoinclusaobrasil.com.br/diagnostico-da-dislexia/

Diagnóstico da Dislexia. (s.d). Recuperado de Dias, N. M., Seabra Editora a. Dias, N. M., SP: Memnon, SP: Ática.

Dias, N. M., & Mecca, T. P. (2015). (Orgs). *Contribuições da neuropsicologia e da psicologia para intervenção no contexto educacional*. São Paulo, SP: Memnon.

Dias, N. M., & Seabra Gotuzo, A. GS. (2018). (Orgs). *Neuropsicologia com Pré Escolares avaliação e intervenção*. Editora Pearson.

Drouet, R. C. da R. (1997). *Distúrbios da Aprendizagem*. São Paulo, SP: Ática.

Guerra, M. M. (2015). *Avaliação neuropsicológica: um estudo de caso*. Recuperado de https://docplayer.com.br/40244766-Avaliacao-neuropsicologica-um-estudo-de-caso-marcia-martins-guerra.html

Rocha, A. F. (2003). *Dificuldades de Aprendizagem*. Recuperado de http://www.avm.edu.br/monopdf/6/ALINE%20FREITAS%20DA%20ROCHA.pdf

Salles, J. (2005). *Habilidades e dificuldades de leitura e escrita em crianças de 2ª série*: Abordagem neuropsicológica cognitiva. (Tese de Doutorado), Universidade Federal do Rio Grande do Sul, Porto Alegre, RS, Brasil.

Smith, C., & Strick L. (2001). *Dificuldades de Aprendizagem de A a Z*. Porto Alegre, RS: Artmed; S.A.

na adolescência quando está desmotivado e encontra-se prestes a desistir de concluir o ensino (Signor, 2015).

Diante de duas formas de definir a Dislexia, as dificuldades de aprendizagem têm várias nomenclaturas, sendo que, por vezes, a Dislexia pode ser confundida somente pelas limitações em escrever, ou somente pelas limitações de leitura. Sendo assim, nesta pesquisa, o principal objetivo foi de abordar o conceito de Dislexia, seu diagnóstico e algumas possibilidades de reabilitação.

Realizou-se uma revisão de literatura de composição narrativa sobre a Dislexia Infantil, pois esta permite pautar estudos anteriores, identifica temáticas recorrentes e se enquadra na fundamentação de teses e trabalhos de conclusão, conforme destacam Vosgerau e Romanowski (2014). Sendo assim, selecionaram-se autores clássicos da área da Neuropsicologia, bem como material científico e pesquisas atuais referentes às dificuldades de aprendizagem em artigos científicos, teses e dissertações. Sendo assim, os artigos foram acessados por meio das bases de dados como *Scielo*, Biblioteca Virtual em Saúde – BVS, *Google Acadêmico*, *Google Livros*. As palavras-chave utilizadas para a pesquisa foram Dislexia, Transtornos de Aprendizagem, Neuropsicologia, Reabilitação.

Definindo a Dislexia

A Dislexia é diagnosticada no início da vida escolar sendo que já no processo de alfabetização se evidenciam alguns sinais. De acordo com Santos e Prando (2017)"é um transtorno neurodesenvolvimental que acarreta primordialmente prejuízos na aprendizagem da leitura" (p. 230). Com origem neurobiológica, esta alteração no processo de linguagem caracteriza-se principalmente pelo fato de o indivíduo não decodificar palavras isoladas que normalmente refletem em habilidades deficitárias de processamento fonológico. Esse déficit é um dos fatores de maior relevância apontados que explica a Dislexia.

É importante saber a história familiar, como sintomas semelhantes nos pais ou em outros parentes próximos, já que a literatura sugere a possibilidade de hereditariedade, sendo esta outra evidência para contribuir com o diagnóstico. Para Lyon, Shaywitz e Shaywitz (citado em Santos, Andrade, & Bueno, 2015), a Dislexia é uma dificuldade específica de linguagem e, em consequência desta dificuldade, pode haver alterações na aquisição da escrita e soletração.

Os transtornos de aprendizagem são definidos em transtorno de leitura, transtorno da expressão escrita e de cálculo. O transtorno *de leitura* manifesta-se "por dificuldades em decifrar e reconhecer palavras, em ler corretamente e em compreender o que foi lido". Na expressão *escrita* tem "dificuldades em escrever à mão e por limitações de vocabulário, de grafia, de produção textual". Nos *cálculos* apresenta "dificuldades em efetuar operações básicas (adição, subtração, multiplicação e divisão) e em resolver problemas matemáticos" (p. 195). A dificuldade de decifração e identificação afeta o entendimento das palavras faladas ou escritas no que se refere ao problema de leitura. Quando não consegue ler corretamente, o indivíduo encontra obstáculos para nomear números rapidamente, cores objetos já conhecidos, etc. (Dumas, 2001).

Quanto à escrita, Dumas (2001, p. 202) refere que "jovens com dificuldades de se expressar pela escrita são incapazes de desenvolver um plano de conjunto e de integrar os diversos aspectos da tarefa". Não apresentam preocupação com o leitor, uma vez que as grandes dificuldades de caligrafia, de ortografia e/ou gramática resultam em um texto curto e desorganizado, faltando informações e as ideias a cerca da história não são bem desenvolvidas e integradas. O autor citado lembra que é importante observar os critérios de divergência e acompanhar os índices de Q.I. e de capacidade de leitura, bem como a série em que a criança se encontra na escola comparando sua idade cronológica e desenvolvimento no nível escolar.

Os estudos sobre os processos de leitura em crianças deixam os profissionais da área sempre atentos entre a proporção da leitura e a compreensão do que foi lido. Um sintoma claro e específico da criança com Dislexia é a leitura por adivinhação. Esse processo está associado ao déficit fonológico e a falta de estratégias para a leitura. As estratégias para o aprendizado da leitura estão ligadas ao método de ensino.

DSM-5-TR (APA, 2014,2023) define a Dislexia como um Transtorno Específico da Aprendizagem com prejuízo na leitura caracterizado na precisão da leitura de palavras, na velocidade ou fluência da leitura e na compreensão da leitura. Também refere que a presença de apenas um dos sintomas apresentados no quadro a seguir já são critérios para o diagnóstico com persistência de pelo menos 6 meses, ainda que haja intervenções para as questões apresentadas.

Tabela 1 – Quadro: Critérios diagnósticos da Dislexia conforme o DSM-V

1. Leitura de palavras de forma imprecisa ou lenta e com esforço (p. ex. lê palavras isoladas em voz alta, de forma incorreta ou lenta e hesitante, frequentemente adivinha palavras, tem dificuldade em soletrá-las). 2. Dificuldade para compreender o sentido do que é lido (p. ex. pode ler o texto com precisão, mas não compreender a sequência, as relações, as inferências ou os sentidos mais profundos do que é lido). 3. Dificuldades para ortografar, ou escrever ortograficamente (p. ex. pode adicionar, omitir ou substituir vogais e consoantes). 4. Dificuldades com a expressão escrita (p. ex. comete múltiplos erros de gramática ou pontuação nas frases; emprega organização inadequada de parágrafos; expressão escrita das ideias sem clareza). 5. Dificuldade para dominar senso numérico, fatos numéricos ou cálculo (p. ex. entende números, sua magnitude e relações de forma insatisfatória, conta com os dedos para adicionar números de um dígito em vez de lembrar o fato aritmético, como fazem os colegas; perde-se no meio de cálculos aritméticos e pode trocar operações). 6. Dificuldades de raciocínio (p. ex. tem grave dificuldade em aplicar conceitos, fatos ou operações matemáticas para solucionar problemas quantitativos).

Fonte. American Psychiatric Association (2014).

Assim, também é importante destacar que estas habilidades acadêmicas afetadas devem estar abaixo do esperado para a idade cronológica do indivíduo e iniciarem durante os anos escolares. É após sucessivos fracassos escolares que os transtornos de aprendizagem acabam sendo diagnosticados, no entanto, é ainda antes do 3º ano do ensino fundamental que se percebe as dificuldades fundamentais das primeiras aquisições, mas "é difícil estimar com exatidão a idade em que se inicia cada transtorno" (Dumas, 2001).

Não se pode deixar de destacar que comumente os *transtornos de aprendizagem (TEA)* são confundidos com *dificuldades de aprendizagem*. No entanto, eles não têm a mesma configuração. Em linhas gerais, conceituam-se as *dificuldades de aprendizagem* como influências ambientais, falhas pedagógicas, privação socioeconômica, características do sistema de contagem, problemas de saúde e adversidades socioemocionais. Já os TEA possuem comprometimentos mais graves e persistentes e estão associados a evidências neurobiológicas, como já fora citado anteriormente (Santos & Nascimento, 2016).

Diferentes tipos de dislexia

É possível definir a Dislexia de duas formas, uma vez que seu conceito pode parecer, por vezes, um tanto controverso já que em se tratando das dificuldades de aprendizagem há várias nomenclaturas propostas para definir as características das crianças. A *Dislexia primária* ou *específica,* ou de *desenvolvimento* é lembrada por Salles, Parente e Machado (2004) a partir do conceito de Spreen, Risser e Edgel (1995); Pinheiro (1995), que dizem que o fracasso na aprendizagem da leitura e escrita vem a ser de origem constitucional (p. 112), ou seja, a criança possui dificuldade na aquisição da leitura e na escrita muito maiores do que o esperado para o seu nível intelectual e faixa etária. Já a *Dislexia adquirida* ou *sintomática* ocorre como resultado de uma lesão cerebral em que as habilidades já desenvolvidas são perdidas.

Na Dislexia de Desenvolvimento existem os disléxicos que apresentam dificuldades na leitura de palavras irregulares, sendo elas em nível de tratamento ortográfico da informação, a rota lexical. Há também os disléxicos que têm incapacidade na decodificação fonológica e no processo ortográfico, sendo estes leitores atrasados se comparados a leitores normais. Já os fatores neurobiológicos da Dislexia apontam que há a possibilidade de existir um déficit que propõe disfunções cerebrais ligadas à inabilidade da aquisição da escrita correta, ou ainda, que, de acordo com a maturação cerebral existe um atraso no desenvolvimento destas crianças (Salles, Parente, & Machado, 2004).

Diagnóstico e avaliação neuropsicológica da dislexia

O diagnóstico da Dislexia deve ser realizado de maneira interdisciplinar por profissionais como fonoaudiólogo, neurologista, neuropsicólogo, psicólogo, psiquiatra, psicopedagogo e, evidentemente, informações advindas do professor. Sendo importante avaliar o perfil de dificuldades e habilidades a fim de investigar as funções cognitivas preservadas e prejudicadas (Salles & Piccolo, 2017). Assim, sabe-se que o diagnóstico não pode ser um rótulo para o indivíduo, seu objetivo deve ser claro para o estabelecimento de prognóstico e, principalmente, da técnica de reabilitação/reeducação. Todavia, é necessário destacar o potencial do avaliado, suas características psiconeurológicas, sua performance e o repertório já adquirido, bem como os métodos utilizados para o processo de alfabetização até o presente momento e se há casos de distúrbios de aprendizagem na família (Nico, 2003, citado por Mesquita, 2003, p.24). Já para Salles, Parente e Machado (2004), a definição do diagnóstico de Dislexia depende das características do sistema de escrita, sendo que o Brasil possui um sistema ortográfico diferente de outros países, o que impossibilita o uso de pesquisas em outras línguas para avaliar crianças no sistema de escrita do português. O diagnóstico neuropsicológico precoce das dificuldades de aprendizagem, no tempo certo, auxilia na tomada de decisão para medidas preventivas de tratamento e habilitação. Esta é uma ferramenta que previne desajustamento futuro da vida acadêmica da criança (Glozman, 2014).

Para iniciar o processo de Avaliação Neuropsicológica, é preciso realizar a anamnese da criança para o levantamento da história neurodesenvolvimental. A estória do seu desenvolvimento, desde o pré-natal e principalmente o nascimento e primeiros anos de vida, são indicadores do perfil de desempenho acadêmico e padrão de funcionamento das atividades de vida diária logo após a investigação oftalmológica e audiológica e, em seguida, a avaliação complementar realizada pelo neuropediatra que engloba (Santos & Prando, 2017):

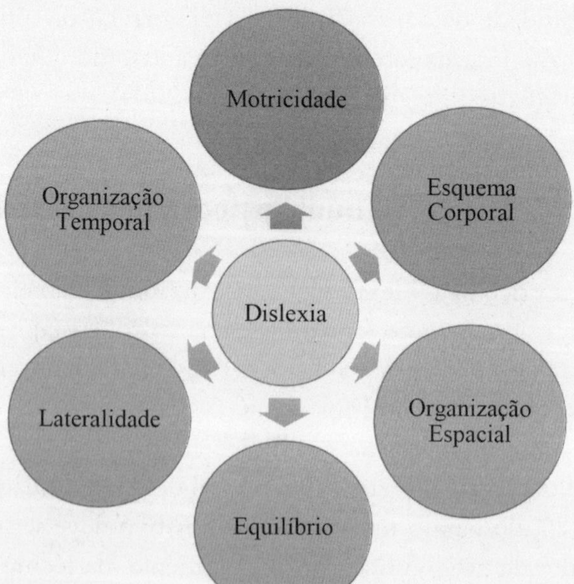

A testagem psicodiagnóstica para investigar o perfil intelectual também é necessária para o descarte de possível comprometimento desta ordem.

De forma geral, a avaliação consiste em: entrevista com os pais; entrevista com os professores e outros profissionais que assistem a criança; avaliação da criança; aplicação dos testes neuropsicológicos; análise dos instrumentos e dados coletados; elaboração do laudo neuropsicológico; e entrevista de devolução, onde a família deve receber o laudo, sanar dúvidas e ser orientada para a reabilitação e encaminhamentos futuros.

O desenvolvimento cerebral tem características particulares de cada faixa etária, sendo assim, é necessário que dentro desse padrão de funcionamento cerebral elaborem-se provas de acordo com o processo maturacional do cérebro (Costa, Azambuja, Portuguez, & Costa, 2004). Os testes utilizados pelo neuropsicólogo devem ser específicos para a faixa etária do indivíduo e norteadores das hipóteses já formuladas a partir da anamnese e de queixas apresentadas no momento da procura pela avaliação. É preciso visar as necessidades e condições do paciente para então buscar a bateria de testes que se enquadrem à proposta da avaliação.

A Avaliação Neuropsicológica nos casos de suspeita de Transtornos de Aprendizagem pode contribuir para o diagnóstico final, para saber se existem comorbidades ou ainda para o estabelecimento do diagnóstico diferencial. As características neuropsicológicas observadas nestes pacientes permitem o planejamento de uma intervenção e plano de reabilitação (Cruz-Rodrigues, Barbosa, & Miranda, 2013).

A escolha correta dos instrumentos neuropsicológicos é fundamental, pois por meio desta testagem é possível obter maior qualidade nos resultados e um diagnóstico preciso. Diante das dificuldades apresentadas pela criança, pelos sintomas e queixas advindas da família e/ou escola, faz-se a escolha da bateria neuropsicológica a ser utilizada para a avaliação. O avaliador utiliza as informações obtidas na avaliação, junto aos seus conhecimentos, e ainda ao quadro de desenvolvimento em que a criança encontra-se, a partir de então ele elabora sua interpretação acerca do caso para o fechamento da avaliação (Flynn, 1984, 2000; Silver *et al.*, 2006; Rodrigues, Zanotto, & Argimon, 2015, citado por Argimon & Lopes, 2017). Na avaliação neuropsicológica para detectar a Dislexia, é necessário montar uma bateria que compreenda as funções cognitivas, os processos fonológicos, a aquisição da leitura e escrita, a fluência e a compreensão, atenção e memória. Como sugestão de testes, uma vez que não há material específico para investigação de Dislexia, podemos utilizar, conforme o quadro a seguir.

Tabela 2 – Quadro: Sugestões de testes para avaliação neuropsicológica da Dislexia

Testes	Funções cognitivas avaliadas
Escala Wechsler de Inteligência para Crianças (WISC-IV)	Instrumento que busca avaliar a *capacidade intelectual* de crianças na faixa etária de 6 anos até 16 e 11 meses. Para obter a capacidade intelectiva total, os subtestes são divididos em índice de compreensão verbal, índice de organização perceptual, índice de memória operacional e índice de velocidade de processamento (Wechsler, 2013, citado por Argimon & Lopes, 2017).
D2-R Teste de Atenção Concentrada	Avaliar a atenção concentrada, visual da capacidade de concentração. Avaliação da aptidão para dirigir veículos e para outras profissões que exijam concentração e atenção visual. Do 1º grau até o nível superior – dos 07 aos 76 anos de idade (Brickenkamp, Schimidt-Atzert, Liepmann, 2018).
Bateria Psicológica para Avaliação da Atenção (BPA)	Instrumento que busca avaliar a *capacidade geral da atenção*, que compreende tarefas *de atenção concentrada, atenção dividida e atenção alternada* (Rueda, 2013, citado por Argimon & Lopes).
Rey Verbal Learning Test (RAVLT)	Instrumento que avalia *memória, a capacidade de retenção de novas informações e aprendizagem.* (Malloy-Diniz, Lasmar, Gazinelli, Fuentes & Salgado, 2007, citado por Argimon & Lopes, 2017).
Avaliação da Fluência de Leitura de Palavras	Instrumento que avalia a pronuncia correta de palavras e fluência da leitura (Justi & Roazzi, 2012 citado por Salles & Piccolo, 2017).
Teste de Competência de Leitura de Palavras e Pseudopalavras (TCLPP)	Instrumento que avalia a competência de leitura silenciosa de palavras isoladas e identifica distúrbios de aquisição de leitura. (Capovilla & Capovilla, 2010, citado por Salles & Piccolo, 2017).

Testes	Funções cognitivas avaliadas
Teste de Reconhecimento de Palavras (TRP) e Teste de Reconhecimento de Pseudopalavras (TRPp)	Avaliar a leitura em voz alta de palavras (TRP) e de pseudopalavras (TRPp). (Vellena, & Pinheiro, 2022).
Teste de Desempenho Escolar (TDE-II)	Instrumento que avalia as capacidades fundamentais do desempenho escolar abrangendo tarefas de escrita, aritmética e leitura. (Stein, 1994, citado por Salles & Piccolo, 2017).
Provas de Avaliação dos Processos de Leitura (PROLEC)	Instrumento que avalia os processos de desenvolvimento da leitura. Auxilia no diagnóstico de transtornos de aprendizagem. (Cuetos, Rodrigues, & Ruano, 2014).
Teste de Leitura e Compreensão de sentenças (TELCS)	Fornece uma medida psicometricamente padronizada para o diagnóstico da dislexia (Transtorno Específico da Aprendizagem com prejuízo na leitura) que atende às exigências do DSM-5, CID-10 e CID- 11. (Vellena, & Pinheiro, 2022).

Fonte: Elaboração própria.

A Dislexia em números

Nos últimos anos, o número de crianças encaminhadas para avaliação clínica tem crescido. A Dislexia tem sido um dos diagnósticos mais frequentes a partir das queixas escolares de dificuldades na escrita e leitura. "Aproximadamente 15% da população mundial seria portadora de Dislexia", considerando em média nas turmas de trinta alunos que quatro podem ser disléxicos (Signor, 2015, p. 972). Estes encaminhamentos se dão, principalmente, pela insegurança de professores em trabalhar com alunos com dificuldades na aprendizagem e também na busca de um laudo que dê suporte tanto para o aluno quanto para o próprio professor (Signor, 2015).

Conforme dados do DSM-5 (APA, 2014), os transtornos de aprendizagem estão de 5 a 15% na população mundial em idade escolar, e em adultos, estima-se cerca de 4%. Os riscos para o diagnóstico são aumentados por prematuridade e muito baixo peso, assim como exposição pré-natal à nicotina. Quanto ao gênero, é mais comum meninos serem portadores de TEA do que meninas, sendo na proporção de 2:1 e 3:1. O TEA costuma ser comórbido com outros diagnósticos de transtorno do neurodesenvolvimento, como TDAH, transtornos de comunicação, coordenação, entre outros.

A (Re)habilitação da dislexia

A partir da realização da AN e a identificação das funções que devem ser reforçadas ou substituídas, juntamente ao paciente, familiares e outros profissionais envolvidos no processo, é possível realizar o planejamento da reabilitação. A reabilitação visa a qualidade de vida do paciente, otimizando o aproveitamento do seu funcionamento. A reabilitação cognitiva busca a capacitação do paciente e familiares a fim de conviverem melhor e adaptarem-se ao diagnóstico e às mudanças necessárias. A reabilitação neuropsicológica (RN) busca tratar, além dos déficits cognitivos, as alterações comportamentais e emocionais. É dentro da RN que está a reabilitação cognitiva e estas ainda abarcam o processo de psicoterapia para o trabalho com os pacientes e familiares. Enquanto a reabilitação está em andamento, o terapeuta continua avaliando a evolução do paciente, desse modo é possível modificar e adaptar novas estratégias (Pontes & Hubner, 2008).

A reabilitação neuropediátrica deu-se a partir da abordagem holística utilizada com adultos. Os programas foram sendo modificados para atender às necessidades infantis. Nesse propósito, observou-se mais adequado dizer "re-habilitação" (Santos & Nascimento, 2016). Santos (2004, 2016), citado por Santos e Nascimento (2016, p. 303), as crianças que sofreram lesões cerebrais antes de adquirirem as funções de linguagem, cuja deambulação tem a possibilidade de apresentar imaturidade advindas de alterações do sistema nervoso central sendo estas conhecidas como atraso no desenvolvimento neuropsicomotor. Nestes casos, é necessário realizar o processo de estimulação precoce para a "habilitação" de suas capacidades.

Sendo assim, o quanto antes for a conclusão diagnóstica, mais precocemente pode-se iniciar a estimulação. Nos casos de TEA, iniciando nos primeiros anos escolares, já é possível avaliar e iniciar a intervenção, sendo que, deste modo, menores serão os prejuízos nos anos seguintes, tanto na aprendizagem quanto emocionalmente frente as dificuldades apresentadas.

No processo de reabilitação, Santos e Nascimento (2016, p. 307) destacam que "as intervenções mais efetivas são aquelas adaptadas ao perfil individual de cada criança". A construção do plano de reabilitação pode ser realizada junto ao paciente de acordo com as técnicas propostas pelo terapeuta. Os autores citam uma revisão narrativa sobre a dislexia realizada por Serniclaes, Collet e Sprenger-Charolles (2015), em que colocam a importância de se identificar qual método de leitura desenvolveria correção da percepção da variante de um fonema, sendo que concluíram ser o treino grafonômico o mais efetivo. Portanto, sugere-se a estimulação precoce das habilidades prejudicadas na Dislexia para a prevenção.

Reabilitando um disléxico

É possível realizar várias indicações de intervenção terapêutica ao sujeito que possui Dislexia, tais como: psicoterapia, intervenção psicopedagógica, fonoaudiológica, neurológica, entre outras. A psicoterapia pode compreender desde a orientação à família e à escola até, e principalmente, à criança, o processo de reabilitação e estimulação para minimizar as dificuldades encontradas.

Para dar início a um programa de reabilitação neuropsicológica, é necessário que, inicialmente, a família seja orientada e entenda como será o fluxo e o acompanhamento da evolução do paciente. Em seguida, deve-se conversar com o professor sobre o que será trabalhado e o que se pode realizar em paralelo à sala de aula para um resultado mais eficaz. O processo pode ser dividido em metas para facilitar o entendimento e acompanhamento da evolução, sendo que em conjunto deve-se trabalhar a Psicopedagogia e a Fonoaudiologia. Dando seguimento ao processo, podemos estabelecer duas formas de *organização* para a criança, a qual deve ser estabelecida em ordem para cumprir a *primeira meta*:

– *Rotina*: a criança precisa ter rotina estabelecida junto a família e andamento da casa onde mora. Nesse sentido, busca-se organizar:

horário para acordar, refeições, horário de aula, tempo livre, atividades de lazer, horário de estudos, banho, hora de dormir, etc.; de maneira que, na medida do possível, essas regras sejam cumpridas diariamente e organizadas.

– *Administração do tempo e dos horários*, estímulo da autonomia para cumprir as tarefas.

Após o tempo estabelecido pelo terapeuta, é hora de fazer a revisão da primeira meta e, a partir de então, pode-se partir para a *segunda,* onde serão trabalhadas as *funções executivas* (atenção, planejamento, memória de trabalho, flexibilidade cognitiva, controle inibitório). Assim, podemos realizar atividades que visem estimular tais dificuldades compreendidas no funcionamento neurológico da dislexia:

– *Atenção*: atividades de quebra-cabeça; jogos dos erros; procurar símbolos, ligue-pontos; caça-palavras; jogos de tabuleiro; etc.

– *Memória de trabalho*: atividades musicais; jogos da memória; criação de histórias; correlação e visualização de imagens, memorização de frases curtas e palavras; atividades com fotos de momentos em família; tarefas em casa de olhos fechados e de encontrar objetos.

– *Flexibilidade cognitiva*: jogos de cartas; atividades de resolução de problemas.

– *Controle inibitório*: brincadeiras de faz de conta; teatro; dança; passa-anel; dança da cadeira.

Ao final de cada etapa, é importante a avaliação do profissional e da família a respeito da evolução da criança e ao desenvolvimento do processo, para que, então, possa seguir em frente, ou ainda, retomar o que não atingiu o objetivo esperado. Essas metas devem ser avaliadas também com o professor.

Considerações finais

Este capítulo buscou elencar a definição da Dislexia, suas principais formas de avaliação e, brevemente, sugestões de reabilitação no intuito de oferecer subsídios norteadores para o trabalho de profissionais diante de situações de dificuldades de aprendizagem. Percebeu-se diante de todo o estudo para a composição deste artigo a importância do diagnóstico precoce, uma vez que este será muito importante na tomada de decisões para medidas preventivas de tratamento e habilitação, prevenindo maiores prejuízos e desajustamento na vida acadêmica (Glozman, 2014).

Buscando melhorar a qualidade de vida, a Reabilitação Neuropsicológica tem demonstrado eficácia em diversos quadros clínicos. Nesse processo, viabiliza-se possibilitar melhor qualidade de vida ao indivíduo, com adaptação a nova rotina. Sendo assim, enquanto realiza a reabilitação, o terapeuta continua avaliando a evolução do paciente, com as possibilidades de modificações e as novas estratégias de trabalho se forem necessárias (Pontes & Hubner, 2008). Assim, cabe ressaltar que é preciso um olhar atento ao processo de alfabetização e aos primeiros sinais de dificuldades escolares nos anos iniciais. Além de se prevenir o sofrimento da criança, é possível que o meio em que ela convive esteja preparado para dar o suporte de que necessita.

Referências

APA, American Psychiatric Association. (2014). *Manual Diagnóstico e Estatístico de Transtornos Mentais: DSM-5.* Porto Alegre: Artmed.

APA, American Psychiatric Association (2023). *Manual Diagnóstico e Estatístico de Transtornos Mentais – DSM-V-TR* (5a ed. rev.) (Maria Inês Corrêa Nascimento, Trad.). Porto Alegre, Rio Grande do Sul: Artmed.

Argimon, I. I. L., & Lopes, R. M. F. (2017). Avaliação Neuropsicológica Infantil: aspectos históricos, teóricos e técnicos. In L. Tisser. (Org.). *Avaliação Neuropsicológica Infantil.* (p. 201-228). Novo Hamburgo: Sinopsys, 2017.

Costa, D. I., Azambuja, L. S., Portuguez, M. W., & Costa, J. C. (2004). Avaliação Neuropsicológica da Criança. *Jornal de Pediatria, 80*(2), 111-116. doi 10.1590/S0021-75572004000300014

Cruz-Rodrigues, C., Barbosa, T., & Miranda, M. C. (2013). Distúrbios de Aprendizagem. In M. C. Miranda, M. Muszkat, & C. B. Mello. (Org.). *Neuropsicologia do Desenvolvimento: Transtornos do Neurodesenvolvimento.* (pp. 139-166). Rio de Janeiro, RJ: Rubio, 2013.

Cuetos, F., Rodrigues, B., & Ruano, E. (2014). *Provas de Avaliação dos Processos de Leitura* – PROLEC. São Paulo, SP: Casa do Psicólogo.

Dumas, J. E. (2011). *Psicopatologia da Infância e Adolescência.* Porto Alegre, RJ: Artmed.

Glozman, J. (2014). *A prática neuropsicológica fundamentada em Luria e Vigotsky: avaliação, habilitação e reabilitação.* São Paulo, SP: Memnon, 2014.

Mesquita, A. C. L. (2003). *Novos rumos da Dislexia.* (Trabalho de Conclusão de Curso). Faculdade de Ciências da Saúde do Centro Universitário de Brasília-UniCEUB, Brasília, Brasil. Recuperado de http://repositorio.uniceub.br/bitstream/123456789/3034/2/9981969.pdf

Pontes, L. M. M., & Hubner, M. M. C. (2008). A reabilitação neuropsicológica sob a ótica da psicologia comportamental. *Revista Psiquiatria Clínica, 35*(1), 6-12.

Salles, J. F., Picollo, & Luciane da R. (2017). Avaliação das habilidades e dificuldades de leitura e escrita. In L. Tisser. (Org.). *Avaliação Neuropsicológica Infantil.* (201-228). Novo Hamburgo: Sinopsys, 2017.

Salles, J. F., Parente, M. A. M. P., & Machado, Simone da Silva. (2004). *As dislexias de desenvolvimento: aspectos neuropsicológicos e cognitivos. Interações, 9*(17), 109-132.

Santos, F. H., Andrade, V. M., & Bueno, O. F. A. (2015). *Neuropsicologia hoje.* Porto Alegre, RS: Artmed, 2015.

Santos, R. M., & Prando, M. L. (2017). Avaliação Neuropsicológica Infantil na Dislexia. In: L. Tisser. (Org.). *Avaliação Neuropsicológica Infantil.* (229-243). Novo Hamburgo: Sinopsys, 2017.

Santos, F. H., & Nascimento, J. M. (2016). Reabilitação da discalculia e da dislexia. In Malloy-Diniz, Leandro F., Mattos, Paulo, Abreu, Neander, Fuentes, Daniel. (Orgs.). *Neuropsicologia: Aplicações Clínicas.* (301-318). Porto Alegre, RS: Artmed.

Signor, R. (2015). Dislexia: uma análise histórica e social. *Revista Brasileira de Linguística Aplicada, 15*(4), 971-999.

Vosgerau, D. S. R., & Romanowski, J. P. Estudos de Revisão: implicações conceituais e metodológicas. *Revista Diálogo Educacional, 14*(41), 165-189. doi: 10.7213/dialogo.educ.14. 041.DS08

Wechsler, D. (2013). *Escala Wechsler de Inteligência para Crianças: WISC-IV. Manual Técnico.* São Paulo, SP: Casa do Psicólogo.

Dificuldades de aprendizagem em crianças: estratégias de intervenção

7

Úrsula Patrícia Webers
Regina Maria Fernandes Lopes

Introdução

Atualmente, um dos cenários mais desafiadores no contexto da educação diz respeito às dificuldades de aprendizagem enfrentadas pelas crianças e, por extensão, pelos educadores e profissionais da área da clínica. Trata-se de um tema que carece de estudos, uma vez que identificar ou detectar as dificuldades é uma tarefa complexa, a qual deve ser orientada por indicadores determinados por especialistas.

Neste contexto, as dificuldades de aprendizagem são muitas vezes percebidas por educadores nos espaços de aprendizagem, ainda nos anos iniciais da vida escolar, considerando a educação infantil como parte deste processo. No entanto, além da percepção em âmbito escolar, faz-se necessário que um especialista da área da Psicologia ou Neuropediatria diagnostiquem se há, de fato, a dificuldade, o grau em que se apresenta e as formas de estimulação para os melhores resultados.

A par deste cenário, algumas vezes, os profissionais educadores e da saúde esbarram em obstáculos trazidos pelas próprias famílias, quando estas têm apresentado resistência na busca por profissionais e em aceitar o diagnóstico. Deste modo, o problema da pesquisa define-se por meio do seguinte questionamento: De que forma o atendimento especializado contribui no tratamento das dificuldades de aprendizagem?

A fim de responder a esta questão, o estudo tem como objetivo geral evidenciar as contribuições da Neuropsicologia no diagnóstico e tratamento das dificuldades da aprendizagem e, de modo específico, na busca: evidenciar o conceito de aprendizagem, das dificuldades de aprendizagem; investigar métodos para a realização do diagnóstico; propor estratégias para tratar as dificuldades que as crianças apresentam e ressaltar a importância da Neuropsicologia.

Com relação à sua importância, o presente estudo torna-se relevante enquanto procura aprofundar a temática proposta em busca de contribuir com questões teóricas acerca das dificuldades de aprendizagem e da importância do diagnóstico precoce para a obtenção de melhores resultados futuros, bem como na valorização do profissional neuropsicólogo.

Portanto, a pesquisa, de caráter bibliográfico, encontra-se dividida em quatro seções, sendo a primeira destinada a definir o que é aprendizagem e dificuldades de aprendizagem; a segunda aborda métodos para a diagnose; a terceira apresenta estratégias para tratar as dificuldades de aprendizagem e, por fim, a quarta seção apresenta a relevância da Neuropsicologia no tratamento das dificuldades de aprendizagem.

A realização do presente estudo utilizou como método a abordagem bibliográfica, com revisão de literatura acerca das Dificuldades de Aprendizagem relacionadas à importância do atendimento especializado. A pesquisa bibliográfica, segundo Gil (2008), é desenvolvida com base em material já elaborado, constituído principalmente de livros e artigos científicos. Com isso, buscou-se autores cujos trabalhos destacam-se na área da Neuropsicologia, bem como material científico e pesquisas relativas às dificuldades de aprendizagem. As bases acessadas são oriundas de *sites* como *Scielo* e *psicologia.pt*. As palavras-chave utilizadas para a pesquisa foram *Dificuldades de Aprendizagem, Neuropsicologia, Atendimento Especializado.*

O que é aprendizagem?

O ser humano encontra-se em constante construção, seja no aspecto cognitivo ou social. Aliás, desde a gestação, o indivíduo desenvolve o potencial de aprender (Gómes *et al.*, 2014), que segue ao longo de sua vida, orientando-se por um padrão de etapas, incluindo o desenvolvimento da linguagem, da motricidade ou do raciocínio lógico-matemático, entre outras habilidades.

Assim, a aprendizagem está relacionada a aspectos biológicos, por meio das conexões entre os neurônios, mas depende em muito das relações interativas que o indivíduo mantém com seu ambiente, estando relacionada a aspectos sociais. Isso porque, conforme Gómes *et al.* (2014, p. 31): "A aprendizagem supõe uma construção que ocorre por meio de um processo mental que implica na aquisição de um conhecimento novo. É sempre uma reconstrução interna e subjetiva, processada e construída interativamente".

Além disso, o processo de aprendizagem é infinito, perpassando a vida do ser humano, expandindo-se conforme suas experiências. Ao observar os pressupostos de Risueño e La Motta (2005), pode-se sistematizar a aprendizagem como um processo integral, que envolve o corpo daquele que aprende, além de seu psiquismo e dos processos cognitivos que ocorrem em um sistema social organizado. Mesmo seguindo o sistema, a aprendizagem se processa de maneiras diferentes e individuais. O processamento perceptivo (ou gnosia) envolve a execução de atos voluntários, os sentidos, conforme Gómes *et al.* (2014): "o processamento psicomotor (ou praxia), envolve a execução de um movimento com a intenção de atingir um determinado objetivo, sendo, portanto, voluntário e complexo". Outro aspecto importante dentre os processos neuropsicológicos é a memória, que garante a transmissão do conhecimento, podendo ser de curto ou de longo prazo, classificada, conforme o conteúdo armazenado em sensorial (relativa aos sentidos), declarativa (consciente), episódica (num determinado espaço de tempo), semântica (lógica) e processual (ou procedimental), relacionada às habilidades ou aos hábitos. Quanto ao pensamento, trata-se de um processo pelo qual o indivíduo utiliza a capacidade cognitiva para a resolução de problemas. Por fim, a linguagem é um processo que se constrói a partir do nascimento, estando ligada à maturação cerebral. No entanto, depende da coordenação entre diferentes funções, além da intervenção de diferentes órgãos.

A soma destes processos constitui a aprendizagem, atuando de forma interligada e em sistema de dependência. Ao passo que ocorrem falhas em um (ou mais) destes elementos, a aprendizagem ganha um novo contorno, constituindo a temática da próxima subseção, que trata das dificuldades de aprendizagem.

As dificuldades de aprendizagem

Conforme verificado anteriormente, as dificuldades de aprendizagem não devem ser sinônimos de incapacidade, mas vistas como uma forma diferente pela qual o cérebro aprende. Assim, a criança diagnosticada com esta patologia, necessita de estímulos que favoreçam o aprendizado com diferentes formas.

Os autores Risueño e La Motta (2005) propõem que os transtornos específicos de aprendizagem implicam no rendimento escolar abaixo do esperado para a idade, envolvendo aspectos que exigem leitura, escrita ou cálculo. Deste modo, não se incluem nesta patologia o atraso mental, os transtornos de linguagem e os déficits sensoriais primários. De acordo com Gómes *et al.* (2014, p. 7), as dificuldades de aprendizagem são o resultado de "diferenças no funcionamento cerebral e na forma como o cérebro processa a informação". Assim, uma criança que apresenta tais dificuldades possui a capacidade de aprender, mas seu cérebro constrói o aprendizado de uma maneira diferente.

Em outras palavras, uma criança que não consegue aprender da mesma maneira que a maioria das crianças necessita de estratégias que lhe permita superar suas dificuldades, o que pressupõe o diagnóstico precoce para a obtenção dos melhores resultados.

> Dificuldade de aprendizagem (DA) é um termo geral que se refere a um grupo heterogêneo de transtornos que se manifestam por dificuldades significativas na aquisição e uso da recepção, fala, leitura, escrita, raciocínio ou habilidades matemáticas. Estes transtornos são intrínsecos ao indivíduo, são atribuídos à disfunção do sistema nervoso central e podem ocorrer ao longo do ciclo vital. Podem existir junto com as dificuldades de aprendizagem, problemas nas condutas de autorregulação, percepção social e interação social, mas não constituem, por si mesmas, uma dificuldade de aprendizagem. Ainda que as dificuldades de aprendizagem possam ocorrer concomitantemente com outras condições incapacitantes (por exemplo, deficiência sensorial, retardo mental, transtornos emocionais graves) ou com influências extrínsecas (tais como as diferenças culturais, instruções inapropriadas ou insuficientes), não são o resultado dessas condições ou influências (García-Sánchez, 1990, p. 35).

Tendo em vista as peculiaridades apresentadas para o quadro de dificuldades de aprendizagem, é necessário que haja clareza ao se constituir um diagnóstico. Assim, a próxima seção traz como tema os mecanismos para realização do diagnóstico das dificuldades de aprendizagem.

Mecanismos para diagnóstico das dificuldades de aprendizagem em crianças

Após discorrer acerca das dificuldades de aprendizagem, torna-se relevante apresentar os mecanismos para diagnosticar as dificuldades de aprendizagem, levando-se em conta que "a avaliação de inteligência em crianças pré-escolares envolve a integração de conhecimentos de diferentes áreas (Mecca *et al.*, 2014, p. 141). Ainda, de acordo com os autores, o desenvolvimento cognitivo está relacionado a fatores biológicos e ambientais, ou seja, além da questão genética, os estímulos externos que a criança receberá são essenciais para o desenvolvimento de suas habilidades.

A avaliação neuropsicológica é um meio de investigação que visa compreender o funcionamento geral do indivíduo, comportamental e psicológico (Malloy-Diniz, Mattos, Abreu, & Fuentes, 2016), avaliando a integridade do funcionamento cerebral (Zillmer, Spiers, & Culbertson, 2008) e os componentes cognitivos, atenção, memória, linguagem, capacidade visuoespacial, capacidade sensório-motora e funções executivas (Argimon & Lopes, 2017).

A avaliação neuropsicológica é fundamental na medida em que permite elaborar o diagnóstico, o qual, quanto mais precoce, "mais rapidamente pode ser iniciada uma intervenção, aumentando a probabilidade de eficácia e de promoção da plasticidade neuronal mais significativa (Mecca *et al.*, 2014, p. 144).

> Este tipo de avaliação, sistematicamente, avalia todos os domínios cerebrais, com uma compreensão de como estes domínios se relacionam entre si e influenciam nas habilidades da criança, principalmente os efeitos na área escolar [...] incluem capacidade cognitiva, atenção, aprendizagem, memória, linguagem, capacidade visuoespacial, capacidade sensório-motora, funções executivas, processos sociais e emocionais. No entanto, ao aplicar a AN em

crianças, é necessário investigar a presença de transtornos do desenvolvimento e cognitivos, ou mesmo a dificuldade na formação de habilidades (Argimon & Lopes, 2017).

O processo investigativo requer uma atenção especial ao histórico da criança, levantando o máximo de dados possíveis acerca de seu desenvolvimento.

A avaliação neurológica pode ocorrer por meio de diferentes testes, dentre os quais Argimon e Lopes (2017) destacam:

- Escala Weschsler de Inteligência para Crianças (WISC-IV).
- SON-R 2 ½ - 7 [a].
- Escala de Maturidade Mental Colúmbia (CMMS-3).
- Teste de Inteligência Geral Não Verbal (TIG-NV).
- D2- R Teste de Atenção Concentrada.
- Teste Wisconsin de Classificação de Cartas (WCST).
- Rey Verbal Learning Test (RAVLT).
- Torre de Londres (planejamento).
- Controled Word test (fluência verbal).
- Five-poit test (fluência de desenhos).
- Trail Making Test (TMT).
- Figuras Complexas de Rey (FCR).
- Teste de Desempenho Escolar (TDE- II).
- Teste da Casa, da Árvore e da Pessoa (HTP).
- Escala do Comportamento Infantil para Professor EACI-P.
- CAT (Children Apperception Test).
- Escala de Transtorno de Déficit de Atenção e Hiperatividade (ETDAH).

De acordo com Argimon e Lopes (2017), a avaliação neuropsicológica dimensiona-se nos aspectos qualitativos e quantitativos, já que além dos dados coletados por meio dos instrumentos avaliativos, também se analisa o comportamento do indivíduo no momento da sua aplicação, bem como a partir de informações diversas: cuidadores, escola, demais profissionais que atuam com a criança. Caso a avaliação seja realizada pelo psicólogo, este deve orientar-se pela resolução do

Conselho Federal de Psicologia, que orienta como elaborar documentos psicológicos (CFP, 06/2019).

Os aspectos formais tornam o processo avaliativo e diagnóstico mais claro e científico, estabelecendo a relevância e o encaminhamento do tratamento. A etapa seguinte à elaboração do laudo e a devolutiva, em que o avaliador explica detalhadamente o laudo para a criança (simples e claramente) e para os pais. Além disso, o laudo, mediante autorização dos pais ou responsáveis, deve ser encaminhado à equipe educacional, bem como a outros profissionais que atuam com a criança (Argimon & Lopes, 2017). Assim, após o levantamento e a composição diagnóstica, torna-se fundamental a aplicação de estratégias de tratamento para as dificuldades de aprendizagem, tema da próxima seção.

Estratégias para o tratamento das dificuldades de aprendizagem

Após verificar as formas de detecção das dificuldades de aprendizagem, torna-se relevante apresentar algumas estratégias que possam ser utilizadas no tratamento desta patologia. Em sentido amplo, por suas peculiaridades, as dificuldades de aprendizagem necessitam do conjunto de profissionais que, dentro de suas respectivas áreas, compreendem e direcionam as estratégias de tratamento com vista ao melhor resultado.

Deste modo, conforme Gomez *et al.* (2014), o pedagogo dará suporte para construir situações pedagógicas que possibilitem a aprendizagem; o psicólogo trabalha com fatores emocionais que interferem na aprendizagem; o neuropsicólogo determinará, a partir de testes, o bom funcionamento do cérebro; o pediatra observará a maturação física de criança e o neurologista cuida das anomalias do desenvolvimento do sistema nervoso. Todos estes profissionais podem orientar pais e professores quanto às melhores estratégias a serem utilizadas para o tratamento das dificuldades de aprendizagem, mas também para a prevenção ou estímulo do desenvolvimento. As estratégias utilizadas passam a ser descritas a seguir: dimensão cognitiva – esta habilidade compreende três aspectos: a percepção global do corpo, tomada de consciência do espaço gestual, conhecimento do corpo, estruturação espacial, estruturação temporal, orientação e organização do espaço (Gomez *et al.*, 2014)

Acompanhamento especializado: contribuições da neuropsicologia

A par das diferentes dificuldades de aprendizagem e estratégias para seu tratamento, faz-se necessário que a criança tenha acesso ao acompanhamento especializado a fim de que seu desenvolvimento aconteça o mais plenamente possível. Nesse contexto, o papel do profissional ganha relevo, pois seja na área clínica ou educacional, está gabaritado para o diagnóstico e tratamento das dificuldades de aprendizagem. Para além deste cenário, pode prevenir determinadas situações por meio de um diagnóstico precoce.

A Neuropsicologia é uma ciência relativamente jovem, surgida como disciplina científica no início do século XX (Cagnin, 2010), destacando-se pelo estudo das relações cérebro-comportamento. Em linhas gerais, os conhecimentos proporcionados pela Neuropsicologia auxiliam na definição e construção de propostas de intervenção pedagógica mais eficaz (Metring, 2011), já que esta área da ciência norteia desempenhos que devem ser reforçados ou suprimidos. Em razão de sua aplicabilidade nesta área específica, a Neuropsicologia encontra-se interligada à Psicopedagogia, já que fornece a ela as bases para o atendimento de crianças com dificuldades de aprendizagem.

Em síntese, a contribuição da avaliação neuropsicológica da criança é extensiva ao processo de ensino-aprendizagem, uma vez que possibilita estabelecer algumas relações entre as funções corticais superiores, como a linguagem, a atenção e a memória, e a aprendizagem simbólica (conceitos, escrita, leitura, etc.). O modelo neuropsicológico das dificuldades da aprendizagem "busca reunir uma amostra de funções mentais superiores envolvidas na aprendizagem simbólica, as quais estão, obviamente, correlacionadas com a organização funcional do cérebro. Sem essa condição, a aprendizagem não se processa normalmente" (Costa *et al.*, 2004, p. 82).

Considerações finais

O presente estudo abordou a relevância do atendimento especializado no tratamento das dificuldades de aprendizagem. Para tanto, apresentou-se o conceito de aprendizagem e dificuldades de aprendizagem, os testes destinados ao diagnóstico, estratégias para o tratamento das dificuldades e o papel da Neuropsicologia, seja no diagnóstico ou na orientação de exercícios terapêuticos.

Com a pesquisa, foi possível verificar que as dificuldades de aprendizagem têm aumentado, levando educadores, pais, profissionais da área da saúde a buscar meios para o tratamento, inserindo a criança nos processos educativos, em que o déficit cognitivo seja entendido como uma forma diferente com que o cérebro se organiza para compreender e aprender.

Em síntese, verificou-se que o atendimento especializado é fundamental no diagnóstico das dificuldades de aprendizagem, mas também na orientação dos muitos personagens que atuam com a criança – professores, psicopedagogos, psicólogos, pais ou responsáveis.

Outro aspecto evidenciado é a relevância do diagnóstico precoce, que permite um tratamento com resultados mais acentuados.

Referências

Argimon, I. I. L., & Lopes, R.M.F. (2017). Avaliação neuropsicológica infantil: aspectos históricos, teóricos e técnicos. In L. Tisser. (org.) *Avaliação neuropsicológica infantil*(pp. 21-48). Novo Hamburgo: Sinopsys.

Cagnin, S.A. (2010). Pesquisa em neuropsicologia: desenvolvimento histórico, questões teóricas e metodológicas. *Psicologia em pesquisa, 4*(2),118-134.

Costa, D. I., Azambuja, L. S., Portuguez, M. W., & Costa, J. C. (2004). Avaliação neuropsicológica da criança. *Jornal de Pediatria, 80*(2), 111-116.

García-Sánchez, J. N. (1998). História y concepto de las dificultades de aprendizaje. In V. S. Bermejo, J. A. B. Llera (Coords.) *Dificultades de aprendizaje.* Madrid: Editorial Síntesis.

Giannesi, I.L., & Moretti, L.H. (2015). *Contribuições da neuropsicologia nas dificuldades de aprendizagem escolar.* Recuperado de http://www.psicologia.pt/artigos/textos/A0866.pdf

Gil, A. C. (2008). *Como elaborar projetos de pesquisa.* São Paulo, RS: Atlas.

Gómez, M. S. (2014). *Transtornos de aprendizagem e autismo.* São Paulo, SP: Abacus.

Malloy-Diniz, L. F., Mattos, P., Abreu, N., & Fuentes, D. (2016). *Neuropsicologia: aplicações clínicas.* Porto Alegre, RS: Artmed.

Mecca, T.P. *et al.* (2014). Avaliação da inteligência em crianças pré-escolares. In Seabra, A.G. *et al.* (Orgs.). *Inteligência e funções executivas: avanços e desafios para a avaliação neuropsicológica.* (pp. 141-170). São Paulo, SP: Memnon.

Metring, R. (2011). *Neuropsicologia e aprendizagem: fundamentos necessários para planejamento do ensino.* Rio de Janeiro, RJ: Wak.

Resolução N° 6, de 29 de março de 2019. Institui regras para a elaboração de documentos escritos produzidos pela(o) psicóloga(o) no exercício profissional e revoga a Resolução CFP nº 15/1996, a Resolução CFP nº 07/2003 e a Resolução CFP nº 04/2019. Brasília, DF: Conselho Federal de Psicologia.

Risueño, A., & La Motta, I. (2005). *Transtornos específicos del aprendizaje.* Buenos Aires: Editorial Bonum.

Zillmer, A., Spiers, V., & Culbertson C. (2008). *Principles of neuropsychology.* Belmont: Thomson Wadsworth.

Reabilitação Neuropsicológica, de autores que se propuseram a pensar sobre o assunto escolhido. Os artigos científicos foram obtidos por meio das bases de dados: *Google* Acadêmico, *Scielo* e *Pubmed*. Buscaram-se artigos científicos e livros didáticos com publicações atuais. As palavras-chaves utilizadas foram: "reabilitação neuropsicológica", "funções executivas", "treinamento cognitivo", "dificuldades de aprendizagem na infância".

Dificuldades de aprendizagem: aspectos contextuais históricos

Faz muitos anos que as dificuldades de aprendizagem são discutidas no meio escolar. Na atualidade, cada vez mais tem-se alertado pais que presenciam com seus filhos uma série de problemas apresentados no meio escolar pelo baixo desempenho e histórico de repetência. Os problemas encontrados em indivíduos com dificuldades de aprendizagem dizem respeito ao impedimento na obtenção de novos conhecimentos, novas atitudes e estratégias, que tanto podem estar presentes no contexto social, emocional, acadêmico ou funcional (Abrisqueta-Gomez *et al.*, 2012). Dentro desse contexto,

> A estimulação cognitiva é utilizada no tratamento de problemas de aprendizagem, mas quando ela faz parte de um programa de reabilitação cognitiva, pode abranger maiores objetivos, pois contribui para a formação da nova identidade do indivíduo, assim como para a busca de estratégias que facilitarão seu desempenho nas atividades de vida diária (Abrisqueta-Gomez *et al.*, 2012, p. 242).

Especialistas da área da educação caracterizam as *dificuldades de aprendizagem* como originárias de problemas externos ao indivíduo, cuja causa pode ser oriunda do contexto individual, escolar ou familiar, bem como pode estar relacionada a problemas emocionais, físicos, sociais, culturais, dificuldades de adaptação escolar quanto à didática acadêmica ou ao ambiente escolar. Já os *transtornos de aprendizagem* são referidos como dificuldades originárias no interior do indivíduo, cujo fator pode ser tanto genético quanto por alterações do sistema nervoso central, onde o funcionamento cerebral não corresponde à expectativa para a sua idade, escolaridade ou condição social e econômica. Dentre os transtornos de aprendizagem, evidenciamos a dislexia, a disgrafia e a discalculia (Abrisqueta-Gomez *et al.*, 2012). Conforme o quadro abaixo, descrito no *Manual Diagnóstico e Estatístico de Transtornos Mentais DSM-V-TR*, tais problemas de aprendizagem são nominados como *problemas de aprendizagem específica.*

Quadro 1 – Critérios diagnósticos de transtornos de aprendizagem

Critérios	A	Presença de, pelo menos, um dos seguintes sintomas por, pelo menos, seis meses: 1. Reconhecimento visual de palavras impreciso, lento ou trabalhoso. 2. Dificuldades de compreensão textual. 3. Dificuldades com a ortografia. 4. Dificuldades com a redação. 5. Dificuldades com senso numérico, fatos aritméticos ou cálculo. 6. Dificuldades com o raciocínio numérico.	
	B	Déficit substancial e psicometricamente quantificável nos domínios afetados, sendo constatado seu impacto sobre o desempenho escolar e/ou ocupacional e a vida cotidiana, por meio de uma avaliação clínica abrangente.	
	C	As dificuldades de desempenho devem se iniciar nos anos escolares, ainda que possam se manifestar apenas a partir do momento em que a demanda acadêmica ultrapassa as capacidades do indivíduo.	
	D	As dificuldades de aprendizagem não podem ser explicadas por deficiência intelectual, déficits visuais ou auditivos não corrigidos, outros transtornos mentais, ou neurológicos, adversidade psicossocial, falta de proficiência na língua de instrução ou instrução escolar inadequada.	
Códigos	DSM-V-TR	CID-10	
		F81.0	Déficit de Leitura; acurácia, fluência e compreensão.
		F81.81	Déficit na expressão escrita; ortografia, gramática e pontuação, clareza e organização.
		F81.2	Déficit na matemática; senso numérico, fatos aritméticos, cálculo e raciocínio aritmético.
Gravidade	Leve, moderada ou grave.		

Fonte: American Psychiatric Association, 2023.

Funções executivas

As FEs permitem o controle de comportamentos, cognições e emoções e incluem três habilidades nominadas de inibição, memória de trabalho e flexibilidade cognitiva. Já as habilidades de planejamento, tomada de decisão, resolução de problemas e raciocínio são considerados Funções Executivas Complexas. A inibição permite ao indivíduo gerenciar os comportamentos inapropriados, ou seja, é o autocontrole. É responsável pelo processo de atenção e pensamentos, sendo considerada como responsável pelo controle da atenção seletiva. O controle dos processos cognitivos, emocionais e comportamentais exercem domínio de eventos externos, reações emocionais automáticas ou habituais. Auxilia no processo de autorregulação do estado motivacional, emocional e cognitivo do indivíduo.

A memória de trabalho é responsável pela manutenção da informação no que concerne à consciência por tempo limitado, bem como possibilita o uso de determinada informação para o planejamento e execução de determinada atividade. Essa habilidade viabiliza ao indivíduo capacidade de associar ideias, unificar informações atuais com as do passado e possibilita lembrar sequências de acontecimentos, sendo uma habilidade necessária para a organização e para o planejamento de comportamentos complexos.

A flexibilidade cognitiva facilita ao indivíduo a adaptar-se às demandas do ambiente e a regular o seu comportamento a novas regras, possibilita a aquisição da capacidade criativa, bem como a capacidade de solucionar problemas (Malloy-Diniz *et al.*, 2016).

No decorrer do desenvolvimento das FEs transcorre o processo de mielinização das conexões na área pré-frontal, que se inicia na infância e se estende até a fase adulta. Na infância, o controle executivo oscila, é delicado, além de sofrer influências de estímulos externos. Com o passar dos anos, a estabilidade das funções executivas vai se ampliando, bem como a velocidade e a capacidade de resolução de problemas mais complexos vão se refinando à medida que o indivíduo vai amadurecendo. O desempenho dos circuitos cerebrais tem influência genética e de fatores associados ao ambiente, assim como fatores emocionais, culturais e socioeconômicos (Fontoura *et al.*, 2017). Em crianças, as FEs são habilidades que regulam o comportamento em diversas situações, como sociais e acadêmicas, engajamento em grupos, controle da impulsividade, etc.

As FEs têm papel fundamental na educação e são relevantes para a aprendizagem e o comportamento autorregulatório (Cardoso, 2017). Estudos científicos corroboram que crianças que vivem em ambientes desorganizados, cujos pais têm dificuldade de planejamento, tendem a apresentar mais prejuízos na área executiva. Outros estudos sugerem que o ambiente familiar e o estilo de relação entre a criança e os pais apresentam influência no desenvolvimento das habilidades das Funções Executivas (Dias & Seabra, 2013). Os benefícios do desenvolvimento prematuro das habilidades das FEs têm consequências favoráveis de curto e longo prazos nos ambientes escolar e social. A estimulação dessas atividades possibilita a melhora na adaptação e no rendimento escolar, além de evitar dificuldades sociais e de saúde mental no curso do desenvolvimento.

Fica evidente, portanto, que a estimulação das FEs na infância tem ação preventiva nas dificuldades futuras do indivíduo (Hutz, 2012). Algumas estratégias podem ser adaptadas no programa de reabilitação neuropsicológica das FEs, cujo objetivo é auxiliar o processo de aprendizagem escolar, como veremos no quadro a seguir.

Quadro 1 – Estratégias de intervenção neuropsicológica das FEs utilizadas com crianças em desenvolvimento de aprendizagem escolar

Função	Estratégia
Organização e planejamento	Manter a rotina e analisar diariamente a agenda escolar. Programar a atividade lúdica. Separar em partes as atividades extensas. Utilizar esquemas gráficos: mapa teórico.
Monitoramento do tempo	Criar simbolização visual e verbal. Fazer indicações visuais coloridas representando o relógio (tempo). Programar tempo de execução de atividades.
Atenção e concentração	Fazer uso de jogos que estimulem a atenção: mímica, estátua, siga o mestre, jogo dos sete erros. Fazer uso de mediadores externos: bastão da fala. Estudar em ambiente adequado sem interferência de televisão e celular. Recompensar estímulos para reter a atenção.

Função	Estratégia
Flexibilidade cognitiva	Fazer uso de jogos de soletrar. Utilizar solução de problemas: pensar em várias formas de responder, visualizar o todo e as partes de um problema. Pesquisar frases e palavras dúbias. Classificar palavras e figuras.
Automonitoramento e autochecagem	Fazer uso de agendas e lembretes. Incentivar a criança a organizar estratégias para realizar tarefas e pensar sobre o que planejou. Cuidar suas próprias condutas. Ensinar a criança a fazer questionamentos que guiem sua conduta, por exemplo: o que devo fazer primeiro?
Autorregulação emocional	Reconhecer e falar suas emoções: desenhar, imitar e observar. Em sala de aula, comentar sobre os eventos e nomear a emoção formada. Gerar condutas cooperativas, adaptativas e que gerem empatia.
Controle dos impulsos	***Técnica da tartaruga***: para crianças com idade pré-escolar – (1) Identifique seus sentimentos; (2) Reflita em "parar". (3) Vá para dentro do seu casco e respire bem forte 3 vezes. ***Pare e pense***: (1) Parar: respirar fundo e contar até 10. (2) Tempo para pensar melhor. (3) Agir: definir a ação que vai ser utilizada para resolver o problema. ***Surfar na onda da preocupação***: (1) Identificar a onda de preocupação. (2) Pegar uma prancha e surfar por cima dela, em vez de ser engolido por ela. (3) Respirar fundo e acalmar-se.
Atenção plena	***Mindfulness*** (meditação da atenção): focar a atenção na respiração, colocar a mão sob o peito para sentir a respiração.

Fonte: Adaptado de Malloy-Diniz *et al.* (2016).

Já o quadro seguir apresenta atividades lúdicas que foram desenvolvidas em função dos domínios verbal e executivo, bem como suas respectivas características.

Quadro 3 – Atividades lúdicas desenvolvidas em função dos domínios verbal e executivo

Atividade	Tarefa	Objetivo	Habilidade requerida	Material	Tempo	Domínio
Tangram	Reproduzir imagens utilizando figuras geométricas.	Treinar habilidade de atenção, flexibilidade cognitiva, construção visuoespacial.	Atenção difusa, atenção concentrada, flexibilidade cognitiva, construção visuoespacial.	Figuras geométricas e modelos para serem copiados.	15 min.	Executivo
Jogo dos sete erros	Achar os erros que compõem a figura determinada.	Treinar habilidade de atenção, construção visuoespacial.	Atenção difusa, atenção concentrada, memória operacional, construção visuoespacial.	Folha de papel com duas figuras similares, porém com o uso da atenção é possível perceber diferenças.	10 min.	Executivo
Labirinto	Encontrar o caminho adequado para ligar um ponto a outro.	Treinar habilidade de atenção, construção visuoespacial.	Atenção difusa, atenção concentrada, construção visuoespacial.	Folha de papel com labirintos.	10 min.	Executivo
Ligar os pontos	Ligar os pontos em uma determinada sequência, letras e/ou números diretos ou intercalados, que sigam uma regra específica (números primos, pares, ímpares, etc.).	Treinar habilidade de atenção, flexibilidade cognitiva.	Atenção concentrada, atenção difusa, memória operacional, flexibilidade cognitiva.	Folha de papel com a sequência de pontos que formarão uma figura.	10 min.	Executivo

Atividade	Tarefa	Objetivo	Habilidade requerida	Material	Tempo	Domínio
Construção de blocos	Será apresentada uma figura geométrica construída pela justaposição de cubos de madeira e será solicitada a reprodução do modelo. A duração da exposição ao modelo poderá ser controlada para aumentar a dificuldade da tarefa.	Treinar habilidade de atenção, memória.	Atenção concentrada, atenção difusa, memória operacional.	Blocos de madeira.	10 min.	Executivo
Dominó baseado em imagens e contas matemáticas	Achar a figura correspondente ao par que se deseja formar.	Treinar habilidade de atenção, memória.	Atenção difusa, atenção concentrada, memória operacional.	Dominó feito em papel cartonado.	10 min.	Executivo
Quebra-cabeças	Montar a figura apresentada por meio do encaixe de partes específicas. A figura será mostrada pelo período de 1 minuto.	Treinar habilidade de atenção, memória, construção visuoespacial.	Atenção difusa, atenção concentrada, memória operacional, construção visuoespacial.	Quebra-cabeça feito em madeira e papel.	10 min.	Executivo
Achando os opostos	Achar a figura correspondente ao seu oposto e formar pares.	Treinar habilidade de atenção, flexibilidade cognitiva, memória operacional.	Flexibilidade cognitiva, atenção difusa, atenção concentrada, memória operacional.	Figuras de plástico e papel feitas em formato de quadrados.	10 min.	Executivo

Atividade	Tarefa	Objetivo	Habilidade requerida	Material	Tempo	Domínio
Sudoku com imagens	Achar a sequência que permita com que as imagens não se repitam, nem vertical, nem horizontalmente.	Treinar habilidade de atenção, memória.	Atenção difusa, atenção concentrada, memória operacional.	Figuras de plástico e papel feitas em formato de quadrados.	10 min.	Executivo
Memória	Achar a figura correspondente a formação do par correto.	Treinar habilidade de atenção, memória.	Atenção difusa, atenção concentrada, memória operacional.	Figuras feitas em papel cartonado.	10 min.	Executivo
Desenhos animados	Assistir a um desenho sem som e construir uma história baseado no que foi visto e percebido.	Treinar habilidade de atenção, memória, flexibilidade cognitiva.	Atenção concentrada, memória operacional, flexibilidade cognitiva.	Computador para apresentação do vídeo.	15 min.	Verbal
Contar e recontar histórias	Será contada uma história a partir de um texto lido e, após o término, será pedido que reconte utilizando os elementos principais presentes no texto.	Treinar a compreensão e produção verbal, atenção, memória e flexibilidade cognitiva.	Atenção concentrada, memória operacional, flexibilidade cognitiva.	Texto com a história que será contada.	15 min.	Verbal

Atividade	Tarefa	Objetivo	Habilidade requerida	Material	Tempo	Domínio
Organizar figuras	Arrumar as figuras seguindo uma ordem lógica e, em seguida, contar a história criada.	Treinar a habilidade de atenção, memória, construção visuoespacial, flexibilidade cognitiva.	Atenção concentrada, memória operacional, construção visuoespacial, flexibilidade cognitiva.	Quadrinhos de histórias que tenham uma sequência lógica, sem diálogos, contendo no máximo uma tira de história	10 min.	Executivo
Caça-palavras	Encontrar uma série de palavras entre letras distratoras.	Treinar habilidade de atenção, memória.	Atenção difusa, atenção concentrada, memória operacional.	Folha de papel com lista de palavras e quadro onde estas deverão ser encontradas.	15 min.	Executivo Verbal
Construção de histórias	Será contada uma história baseada em quadrinhos e em seguida será solicitada a organização dessa história a partir das figuras propostas.	Treinar habilidade de atenção, memória, flexibilidade cognitiva.	Atenção concentrada, atenção difusa, memória operacional, flexibilidade cognitiva.	Texto com a história que será contada e recortes com os quadros da história.	15 min.	Executivo Verbal

Fonte: Cantiere *et al.*(2012)

Disfunção executiva

A disfunção executiva diz respeito à dificuldade no funcionamento executivo, ocasionando mudanças nos níveis cognitivo e comportamental, como dificuldade na escolha de informação, tomada de decisão, facilidade de distração, problemas de organização, conduta estereotipada, dificuldade para estabelecer novos comportamentos, perda na abstração e/ou capacidade de adiantar consequências de um ato, atribuindo dificuldades no dia do indivíduo.

Entende-se que prejuízos na área das FEs ocasionam dificuldades que interferem no processo de aprendizagem, na adaptação no convívio social e no êxito acadêmico (Tisser, 2017). A FE em crianças tem características próprias da idade, em que facilidades ou dificuldades no desenvolvimento são individuais, exceto quando há um grau consideravelmente elevado de dificuldade ou déficit que pode ser considerado como uma disfunção executiva (Malloy-Diniz *et al.*, 2016).

A disfunção executiva revela-se através da dificuldade de dominar impulsos, de conter o comportamento, de organização e planejamento, limitação na capacidade de discernimento, redução nos mecanismos de estratégias de restrição de problemas, rigidez mental, dificuldades para reparar erros, lançar mão de *feedback* e prejuízo na memória de trabalho. Especialmente em crianças, observa-se a diminuição da capacidade de planejamento e organização no trabalho escolar, bem como dificuldade na manutenção da atenção no exercício em execução, dificuldade para responder com destreza instruções de tarefas e controlar respostas e comportamentos inapropriados a diferentes objetivos. Percebe-se também sinais de apatia, desmotivação, indiferença e impulsividade (Pinto, 2008).

Avaliação neuropsicológica

A neuropsicologia é uma ciência que investiga as alterações cognitivas, emocionais, assim como os distúrbios de personalidade. Faz correlação entre a cognição e o comportamento com as funções do SNC, ou seja, é uma ciência que associa a atividade do SNC aos fenômenos mentais, em estado de normalidade ou de distúrbio, abrangendo os transtornos cognitivos, emocionais e de personalidade.

A Avaliação Neuropsicológica (NA) compreende a análise do comportamento do paciente a partir de entrevistas, questionários e testes padronizados que oportunizam conhecer comportamentos concretos dele. Essa avaliação tem seis objetivos primordiais, descritos no quadro na sequência.

Quadro 4 – Objetivos primordiais da avaliação neuropsicológica

Função	Estratégia
Diagnóstico	Neuropsicológica: elucidar comportamentos que correspondem à lesão cerebral, tanto diagnosticadas por exame de imagem, tais como demências, traumatismos cranioencefálicos menores ou encefalopatias, como indicar distúrbios que, em estágio inicial, não apontam alteração neurológica.
Cuidados com o indivíduo	Proporcionar, aos integrantes do convívio familiar e social do paciente, informações referentes às suas habilidades e fraquezas, como autocuidado, etc. Propiciar o planejamento e a estruturação do ambiente do paciente.
Especificar tratamento necessário	Contribuir para o direcionamento da reabilitação do paciente a partir do provimento de informações das áreas deficitárias e/ou das habilidades mantidas e a sua aptidão para a reabilitação.
Avaliação dos resultados do tratamento	Possibilitar acompanhar as mudanças do indivíduo ao longo da intervenção neuropsicológica, sejam de ordem cirúrgica, farmacológica, psicológica ou de outra natureza.
Pesquisa	Contribuir na compreensão da atividade cerebral e sua ligação com o comportamento.
Demanda forense	Auxiliar em casos que compreendem em perda de funções jurídicas ou danos corporais. Auxiliar decisões sobre existência de possíveis danos neurológicos.

Fonte: Adaptado de Hutz (2012, p. 48-49).

Na infância, na AN, faz-se necessário examinar os fins específicos, constatar a presença ou não de distúrbio do desenvolvimento, cognitivos e bloqueio na aquisição de habilidades. Por isso, a importância da obtenção de informações acerca da vida da criança: se existiu complicações cerebrais, idade em que teve início, referências de tratamentos já realizados, gravidade do problema e o desenvolvimento deste. Em crianças em idade escolar, avalia áreas intelectivas como: funções executivas (planejamento, flexibilidade, organização e inibição); capacidades na área da matemática e na leitura; aprendizagem e memória; linguagem; capacidades visuoespaciais; coordenação motora; afetividade; comportamento e habilidades sociais.

O quadro a seguir apresenta os processos e os testes que avaliam as FEs.

Quadro 5 – Processos e testes que avaliam as Funções Executivas

Processo	Instrumento
Planejamento	Torre de Londres, Torre de Hanói, Figuras complexas de Rey
Manutenção da informação	WCST
Controle inibitório	Stroop, WCST, Torre de Londres
Flexibilidade cognitiva	WSCT, Fluência verbal, Teste de Trilhas
Automonitoramento	WCST, Fluência verbal

Fonte: Adaptado de Hutz (2012).

Os passos para uma avaliação neuropsicológica em crianças são (Lopes & Argimon, 2017):

1. Entrevista neuropsicológica com familiares ou responsáveis.
2. Observação da criança no contexto clínico.
3. Avaliação da criança escolar.

4. Avaliação de registros médicos, avaliações prévias psicológicas ou neuropsicológicas.
5. Formulação de hipótese diagnóstica.
6. Escolha de instrumentos de avaliação neuropsicológica padronizados.
7. Aplicação dos instrumentos padronizados em contexto clínico.
8. Elaboração do laudo neuropsicológico.
9. Devolução dos resultados da avaliação neuropsicológica aos familiares ou responsáveis.
10. Entrega do laudo redigido aos familiares ou responsável pela criança.
11. Devolução dos resultados da avaliação neuropsicológica à criança.
12. Devolução do laudo neuropsicológico para a escola, mediante autorização dos pais (autorização por escrito); preferência é ser entregue por eles.
13. Planejamento do processo de reabilitação neuropsicológica.

Reabilitação neuropsicológica

A Reabilitação Neuropsicológica (RN) é um processo de intervenção neuropsicológica, cuja finalidade é reorganizar o funcionamento cerebral em indivíduos com lesão cerebral adquirida, ou disfunção cerebral. Ele tem o propósito de amenizar os déficits cognitivos, comportamentais e emocionais desencadeados de um distúrbio neurológico, com o intuito de readaptar o indivíduo física, psicológica e socialmente, diminuindo assim o impacto das suas deficiências no seu cotidiano e propiciando a este a reinserção na sociedade. A RN não está associada apenas a indivíduos acometidos de lesão cerebral adquirida na vida adulta, mas também é indicada para tratar de alterações cognitivas decorrentes de alterações neurológicas, tanto estrutural quanto funcional, e em qualquer faixa etária.

Nesse sentido, a RN tem o propósito de amenizar déficits e alterações no exercício de atividades relacionadas ao trabalho, à educação e ao cotidiano do indivíduo. A habilitação neuropsicológica, geralmente, é relacionada a crianças e jovens. Apesar da consagração da expressão "reabilitação neuropsicológica" no Brasil estar em ascensão, ainda no exterior usa-se o termo "treinamento", entre outros (Fontoura *et al.*, 2017).

Estudos científicos mencionam a intervenção neuropsicológica de abordagem holística como uma linha que considera as limitações do indivíduo, fazendo adaptações para a sua vida, com o intuito de reinseri-lo socialmente, proporcionando-lhe melhora na sua vida produtiva. As atividades desenvolvidas pela reabilitação na linha holística referem-se ao treino das habilidades cognitivas, de aprendizagem de estratégias compensatórias, organização e planejamento da rotina, prática de atividades do cotidiano, atividades psicoeducativas de orientação aos familiares e processo terapêutico de pacientes (Abrisqueta-Gomez *et al.*, 2012).

No processo de reabilitação neuropsicológica, o profissional verificará os domínios cognitivos que estão deficientes, como atenção e memória, e organizará exercícios sequenciados, como atividades de mesa usando papel e lápis e atividades realizadas em computador ou jogos. Essas atividades têm o intuito de agir em capacidades cognitivas cuja deficiência se faz presente. A intenção é possibilitar ao indivíduo capacidade de transferir as atitudes e estratégias desenvolvidas para a sua vida diária. Conforme o indivíduo vai progredindo na execução das atividades, o nível de dificuldade e a complexidade do treino vão aumentando (Fluentes, *et al.*, 2014). Os autores salientam a importância de o terapeuta fazer os seguintes questionamentos acerca da intervenção:

- As dificuldades do paciente são originárias de uma causa orgânica primária (lesão), que justifique as dificuldades cognitivas?
- Como está o funcionamento dos sistemas motor, visual e perceptivo?
- Identificar quem é o paciente da reabilitação: a criança, a criança e a família, ou o contexto escolar?
- O paciente está de acordo com as dificuldades cognitivas e interessado em trabalhá-las?
- O paciente demonstra aptidão de transferir conhecimento aprendido na terapia para acontecimentos novos?
- O paciente tem recursos financeiros, tempo e condições emocionais para realizar a reabilitação durante o período necessário?

Remediação cognitiva

Com o intuito de reduzir as dificuldades referentes aos problemas de aprendizagem, ou a ausência de habilidade necessária para a aquisição de sucesso acadêmico, a Neuropsicologia desenvolveu intervenções de remediação e de reabilitação. A remediação cognitiva propõe um modelo de processamento cognitivo saudável, com compreensão clara dos aspectos cognitivos preservados e das dificuldades associadas ao transtorno; um modelo de relação entre o funcionamento cognitivo e o comportamento diário; métodos de melhora cognitiva; entendimento do impacto dos fatores ambientais, pessoais e interpessoais na mudança cognitiva e funcional do paciente.

No tratamento, que tem por base a remediação cognitiva, o paciente é orientado a instigar a planejar o seu próprio comportamento nos diferentes meios de atuação (Fuentes *et al.*, 2014). Nesse aspecto,

> A ideia central no processo de reabilitação neuropsicológica está na suposição de que é possível o restabelecimento da função prejudicada. Para tanto, utilizam-se tarefas e exercícios estruturados e funcionais que permitem treino e uso prático para aprimorar a função cognitiva pretendida. Uma vez, portanto, que as FEs são treináveis até certo ponto, é possível haver melhorias (Malloy-Diniz *et al.*, 2016, p. 260).

Considerações finais

Esse capítulo propôs fazer uma revisão literária acerca da reabilitação neuropsicológica e do exercício de treinamento cognitivo em crianças que apresentam dificuldades de aprendizagem. Os achados científicos mostraram que no Brasil, apesar do crescente interesse pela área da Neuropsicologia, ainda há uma carência de estudos e métodos científicos que abordem o referido tema.

Há uma crescente demanda advinda do meio escolar por busca de auxílio por ações preventivas a respeito das dificuldades de aprendizagem ou até mesmo fracasso escolar. Nesse sentido, faz-se necessário haver mais estudos que deem subsídios científicos aos profissionais motivadores do processo de aprendizagem, visto que são intermediadores da formação de possíveis indivíduos bem-sucedidos, tanto no âmbito acadêmico, profissional, econômico como no social. Propõe-se, assim, novas pesquisas sobre esse tema.

Referências

Abrisqueta-Gomez, J. (2012). *Reabilitação neuropsicológica: abordagem interdisciplinar e modelos conceituais na prática clínica.* Porto Alegre, RS: Artmed. Recuperado de https://books.google.com.br/books?hl=pt=-BR&lr=&id-ym4_n02XeCwC&oi=fnd&pg=PA9&dq=Reabilita%C3%A7%-C3%A3o+neuropsicol%C3%B3gica:+abordagem+interdisciplinar+e+modelos+conceituais+na+pr%C3%A1tica+cl%C3%ADnica.&ots=KXEwikh-Fv_&sig=W7Ru_Kr-RGxqNjU1fwkdoCvrmg4#v=onepage&q=Reabilita%C3%A7%C3%A3o%20neuropsicol%C3%B3gica%3A%20abordagem%20 interdisciplinar%20e%20modelos%20conceituais%20na%20pr%C3%A1tica%20cl%C3%ADnica.&f=false

American Psychiatric Association. (2014). *Manual diagnóstico e estatístico de transtornos mentais 5 (DSM-5)* (Maria Inês Corrêa Nascimento *et al*, Trad.). Revisão técnica de Aristides Volpato Cordioli *et al.* Porto Alegre, RS: Artmed.

American Psychiatric Association - APA (2014). *Manual diagnóstico e estatístico de transtorno 5 - DSM-5.* Tradução Maria Inês Corrêa Nascimento., et al. Revisão técnica: Aristides Volpato Cordioli... [et al.]. Porto Alegre: Artmed.

Cantiere, C. N., Ribeiro, A. F., Khoury, L. P., Seraceni, M. F. F., Macedo, L. F. R., & Carreiro, L. R. R. (2012). Treino cognitivo em crianças e adolescentes com sinais de desatenção e hiperatividade: proposta de protocolo de intervenção neuropsicológica nos domínios verbal e executivo. *Cadernos de Pós-Graduação em Distúrbios do Desenvolvimento*, 12(1), 98-107. Recuperado de http://www.mackenzie.br/fileadmin/Graduacao/CCBS/Pos-Graduacao/Docs/Cadernos/Volume_12/Artigo_10_Treino_cognitivo_em_criancas_e_adoelscentes.pdf.

Cardoso, C. O. (2017). *Programa de intervenção neuropsicológica precoce-preventiva: estimulação das funções executivas em escolares.* (Tese de Doutorado), Pontifícia Universidade Católica do Rio Grande do Sul, Porto Alegre, RS, Brasil. Recuperado de http://tede2.pucrs.br/tede2/bitstream/tede/7287/2/TES_CAROLINE_DE_OLIVEIRA_CARDOSO_PARCIAL.pdf.

Dias, N. M., & Seabra, A. G. (2013). Funções executivas: desenvolvimento e intervenção. *Temas sobre desenvolvimento*, 19(107), 206-12. Recuperado de https://www.researchgate.net/publication/281177320_funcoes_executivas_desenvolvimento_e_intervencao.

Fontoura, D. R. *et al.* (Orgs.) (2017). *Teoria e prática na reabilitação neuropsicológica*. São Paulo, SP: Vetor Editora.

Fontoura, D. R. Tisser, L., Bueno, O., Bolognani S., & Frison, T. (2017). *Teoria e prática na reabilitação neuropsicológica*. São Paulo, SP: Vetor Editora.

Fuentes, D., Malloy-Diniz, L. F., de Camargo, C. H. P., & Cosenza, R. M. (2014). *Neuropsicologia: Teoria e Prática*. Porto Alegre, RS: Artmed.

Fuentes, D. *et al.* (Orgs.) (2014). *Neuropsicologia: teoria e prática* (2a ed.). Porto Alegre, RS: Artmed.

Hutz, C. S. (Org.). (2012). *Avanços em avaliação psicológica e neuropsicológica de crianças e adolescentes II*. São Paulo, SP: Casa do Psicólogo.

Lopes, R. M. F., & Argimon, I. I. L. (2017). Avaliação Neuropsicológica Infantil: aspectos históricos, teóricos e técnicos. In L. Tisser., Luciana (Org). *Avaliação Neuropsicológica Infantil* (pp. 21-48) Novo Hamburgo; RS, Sinopsys.

Malloy-Diniz, L. F., Mattos, P. Camargo, Abreu, N., & Fuentes, D. (2016) *Neuropsicologia: aplicações clínicas*. Porto Alegre, RS: Artmed.

Malloy-Diniz, L. F. M. *et al.* (Orgs.) (2016). *Neuropsicologia: aplicações clínicas*. Porto Alegre, RS: Artmed.

Pinto, A. B. (2008). *Desenvolvimento das funções executivas em crianças dos 6 aos 11 anos de idade* (Dissertação de Mestrado). Recuperado de https://repositorio-aberto.up.pt/bitstream/10216/106299/2/204642.pdf.

Tisser, L. (Org.). (2017). *Avaliação neuropsicológica infantil. Novo Hamburgo, RS: Sinopsys*. Recuperado de https://www.sinopsyseditora.com.br/upload/produtos_pdf/652.pdf.

Funções executivas no Transtorno de Déficit de Atenção e Hiperatividade (TDAH)

9

Raí Marques Montes
Ronald Maeso Montes

Introdução

Esse capítulo teve como objetivo descrever um breve histórico e definir o Transtorno de Déficit de Atenção e Hiperatividade (TDAH), apresentando alguns dados epidemiológicos internacionais, fazendo referência a algumas condições nas quais as distintas capacidades cognitivo-comportamentais envolvidas nas funções executivas encontram-se comprometidas. Considera estudos que identificaram alterações nas funções executivas em crianças e adolescentes com TDAH, não tendo como finalidade buscar uma revisão sistemática e tampouco pretendendo esgotar o tema. Faz referência ao conceito multitarefa envolvido nas funções executivas, ressaltando a heterogeneidade de critérios para a seleção das amostras nas pesquisas, a diversidade de instrumentos que avaliam suas várias perspectivas e o que se quer avaliar neste campo neuropsicológico.

O trabalho foi realizado por meio de revisões bibliográficas. Esta metodologia consiste na utilização de livros, revistas e artigos que tenham relação com o Transtorno de Déficit de Atenção e Hiperatividade (TDAH), que foi o tema abordado no trabalho.

Aspectos teóricos

Os rumos da vida das pessoas estão sujeitos as suas preferências, escolhas e opções individuais. No entanto, determinadas ocasiões fogem do controle do sujeito no momento em que lhe são estabelecidas condições sobre as quais ele não tem condições de agir. Desta forma, temos escolhas pessoais conflitando com imposições. Quando aprendemos a ter autonomia pessoal, tomamos decisões e fazemos escolhas sobre praticamente todas as situações da vida e isso varia conforme nossos objetivos. Sabemos que depende de a própria pessoa decidir com a forma mais ponderada, ajustada e inteligente o seu futuro. Aos termos o livre-arbítrio para escolher e tomar decisões tornou possível obter desfechos que possam trazer plenitude e bem-estar. Devemos levar em consideração que todas as nossas escolhas e decisões implicam em algum grau de risco. O sucesso humano tem, em muito, a ver com os acertos nas tomadas de decisões.

Descrições sobre sintomas que atualmente delineamos como TDAH referem a centenas de anos passados. De acordo com Teixeira (2013), o filósofo e médico Hipócrates (493 a.C.) menciona pessoas que apresentavam características de comportamento impulsivo e pouca capacidade de concentração, imputando essa condição a uma falta de harmonia entre o fogo em relação à água. Hipócrates propunha uma terapêutica que versava na alimentação com alto teor de cevada em vez de pão, no consumo de líquidos, na ingestão de peixes em vez de carne vermelha, e na manutenção de exercícios físicos. Segundo Lange*et al.* (2010) e Leite (2011), em 1902, crianças com comportamento irritável, desafiador e desatentas foram descritas pelo médico inglês George Frederick Still, na revista Lancet, como "crianças com defeito de conduta moral", indicando que essas crianças apresentavam déficits de inibição de respostas aos estímulos, sugerindo alguma influência hereditária.

Depois disso, em 1932, Franz Kramer e Hans Pollnow denominaram "Doença Hipercinética da Infância" para propor sintomas característicos de inquietação motora intensa, de forma semelhante à descrita anteriormente por outros autores. Em 1937, Bradley observou que a administração da anfetamina benzedrina, droga classificada como estimulante do sistema nervoso central, desencadeava tranquilidade, nestas crianças muito agitadas, e esta resposta foi considerada como uma "reação paradoxal", pois era oposta ao que seria de se esperar.

No século passado, até o final dos anos 50, este transtorno foi chamado de lesão cerebral mínima e, segundo Silva (2003), a médica Stella Chess, em 1960, denominou de síndrome da criança hiperativa, por não encontrar no cérebro de portadores deste transtorno uma lesão orgânica macroscópica capaz de explicar o comportamento de desatenção e hiperatividade. Anos depois, o termo lesão cerebral mínima caiu em desuso. Na década seguinte, apareceram terminologias como disfunção cerebral mínima e reação hipercinética da infância, denominações que se mantiveram por mais de dez anos, quando nos anos 80 o transtorno de déficit de atenção, hiperatividade e impulsividade foi apresentado no Manual Diagnóstico e Estatístico dos Transtornos Mentais DSM-III, publicado pela American Psychiatric Association (1980), configurando o seu diagnóstico fundamentalmente clínico.

Conforme os critérios do DSM-III, o transtorno foi subdividido em TDAH com hiperatividade e TDAH sem hiperatividade (predominantemente desatento) e se sugeria que estes dois grupos manifestavam diferentes deficiências cognitivas, assim como diferentes tendências comportamentais. As crianças com diagnóstico de TDAH sem hiperatividade apresentavam maior tendência a vivenciar problemas de processamento cognitivo e transtornos do aprendizado. Para Lahey, Schaughency, Frame e Strauss (1985) a produção textual escrita era reduzida em crianças com TDAH de predomínio hiperativo, e que as de predomínio desatento apresentavam lentidão cognitiva. Com o passar do tempo, as pesquisas sobre os critérios para ambos os tipos de TDAH identificaram prejuízos mais específicos, tanto no grupo predominantemente desatento, como no grupo com manifestações combinadas. Barkley (1997) distinguiu a forma combinada do transtorno da forma predominantemente desatenta tirando o foco das questões atencionais e abordando a habilidade de usar os aspectos prospectivos e os retrospectivos das experiências vivenciadas como centro das explicações envolvendo desinibição associado à forma combinada do TDAH. Com a desinibição sendo a chave da compreensão e a relativa ausência de desinibição na forma predominantemente desatenta, a teoria do autor aponta para diferentes mecanismos subjacentes, assim como suas manifestações clínicas distintas.

A inibição é fundamental para o funcionamento adequado de outras habilidades neuropsicológicas, como a memória de trabalho, a internalização do que é falado, a autorregulação do afeto, a motivação, a excitação, a reestruturação e o controle motor. A lentidão cognitiva é característica de forma predominantemente desatenta, referida por Carlson e Mann (2002), fazendo referência a uma pesquisa em que o grupo predominantemente desatento foi superior no que tange à produtividade abaixo do normal e à apatia se comparado ao grupo de TDAH combinado e ao grupo normal.

Evidências epidemiológicas mais recentes discutem se o TDAH é realmente um transtorno neurodesenvolvimental de início na infância ou na adolescência. Conforme o Manual Diagnóstico e Estatístico de Transtornos Mentais DSM-V-TR, publicado pela American Psychiatric Association (2023), as definições de transtornos de neurodesenvolvimento e o capítulo do TDAH o identificam como o grupo de condições com início do período de maturação neurobiológica que se manifestam típica e precocemente antes da criança entrar na escola, caracterizados por déficits desenvolvimentais, os quais produzem prejuízo para a pessoa. Conforme este manual, o TDAH é um transtorno neuropsiquiátrico caracterizado por sintomas inapropriados para a faixa etária, no que tange à atenção, à inquietude motora e ao comportamento impulsivo. Delineia nos seus critérios diagnósticos três subtipos deste transtorno:

- Apresentação combinada (prevendo tanto critérios para desatenção quanto para hiperatividade e impulsividade nos últimos seis meses);
- apresentação predominantemente desatenta (na qual os critérios para hiperatividade e impulsividade não são preenchidos nos últimos seis meses);
- apresentação predominantemente hiperativa/ impulsiva (na qual os critérios para desatenção não são preenchidos nos últimos seis meses).

Estes sintomas estão relacionados com prejuízos significativos na vida escolar além de dificuldades no relacionamento social e no ambiente ocupacional. Incorporado a estes fatos, a repercussão negativa para a pessoa que sofre com este transtorno pode interferir até mesmo na vida de familiares, amigos, parceiros de escola e de outras pessoas com as quais convive.

Na definição da Classificação Internacional de Doenças e Problemas Relacionados à Saúde, 10ª edição, CID-10 (1997), um transtorno do neurodesenvolvimento é aquele que tem início sem variações nos primeiros anos de vida da criança, quando bebê ou na infância, e que apresenta déficit ou retardamento na maturação, no desenvolvimento das funções que estão fortemente relacionadas ao desenvolvimento do sistema nervoso, e que tem como propriedade de rota sintomática um curso estável não se caracterizando por remissões e recaídas. De acordo com Faraone, Sergeant, Gillberg e Biederman (2003), o TDAH é a condição neurocomportamental infantil mais prevalente que acomete uma proporção substancial da população mundial. Sobre este transtorno, uma revisão sistemática com análise de metaregressão foi conduzida por Polanczyk, Lima, Horta, Biederman e Rohde (2007) por meio de levantamento bibliográfico no período de janeiro de 1978 a dezembro de 2005, estimando a prevalência de TDAH e transtornos hipercinéticos nas Américas do Norte e do Sul, Europa, Ásia, África, Oceania e Oriente Médio na faixa de 5,29% com uma heterogeneidade entre os estudos, principalmente entre pesquisas norte americanas se comparadas com as africanas e do Oriente Médio que apresentavam índices menores que a estatística geral. Na comparação entre os estudos norte e sul americanos, europeus, asiáticos e da Oceania não houve diferença significativa na prevalência. Os autores concluíram que as diferenças estatísticas se relacionaram a critérios metodológicos diferentes entre as pesquisas, no que tange aos requeridos prejuízos funcionais entre os participantes.

Mais recentemente, o estudo de Polanczyk, Salum, Sugaya, Caye e Rohde (2015), pesquisou a prevalência mundial de transtornos mentais em crianças e adolescentes, por meio de metanálise que incluiu 41 estudos conduzidos em 27 países nos cinco continentes, encontrando índice de TDAH atingindo 3,4% (CI 95% 2.6-4.5) da população desta faixa etária. No que tange à persistência funcional de sintomas ou prejuízos funcionais, sua prevalência está em torno de 50% a 60%, mas os estudos mostram que, quando se exigem sintomas categóricos, a prevalência é de 15%.

No que se refere a aspectos neurobiológicos cerebrais, Seidman, Valera e Makris (2005) sugerem que crianças com transtorno de déficit de atenção e hiperatividade apresentam redução de volume em algumas redes neuronais, envolvendo o córtex pré-frontal dorsolateral e rede fronto-estriatal. São alterações químicas cerebrais produzidas por mudanças do código genético e que envolvem diversos territórios cerebrais, sendo o córtex pré-frontal um dos mais importantes. Desta forma, a herança genética é a mais comum entre outras causas de origem multifatorial e complexa envolvendo diversos fatores. Podemos considerar como sendo uma disfunção neurobiológica de origem genética e os fatores ambientais podem intervir no comportamento.

Entre outras causas também se destacam agressores ao cérebro fetal, relacionadas a complicações da gestação e do parto, como asfixia, alterações metabólicas, traumatismos crânio encefálicos, desnutrição materna, baixo peso ao nascimento, infecções do sistema nervoso central, o uso de drogas, álcool e tabaco durante a gravidez, entre outras. Estas alterações no cérebro em desenvolvimento poderiam predispor comportamentos relacionados ao transtorno.

Entre os fatores ambientais sociais, a forma como a pessoa é criada não causa o TDAH, mas, conforme autores (Jaffe *et al.*,2004; Thapar, Cooper, Eyre, & e Langley, 2013), crianças educadas em ambientes domésticos desregrados, sofrendo de negligência, maus-tratos ou desamparo poderiam apresentar danos na maturação do sistema nervoso central. Essas condições potencialmente interviriam no arranjo neuronal e no desenvolvimento do encéfalo em desenvolvimento, levando à sintomatologia do TDAH.

O conceito de endofenótipo foi referido por Gottesman e Gould (2003) para considerar as complexidades dos mecanismos que estão relacionados com as interações gênicas e ambientais sobre a expressão fenotípica. Para estes autores, endofenótipos, componentes mensuráveis quase imperceptíveis entre a doença e o genótipo, surgindo como um importante conceito na Neuropsiquiatria. Um endofenótipo pode ser neurofisiológico, bioquímico, endocrinológico, neuroanatômico, cognitivo ou neuropsicológico. Ele representa pistas para a sustentação das bases genéticas da doença, promovendo o entendimento de que diagnósticos psiquiátricos podem ser decompostos e também desconstruídos, resultando numa melhor e mais bem definida análise genética. Para isso, os endofenótipos nos transtornos psiquiátricos devem obedecer a determinados critérios, incluindo a ligação com um gene candidato ou *locus* genético, hereditariedade e riscos relativos em parentes.

Barkley (1997) propôs que disfunções executivas seriam endofenótipos promissores do Transtorno de Déficit de Atenção e Hiperatividade. No entanto, o maior obstáculo na identificação dos principais aspectos neuropsicológicos da pessoa com este transtorno reside na sobreposição deste diagnóstico com várias outras formas de transtornos de aprendizagem. Soma-se a isso o fato de cerca de metade dos casos de TDAH serem mediados por alguma condição além das funções executivas e, segundo Lambek, Tannock, Dalsgaard *et al.* (2010), é muito pouco provável que algum endofenótipo possa dar conta do TDAH, como patologia com uniformidade de apresentações clínicas, por conta da sua heterogeneidade. O paradigma de causas múltiplas é mais admissível na literatura.

Um destes paradigmas sugere dois caminhos simultâneos e foi proposto por Sonuga-Barke (2005) para explicar que a sintomatologia do TDAH seria derivada de duas vias nervosas distintas, que resultam em dois subtipos: um deles relacionado à disfunção executiva, sendo caracterizada por um déficit no controle inibitório, e um subtipo de estilo motivacional, caracterizado pela preferência por pequenas recompensas imediatas ao invés de recompensas tardias (delay aversion).

Para Barkley (2006), o TDAH pode ser conceituado como um transtorno com deficiência de inibição comportamental primária que altera o desenvolvimento e o desempenho efetivo das funções executivas e a capacidade de responder às demandas contínuas de experiência com a gama de emoções de uma maneira socialmente tolerável e suficientemente flexível para permitir reações espontâneas, assim como a capacidade de adiar as reações espontâneas, conforme a necessidade, também denominada *self-regulation*.

Uma criança ou adolescente comumente é desorganizada, comete erros por descuido, tem dificuldades para seguir ordens, evita cumprir tarefas ou exercícios que demandem muita atenção, tem lapsos de memória e se distrai com facilidade. Muitas vezes, conversa exageradamente e dificilmente brinca calada. Costuma ser inquieta, sai da cadeira onde está sentada na sala de aula, em casa quando tenta estudar e também durante as refeições.

Demais autores afirmam que a deficiência nas funções executivas é a principal característica deste transtorno (Barkley, 2003; Pennington & Ozonoff, 1996; Willcut, Doyle, Nigg, Faraone, & Pennigton, 2005). Embora não seja uma carência funcional específica de crianças com este transtorno do neurodesenvolvimento, identificado numa revisão de Sergeant, Geurts e Oosterlaan (2002), Willcutt *et al.* (2005), os autores descrevem que os déficits mais relevantes e impactantes nestas funções no TDAH guardaram correlação com medidas de respostas à inibição, ao estado de alerta, à memória de trabalho e ao planejamento.

Para Miller e Cohen (2001), as funções executivas, também denominadas controle executivo ou controle cognitivo, referem-se a um grupo de processos mentais que age de forma hierárquica, sendo necessários no momento em que a pessoa precisa se concentrar e prestar atenção; ao fazer algo espontâneo ou que dependa do instinto ou da intuição seria imprudente, insuficiente, ou impossível. A impulsividade é outro sintoma prevalente do transtorno do TDAH, o que pode implicar em crianças e adolescentes demasiadamente irritados, com baixo limiar de frustração, que, com frequência, se envolvem em confusões ou conflitos com colegas e professores da escola ou com seus próprios familiares.

O controle inibitório é o processo mental usado para extinguir respostas que concorrem para que seja selecionada a resposta mais apropriada. A capacidade de suprimir comportamentos inadequados e permitir escolhas mais apropriadas é primordial para comportamentos adaptados em circunstâncias diferentes e pode ser considerado um componente crítico de controle comportamental. Diversos autores fazem referência a um pobre controle inibitório no TDAH (Aron & Poldrack, 2005; Bari & Robbins, 2013; Nigg, Butler, Huang-Pollock, & Henderson, 2002).

Em virtude da prevalência e dos custos financeiros e seu possível *overdiagnosis*, Sergeant, Geurts e Oosterlaan (2002) alertam para o fato de que se torna imprescindível a utilização de técnicas ou medidas específicas e apuradas para este diagnóstico. Entenda-se *overdiagnosis* como um diagnóstico estruturado em exames médicos que não tem importância clínica e nem impacto na qualidade e nem na quantidade de vida do paciente, levando-o a tratamentos desnecessários sem a comprovação de benefícios para a pessoa que apresenta sintomas que guardam relação com o referido transtorno.

Para Graeff e Vaz (2006), os testes neuropsicológicos e as escalas psicométricas podem ser instrumentos vantajosos para auxiliar no diagnóstico clínico do TDAH e no subitem disfunções executivas. Eles são usados tanto para o diagnóstico quanto para a identificação de possíveis circuitos cerebrais envolvidos com as limitações de ordem cognitivo-comportamental, assim como para direcionar as estratégias de tratamento. Lembram os autores da existência de testes validados em outros países que sua aplicação profissional não foi liberada pelo Conselho Regional de Psicologia (CFP).

Numa avaliação neuropsicológica que incluiu testes de memória, atenção, planejamento e resolução de problemas, Riccio, Homack, Jaratt e Wolfe (2006) realizaram uma pesquisa que incluiu 40 crianças e adolescentes com TDAH nas formas predominantemente desatenta e na forma combinada, na faixa dos nove aos quinze anos com quociente de inteligência (QI) acima de 80. Os instrumentos utilizados foram o WISC-III (3a ed.), Woodcock Johnson Test of Achievement (3a ed.), Peabody Picture Vocabulary Test III, Expressive Vocabulary Test, Processing speed, Trait Making Test, Wisconsin Card Sorting Test, Stroop Color e Word Test, Conners Continuous Performance Test-II e o Behavior Rating Inventory of Executive Function. Os autores não identificaram diferenças significativas na comparação da maior parte dos testes da bateria aplicada, exceto na escala de inibição no grupo TDAH combinado, demonstrando problemas neste componente executivo.

Na pesquisa publicada por Biedermanet *et al.* (2004), destinada a identificar as correlações entre as funções executivas de crianças e adolescentes com TDAH e o aproveitamento escolar, teve a participação de 259 crianças e adolescentes com TDAH, comparado ao grupo controle de 222 sem TDAH. Os autores parearam os dois grupos entre si e, no grupo com TDAH, os que apresentavam dificuldades nas funções executivas com os que não manifestavam limitações neste campo. Os resultados identificaram que o grupo com TDAH apresentou mais problemas nas funções executivas se comparado ao grupo controle. Além disso, o grupo com TDAH que demonstrou dificuldades nas funções executivas teve pior desempenho acadêmico, com maior dificuldade de aprendizagem e menor quociente de inteligência (QI) do que o grupo que apresentava TDAH sem disfunções executivas.

Conforme Lambek *et al.* (2010), há muitas pesquisas sobre TDAH que têm como objetivo avaliar múltiplas funções cognitivas e que, geralmente, incluem apenas um teste para cada função. Para estes autores, o fato de se avaliar as desordens nas funções executivas com apenas um teste é um fato questionável, a ponto de fazerem uma pesquisa que incluiu 48 crianças e pré-adolescentes com TDAH e um grupo controle assintomático com a mesma faixa etária, utilizando oito testes para funções executivas. Os resultados demonstraram que os subgrupos de jovens tanto com TDAH apresentando prejuízo nas funções executivas quando o subgrupo com TDAH sem prejuízo nas referidas funções tiveram níveis equivalentes no desempenho escolar e na sintomatologia geral de TDAH. No entanto, o grupo que apresentou dificuldades nas funções executivas evidenciou quociente de inteligência (QI) significativamente inferior e problemas com aspectos motivacionais, avaliados por testes informatizados que examinavam aversão à recompensa tardia (The Choice-Delay Task) e à decisão afetiva (The Hungry Donkey Task).

No século passado, a função executiva era considerada uma capacidade singular e de finalidade universal que, segundo Friedmanet *et al.* (2008), poderia ser avaliada com uma única tarefa complexa de "lobo frontal", como o Teste de classificação de cartão de Wisconsin. No entanto, evidências comportamentais e neuropsicológicas deste século indicam que o controle executivo pode ser mais precisamente caracterizado como uma sequência de competências cognitivas inter-relacionadas, mas passíveis de identificação individualizada. Esta consideração foi referida por Miyake*et al.*(2000) "como uma unidade e pluralidade do funcionamento executivo". Os autores referiram serem três as funções executivas mais frequentemente pesquisadas: a inibição da resposta (a capacidade de inibir respostas dominantes, automáticas ou prevalentes), reciclando as representações de memória de trabalho (a capacidade de monitorar a entrada informações relevantes para determinada tarefa, fazendo a sua atualização e, substituindo informações antigas, modificando seu significado, sem deixar que seja apagada) e a mudança de cenário (*set shifting*), ou seja, flexibilidade cognitiva, caracterizada como a capacidade de alternar tarefas ou conjuntos mentais de forma adaptável.

A inibição de resposta, memória de trabalho e flexibilidade são contextos avaliados por meiode procedimentos neuropsicológicos e consistentemente associados ao TDAH em idades pré-escolar e escolar, conforme Martinussen, Hayden, Hogg-Johnson e Tannock (2005) e Pauli-Pott e Becker (2011). Para Diamond (2013), o controle inibitório, a memória de trabalho e a flexibilidade cognitiva comportam a gestão das rotinas e atividades cotidianas na rotina da criança, sendo fundamentais para que elas sejam operativas. Elas entendem ser a essência de outras capacidades mais complexas, que incluem resolução de problemas, raciocínio e planejamento.

Além destas capacidades, a organização dos processos envolvidos no desenvolvimento da autorregulação, referida por Blair e Diamond, (2008), também fazem parte do contexto operativo das funções executivas. Esta autorregulação é caracterizada por estes autores como o conjunto de processos cognitivo-comportamentais adaptativos envolvidos na supressão de emoções disruptivas e no estímulo da maturação de emoções positivas, se manifestando na pessoa por meio da vigilância, ajuste e controle de suas condições emocionais, motivacionais e cognitivas. De importância substancial, outra função implicada em todo este processo, referida por Corso, Sperb, Jou e Salles (2013), é a metacognição, que está envolvida na percepção e na consciência de que a pessoa tem de seus respectivos processos cognitivos, das capacidades envolvidas nas rotas adotadas para a aprendizagem e sobre todo o envolvimento psicológico, no que tange à motivação e à emoção.

Em condições normais, todas essas aptidões se desenvolvem progressivamente a partir da infância, ao longo da adolescência, até início da vida adulta e, conforme Best e Miller (2010), nem todos ao mesmo tempo, fazendo com que a pessoa gradativamente consiga adaptativamente se envolver em tarefas cada vez mais complexas e, além disso, em várias ao mesmo tempo, com melhores condições no controle da autorregulação. Diante de um desafio tão complexo na compreensão e identificação da estrutura das funções executivas e pela dificuldade em termos um consenso sobre quais são os elementos que contribuem para seu funcionamento, pesquisadores tentam desenvolver instrumentos mais adequados para avaliar diferentes faixas etárias e aprimorar o rastreio e diagnóstico descritivo. Com este objetivo, Lopes, Nascimento e Bandeira (2005) listaram os seguintes instrumentos validados conforme Resolução nº 02/2003 do Conselho Federal de Psicologia para uso no Brasil: WCST-Wisconsin, D-2 Teste de Atenção Concentrada, Figuras Complexas de Rey, Teste Visomotor de Bender, IMO- Índice de Memória de Operacional do WAIS III – Escala de Inteligência Wechsler para Adultos Terceira Edição, Tavis 2-R, Escalas Beck), testes projetivos e de personalidade como HTP, TAT, Rorschach, Zulliger, IFP, entre outros. Também fizeram referência a outros instrumentos ainda não traduzidos ou regularizados para uso em nosso país e, entre eles, elencaram o AHA (Assessment of Hyperactivity and Attention), Teste Stroop de Cores e

Palavras, MINI International Neuropsychyatric Interview (M.I.N.I), Torre de Londres, Torre de Hanói e Torre de Toronto.

Segundo Capovilla, Assef e Cozza (2007), no Brasil, foram desenvolvidas versões de testes tradicionalmente usados para avaliar subitens das funções executivas em crianças. Entre eles se destacam os Testes de Memória de Trabalho Auditiva e de Memória de Trabalho Visual, uma versão do Teste de Fluência Verbal FAZ, Teste de Stroop, Teste de Geração Semântica, Teste de Trilhas e Teste da Torre de Londres, que tem o propósito de analisar a atenção seletiva, o controle inibitório, a flexibilidade e o planejamento. Para avaliar a medida da inteligência de crianças e adolescentes, a Escala de Inteligência de Wechsler para Crianças – Terceira Edição (WISC-III); Wechsler, 1991, é, segundo Simões (2002), a principal referência. Compõe esta escala, o Índice de Resistência à Distrabilidade (IRD) que pode auxiliar na identificação desta limitação neste transtorno, por meio dos subtestes de aritmética e dígitos.

Utilizando este instrumento, Lopes, Farina, Wendt, Esteves e Argimon (2012) realizaram uma pesquisa que incluiu 80 crianças e adolescentes com idades de 6 a 15 anos com dificuldades atencionais ou queixas correspondentes às dificuldades de atenção selecionadas em escolas de ensino regular. Os resultados obtidos demonstraram que 67,5% dos participantes avaliados apresentaram TDAH e a maioria das crianças e adolescentes com este transtorno apresentaram um QI dentro do termo Médio. As crianças e os adolescentes sem TDAH apresentaram um QI dentro do termo Muito Superior. Os autores identificaram que as crianças com TDAH apresentaram, em média, resultados menores e significativamente diferentes aos resultados das crianças sem TDAH, em relação ao QI Global, Verbal, de Execução e Índice de Resistência à Distrabilidade (IRD).

Com objetivos semelhantes, Gonçalves, Mohr e Moraes *et al.* (2013) compararam funções executivas usando testes da Bateria MAC e do NEUPSILIN-Inf, entre outros, em 7 meninos que sofriam de TDAH com 14 controles assintomáticos. Os autores identificaram nas funções relacionadas à atenção concentrada seletiva, à memória de trabalho, ao automonitoramento, à iniciativa e à inibição diferenças significativas para menos no grupo com TDAH. Eles consideraram haver na literatura uma limitação no consenso sobre um perfil cognitivo específico de crianças com TDAH, e um dos motivos envolvidos com esta questão é a diversidade dos critérios de inclusão das amostras e os diversos instrumentos escolhidos para tão ampla quantidade de funções cognitivas.

Considerações finais

Os conceitos e dados apresentados nesta pesquisa remetem à discussão de aspectos complexos na avaliação neuropsicológica e psicométrica de pacientes com TDAH. Primeiramente, devemos considerar que o TDAH não é um transtorno de fácil diagnóstico, por seus sintomas resultarem em dificuldades que também são encontradas em outras patologias, principalmente relacionadas a transtornos neurodesenvolvimentais. No que diz respeito ao subitem funções executivas, também são aspectos clínicos que demonstram certa vulnerabilidade nestes transtornos por estarem sujeitos a variações genéticas e ambientais, frequentemente se demonstrando alteradas nestes pacientes. Estes fatos devem ser levados em consideração nas avaliações neuropsicológicas para que atentemos a aplicação de instrumentos cada vez mais adequados na avaliação das aptidões executivas em crianças e adolescentes, conhecendo e distinguindo o desenvolvimento normal destas capacidades para prever as possíveis alterações peculiares a cada grupo de patologias em que as funções executivas estejam alteradas.

Ao denominar "a unidade e diversidade das funções executivas", Miyake, Fridman, Emerson *et al.* (2000) conseguiram sintetizar neste título o que uma série de autores buscaram identificar em suas pesquisas, ou seja, as três funções executivas mais investigadas nestes pacientes: a inibição da resposta, a recuperação das representações de memória de trabalho e a flexibilidade cognitiva. Trata-se de habilidades que podem ser avaliadas em separado, e que somadas, repercutem no funcionamento executivo geral da pessoa, sendo formado por vários componentes cognitivo-comportamentais de expressão não uniforme.

A importância da avaliação neuropsicológica em considerar as várias facetas desta composição funcional pode auxiliar substancialmente no diagnóstico mais adequado e na intervenção clínica, ao possibilitar auxiliar na obtenção de vantagens, utilizando capacidade cognitiva, desempenho escolar, performance emocional e social, além de mobilizar questionamentos e o desenvolvimento de modelos de identificação cada vez mais seletivos e confiáveis para melhor compreender as limitações apresentadas por estas pessoas em suas vidas.

Referências

American Psychiatric Association (1980). *Diagnostic and Statistical Manual of Mental Disorders, Third Edition* (DSM-III), Washington, DC: American Psychiatric Association.

American Psychiatric Association (2013). *Diagnostic and Statistical Manual of Mental Disorders.* Fifth Edition (DSM-V). Arlington, VA: American Psychiatric Association.

Aron, A. R., & Poldrack, R. A. (2005). The cognitive neuroscience of response inhibition: relevance of genetic research in attention-deficit / hyperactivity disorder. *Biological Psychiatry, 57*, 1285-1292.

Bari, A., & Robbins, T. W. (2013). Inhibition and impulsivity: behavioral and neural basis of response control. *Progress in Neurobiology, 108*, 44-79.

Barkley, R. A. (1997). Behavioral inhibition, sustained attention, and executive functions: Constructing a unifying theory of ADHD. *Psychological Bulletin, 121*, 65-94.

Barkley, R. A. (2003). Issues in the diagnosis of attention-deficit/hyperactivity disorder in children. *Brain and Development. 25*,77- 83.

Barkley, R. A. (2006). *Attention-deficit hyperactivity disorder: A handbook for diagnosis and treatment* (3th ed.). New York, NY: Guilford.

Best, J. R., & Miller, P.H. (2010). A developmental perspective on executive function. *Child Development,81*, 1641-1660.

Biederman, J., Monuteaux, M. C., Doyle, A.E., Seidman, L.J., Wilens, T. E., Ferrero, F., Morgan, C.L., Faraone, S.V., & Sobell, M. (2004). Impact of executive function deficits and attention-deficit/hyperactivity disorder (ADHD) on academic outcomes in children. *Journal of Consulting and Clinical Psychology, 72*, 757-766.

Blair, C., &Diamond A. (2008). Biological processes in prevention and intervention: The promotion of self-regulation as a means of preventing school failure. *Development and Psychopathology, 20*, 899-891.

Capovilla, A.G.S., Assef, E. C. S., & Cozza, H. F. P. (2007). Avaliação neuropsicológica das funções executivas e relação com desatenção e hiperatividade. *Avaliação Psicológica [on line], 6*(1).

Carlson, C.L., & Mann, M. (2002). Sluggish Cognitive Tempo Predicts a Different Pattern of Impairment in the Attention Deficit Hyperactivity Disorder, Predominantly Inattentive Type. *Journal of Clinical Child and Adolescent Psychology, 31*(1), 123-129.

Corso, H.V., Sperb, T. M., Jou, G.I., & Salles, J.F. (2013). Metacognição e Funções Executivas: Relações entre os Conceitos e Implicações para a Aprendizagem. *Psicologia: Teoria e Pesquisa, 29*(1), 21-29.

Diamond, A. (2013). Executive functions. *Annual Review of Psychology, 64*, 135-168.

Faraone, S. V, Sergeant, J., Gillberg, C., & Biederman, J. (2003). The worldwide prevalence of ADHD: Is it an American condition? *World Psychiatry, 2*(2), 104-113.

Friedman, N.P., Miyake, A., Young, S.E., Defries, J.C., Corley, R.P., & Hewitt, J.K. (2008). Individual Differences in Executive Functions Are Almost Entirely Genetic in Origin. *Journal of Experimental Psychololy, 137*(2), 201-225.

Gonçalves, H.A., Mohr, R.M., Moraes, A.L., Siqueira, L.S., Prando, M.L., & Fonseca, R.P. (2013). Componentes atencionais e de funções executivas em meninos com TDAH: dados de uma bateria neuropsicológica flexível. *Jornal Brasileiro de Psiquiatria, 62*(1),13-21.

Gottesman, I.I., & Gould, T.D. (2003). The Endophenotype Concept in Psychiatry: Etymology and Strategic Intentions. *American Journal of Psychiatry, 160*, 636 - 645.

Graeff, R.L., & Vaz, C.E. (2006). Personalidade de Crianças com Transtorno de Déficit de Atenção e Hiperatividade (TDAH) por meio do Rorschach. *Psicologia: Teoria e Pesquisa, 22* (3), 269-276.

Jaffee, S. R., Caspi, A., Moffitt, T. E., Polo-Tomas, M., Price, T. S., & Taylor, A. (2004). The limits of child effects: evidence for genetically mediated child effects on corporal punishment but not on physical maltreatment. *Developmental psychology, 40*(6), 1047-1058.

Lahey, B.B., Schaughency, E. A, Frame, C.L., & Strauss, C.C. (1985). Teacher Ratings of Attention Problems in Children Experimentally Classified as Exhibiting Attention Deficit Disorder with and without Hyperactivity. *Journal of the American Academy of Child Psychiatry, 24*(5), 613-616.

Lambek, R., Tannock, R., Dalsgaard, S., Trillingsgaard A., Damm, D., & Thomsen, P.H. (2010). Validating neuropsychological subtypes of ADHD: how do children with and without an executive function deficit differ? *The Journal of Child Psychology and Psychiatry, 51*(8), 895- 904.

Lange, K.W., Reichel, S., Lange, K.M., Tucha, L., & Tucha, O. (2010). The history of attention deficit hyperactivity disorder. *Attention Deficit and Hyperactivity Disorder, 2*(4), 241-255.

Leite, W.B. (2011). *Avaliação das propriedades psicométricas da escala autorrelato de sintomas do transtorno de déficit de atenção e hiperatividade ASRS-18*. (Dissertação de Mestrado). UFMG: Belo Horizonte.

Lopes, R.M.F., Nascimento, R.F.L., & Bandeira, D.R. (2005). Avaliação do *transtorno de déficit de atenção/hiperatividade* em adultos (TDAH): uma revisão de literatura. *Avaliação Psicológica, 4*(1), 65-74.

Lopes, R.M.F., Farina, M., Wendt, G.W., Esteves, C.S., & Argimon, I.I.L. (2012). Sensibilidade do WISC-III na identificação do *Transtorno de Déficit de Atenção/Hiperatividade* (TDAH). *Cuadernos de Neuropsicologia, 6*(1), 128-140.

Martinussen, R., Hayden, J., Hogg-Johnson, S., & Tannock, R. (2005). A meta-analysis of working memory impairments in children with attention-deficit/hyperactivity disorder. *Journal of the American Academy of Child and Adolescent Psychiatry, 44* (4), 377-384.

Miller, E.K., & Cohen, J.D. (2001). An Integrative Theory of Prefrontal Cortex Function. *Annual Review of Neuroscience, 24*,167-202.

Miyake, A., Friedman, N.P., Emerson, M.J., Witzki, A.H., & Howerter, A. (2000). The unity and diversity of executive functions and their contributions to complex "Frontal Lobe" tasks: a latent variable analysis. *Cognitive Psychology,41*(1), 49-100.

Nigg, J.T, Butler, K.M., Huang-Pollock, C.I., & Henderson, J.M. (2002). Inhibitory processes in adults with persistent childhood onset ADHD. *Journal of Consulting and Clinical Psychology,70*, 156-157.

Organização Mundial da Saúde. (1997). CID-10. Classificação Estatística Internacional de Doenças e Problemas Relacionados à Saúde. São Paulo: Universidade de São Paulo.

Pauli-Pott, U., & Becker, K. (2011). Neuropsychological basic deficits in preschoolers at risk for ADHD: A meta-analysis. *Clinical Psychological Review, 31*, 626-637.

Pennington, B. F., & Ozonoff, S. (1996). Executive functions and developmental psychopathology. *Journal of Child Psychology and Psychiatry, 37*, 51-87.

Polanczyk, G., Lima, M.S., Horta, B.L., Biederman, J., & Rohde, L.A. (2007). The Worldwide prevalence of ADHD: A systematic review and metaregression analysis. *The American Journal of Psychiatry, 164,* 6, 1-7.

Polanczyk, G., Salum G.A, Sugaya, L.S, Caye, A., & Rohde, L.A. (2015). Annual research review A meta-analysis of the worldwide prevalence of mental disorders in children and adolescents. *Journal of Child Psychology and Psychiatry, 56*, 3, 345-65.

Riccio, C.A., Homack, S., Jarratt, K.P., & Wolfe, M.E. (2006). Differences in academic and executive function domains among children with ADHD Predominantly Inattentive and Combined Types. *Archives of Clinical Neuropsychology, 21*, 657-667.

Seidman, L.J., Valera, E.M., & Makris, N. (2005). Structural brain imaging of attention-deficit/hyperactivity disorder. *Biological Psychiatry, 57*, 1263-1272.

Sergeant, J.A., Geurts, H., & Oosterlaan, J. (2002). How specific is a deficit of executive functioning for attention-deficit/hyperactivity disorder? *Behavioral Brain Research. 130*, 3 -28.

Silva, A.B.B. (2003). *Mentes Inquietas – Entendendo melhor o mundo das pessoas distraídas, impulsivas e hiperativas.* Editora Gente.

Simões, M.R. (2002). Utilizações da WISC-III na avaliação neuropsicológica de crianças e adolescentes. *Paidéia: Ribeirão Preto [on line], 12* (23).

Sonuga-Barke, E.J.S. (2005). Causal models of attention-deficit/hyperactivity disorder: from common simple deficits to multiple developmental pathways. *Biological Psychiatry, 57*(11), 1231-1238.

Teixeira, G. (2013). *Desatentos e Hiperativos: manual para alunos, pais e professores.* Editora Best Seller: Rio de Janeiro.

Thapar, A., Cooper, M., Eyre O., & Langley, K. (2013). Practitioner Review: What have we learnt about the causes of ADHD? *The Journal of Child Psychology and Psychiatry, 54*(1), 3-16.

Wechsler, D. (1991). Wechsler *Intelligence Scale for Children - Third Edition* (Wisc-III). Manual the Psychological Corporation. San Antonio.

Willcutt, E.G., Doyle, A. E., Nigg, J.T., Faraone, S.V., & Pennington, B.F. (2005). Validity of the executive function theory of attention-deficit/hyperactivity disorder: A meta-analytic review. *Biological Psychiatry, 57*, 1336-1346.

O Cérebro e suas funções executivas: a incrível magia da neuroplasticidade na reabilitação 10

Valéria Bitencourt Morocini
Regina Maria Fernandes Lopes
Irani Iracema de Lima Argimon

Introdução

Funções executivas são processos cognitivos que permitem a regulação da cognição e do comportamento, possibilitando a realização de ações complexas. Com esse objetivo, o sujeito é motivado desde a infância a ter uma rotina com regras e horários, visando à educação, à formação e à dedicação e, consequentemente, ao sucesso profissional, promovendo o gerenciamento de diferentes aspectos de sua vida com autonomia. Para Leandro *et al.* (2010), ter autonomia envolve estar inserido na sociedade e assumir as consequências da tomada de decisão.

Quando esses estímulos não são alcançados, percebe-se que podem existir alguns fatores negativos que norteiam suas exigências e metas a serem atingidas, ou seja, desgaste emocional, vida social comprometida, entre outros, pois o indivíduo precisa ter capacidade e habilidade das funções cognitivas e executivas. As funções executivas tratam-se de um termo empregado para nomear os processos cognitivos de controle e integração atribuídos à execução de um comportamento dirigido a objetivos. Essa função exige a interação de subcomponentes como memória de trabalho, atenção seletiva, controle inibitório, flexibilidade e planejamento (Capovilla, 2007). Nessa perspectiva, a Neuropsicologia, quanto ciência, é o ramo que faz a avaliação dessas funções.

Também, ressalta-se a importância da avaliação neuropsicológica e da plasticidade cerebral na reabilitação neurológica. Em conformidade com Mello (2016), para que o sujeito possa obter sucesso na reabilitação, é necessário que o neuropsicólogo tenha conhecimento de vários fatores que acometem direta ou indiretamente nas demandas da neuroplasticidade.

Na contemporaneidade, compreende-se que o cérebro é capaz de produzir novos neurônios e responder à estimulação do meio ambiente, com modificações ligadas à experiência por meio de novos aprendizados, tudo isso se deve à magia da plasticidade. Conforme Garcia (2013, p.21), "A plasticidade é nossa habilidade de aprender novos caminhos, estabelecer ligações diferentes de neurônios e criar roteiros de reação a partir de experiências e estímulos". Essa união, que liga a experiência e a estimulação, estabelece o principal pilar sobre o qual a reabilitação se insere e, dessa forma, procura viabilizar exemplos de plasticidade cerebral, desde que as oportunidades de reabilitação sejam bem aproveitadas.

A partir desse contexto, o presente capítulo fez uma revisão assistemática da literatura que teve como objetivo fazer uma análise aprofundada a respeito da avaliação neuropsicológica, com foco principal na identificação da interação das funções executivas e no processo da neuroplasticidade. Nesse contexto de avaliação, também busca-se analisar a postura do neuropsicólogo a fim de obter melhores resultados.

Cérebro e funções executivas

No que tange às funções executivas, pode-se considerar que o cérebro é o maestro de todos os órgãos e sistemas do corpo, estando a todo o momento desempenhando essas funções e cognições. Segundo Garcia (2013, p. 18); "o cérebro é um aparelho de aprendizado, que constrói novas ligações e cria caminhos para performances mais adequadas. Saber orquestrar primeiras impressões nos confere controle sobre nós mesmos e sobre as situações pelas quais passamos".

Usando a analogia que Lúria (1981) faz desse sistema funcional com uma orquestra, quando se conhece o trabalho que o maestro (cérebro) faz com cada indivíduo, é possível entender suas diversas facetas, as quais são um trabalho no qual ficam à sombra da fascinante imagem conduzindo seus músicos e os coordena com autoridade e precisão. Sendo assim, um educador regente nos remete pensar no cérebro e em seus estímulos, suas regiões, lobos, sulcos e reentrâncias que tem sua função e real importância num trabalho em conjunto.

Devido às funções executivas, é possível, como seres humanos, saltar na evolução e efetuar coisas que os animais não conseguem fazer. As funções executivas são habilidades que auxiliam nosso cérebro a coordenar ações das outras áreas cerebrais, como a capacidade para perceber uma letra ou ler um texto. Logo, chega-se a uma conclusão: contextualizar aquele texto ou selecionar os dados que são prioritários de informações menos importantes por obra das funções executivas.

As funções executivas são desenvolvidas principalmente nos primeiros anos de vida, por meio de circuitos específicos que nos permite a locomoção, os sentidos, a audição, o olfato, o paladar e a fala. Conforme explica Lilienfeld & Arkowitz na revista Scientific American:

> Características como linguagem, aprendizado e lógica são frutos da alta complexidade do cérebro humano. É nele que tomam corpo nossas capacidades de apreender, armazenar e elaborar informações que recebemos do ambiente. E nunca foi tão premente a necessidade de aprender mais sobre o funcionamento neural. (Lilienfeld & Arkowitz, 2008, p. 76).

Nesse contexto, para esse autor, o cérebro origina nossas ações e gestos por meio dele, especificamente, nós temos a capacidade de pensar, ver, ouvir e demonstrar nossas tristezas e angústias como, inclusive, nossos prazeres de alegrias e risadas. Com isso, ele permanece atento e ligado no planejamento dessas ações e na inibição dos impulsos que regulam o nosso comportamento e pensamento oriundos de experiências passadas, com objetivo de realizar ações no presente ou atingir metas no futuro.

Consoante, Goldberg (2002) considera as funções executivas como um resultado das atividades dos lobos frontais e região pré-frontal atuantes como uma espécie de diretor executivo do funcionamento da atividade mental humana. Segundo Garcia (2013, p. 18), o nosso córtex pré-frontal é o "juiz das decisões executivas, o último degrau evolutivo de nosso cérebro".

Nesse sentido, as funções executivas incluem um enquadramento neuropsicológico que utiliza as atividades cognitivas pela execução e pelo planejamento de tarefas. Desse modo, nessas ações englobam as tomadas de decisões, a lógica, a memória, o raciocínio, as estratégias e as soluções de problemas. Portanto, Malloy-Diniz *et al.* (2008) relatam que essas são solicitadas sempre que são formulados planos de ação, uma continuidade adequada de respostas deve ser selecionada e esquematizada, as quais são requisitadas por via das funções executivas.

Sendo assim, um indivíduo tem capacidade de planejar, organizar, julgar, decidir e analisar dados, informações e tarefas sistematicamente para modular pequenos erros, imperfeições e falhas mediante essas habilidades, assim como também ter a capacidade de depois de tudo isso corrigir, rever tarefas e atividades. O lobo frontal, particularmente a região pré-frontal, tem sido relacionado ao funcionamento executivo, desempenhando um papel importante no raciocínio e na resolução de problemas (Gil, 2002; Sternberg, 2000).

Vítimas de lesões cerebrais traumáticas, Transtorno do Espectro Autista, ou deficiência intelectual são quadros que tendem a apresentar prejuízos nas funções executivas. Muitos pacientes, crianças, adolescentes e adultos costumam ter dificuldades porque, muitas vezes, algumas condições psiquiátricas alteram essas funções. Dessa maneira, transtornos do desenvolvimento como TDH ou indivíduos que apresentam transtornos neuropsiquiátricos como esquizofrenia e transtorno bipolar costumam também ter problemas nessas funções e, possivelmente, apresentarão alterações no córtex pré-frontal (Garcia, 2013).

E por que tudo isso é importante? Porque, muitas vezes, a percepção na qual o sujeito apresenta distúrbios numa dessas funções, podem nos dar a sugestão que ele possa ter uma função lesionada, especialmente, quando isso leva a uma sistemática situação de prejuízo emocional, comportamental e na aprendizagem, seja ela numa aprendizagem escolar, seja ela aplicada num ensino das atividades da vida diária. Frequentemente, os indivíduos com problemas executivos irão ter oscilações de humor, dificuldade de controlar as emoções, de analisar e planejar situações do cotidiano.

Em síntese, o funcionamento neuropsicológico é o conjunto de todas as funções cognitivas dependentes umas das outras, visando um funcionamento saudável ao indivíduo. Quando uma das funções cognitivas se encontra com déficit, pode desencadear o comprometimento das outras funções. A avaliação desse processo depende da investigação neurológica, neuropsicológica, neuropediátrica, o qual, muitas vezes, é necessária uma avaliação psicopedagógica, fonoaudióloga (Miotto, 2012) e do apoio da escola para desconfiarmos ou não se uma criança apresenta distúrbios nas funções executivas e cognitivas.

Avaliação neuropsicológica

Para Hamdam (2011), as principais atuações da neuropsicologia são a avaliação e a reabilitação neuropsicológica, utilizando de uma bateria de testes psicométricos para medir a cognição funcional e suas relações com o funcionamento cerebral. Nesse sentido, analisa uma determinada função cognitiva para observar sua integridade ou comportamento.

Por isso, é entendida como um exame muito complexo que consiste em uma entrevista inicial (anamnese), a qual busca coletar dados do indivíduo desde o nascimento até a idade atual, por meio de entrevistas com familiares e com o indivíduo. Com isso, visa extrair a queixa principal, além da expectativa do paciente e/ou dos seus familiares, com o objetivo de fazer a escolha da aplicação de testes cognitivos e escalas, que vão direcionar como está o funcionamento de todas as habilidades cognitivas, a observação comportamental e, a partir disso, será feito uma avaliação dos sintomas e um perfil neuropsicológico, fazendo, assim, todo o raciocínio clínico do caso (Malloy-Diniz *et. al*, 2016).A partir desse contexto, Malloy-Diniz (2010, p.47) acrescenta que:

> A Avaliação Neuropsicológica consiste no método de investigar as funções cognitivas e o comportamento. Trata-se da aplicação de técnicas de entrevistas, exames quantitativos e qualitativos das funções que compõem a cognição abrangendo processos de atenção, percepção, memória, linguagem e raciocínio. Há métodos considerados clássicos e outros ainda em construção.

Compreende-se, portanto, que a avaliação neuropsicológica se revela um método investigativo o qual é destinado a identificar, a alcançar e a possibilitar a maior quantidade de dados e informações acerca do funcionamento mental dos sujeitos. Para isso, Malloy-Diniz (2010) considera como necessidade de realizar a avaliação neuropsicológica os seguintes itens:

> 1. A quantificação e a qualificação detalhadas de alterações das funções cognitivas, buscando diagnóstico ou detecção precoce de sintomas, tanto em clínica quanto em pesquisa; 2. A avaliação e a reavaliação para acompanhamento dos tratamentos cirúrgicos, medicamentosos e de reabilitação; 3. A avaliação direcionada para o tratamento, visando principalmente à programação de reabilitação neuropsicológica; 4. A avaliação voltada para os aspectos legais, gerando informações e documentos sobre as condições ocupacionais ou incapacidades mentais de pessoas que sofreram algum insulto cerebral ou doença, afetando o sistema nervoso central. (Malloy-Diniz, 2010, p. 51).

Parafraseando o autor, a avaliação neuropsicológica possibilita o entendimento de relações entre as funções cognitivas – memória, linguagem, atenção, entre outras– e a aprendizagem – leitura, escrita, formação de conceitos. O desempenho neuropsicológico reflete no desenvolvimento cognitivo, psicossocial e comportamental dos indivíduos, os quais possuem uma ligação muito complexa entre esses desenvolvimentos e a relevância para o diagnóstico diferencial.

Nessa perspectiva, a avaliação neuropsicológica abrange igualmente o processo de aprendizagem em que exista a evidência de dificuldades nessa área, visto que possibilita o estabelecimento de relações entre as funções neuropsicológicas e o desempenho escolar. Posto isso, ela contribui para que as dificuldades de ensino impeçam a criança de obter um desenvolvimento saudável, evitando, assim, futuros rótulos ou enquadramentos dentro de um grupo de "problemáticos", e sim ajudá-las identificando em quais áreas estão apresentando dificuldades, auxiliando os alunos e suas famílias no contexto escolar (Maia, 2010).

Plasticidades neurais

O termo "plasticidade" foi inserido nas pesquisas que norteiam sobre o tema *cérebro*, em 1890, nos Estados Unidos, pelo americano considerado o pai da psicologia experimental chamado William James. Nesse período, devido ao fato de ele não ser neurologista e sim um psicólogo não foi dado à devida relevância a seu raciocínio (Demetrius, 2015).

Acreditava-se que o sistema nervoso fosse um órgão tão especial que nunca poderia ser mudado ou alterado, ou seja, depois do nascimento já estaria preparado e amadurecido. Todavia, décadas depois, os cientistas reconheceram que passamos por mudanças nas quais o sistema nervoso processa o aprendizado e a memória por meio de fenômenos que se dão por meio de pontos de conexão entre os neurônios chamados sinapses. Elas podem se enfraquecer ou fortalecer durante o decorrer de nossa vida sobre o fenômeno que chamamos de plasticidade (Malloy-Diniz *et al*, 2016).

O enfraquecimento e o fortalecimento expressados acima remetem que o cérebro pode compensar, ao menos parcialmente, as funções perdidas pela morte daquela outra área que não vai se recuperar (Malloy-Diniz *et al.*, 2016). Desse modo, o fato de um indivíduo ter perdido uma área do cérebro que era encarregada por uma determinada função não quer dizer que nunca mais vai se recuperar, pois outras áreas podem ajudar a receber novamente comandos nervosos e voltar essas funções melhorando, assim, a qualidade de vida daquele indivíduo lesado.

A plasticidade cerebral é um tema infinito, suporta múltiplos enfoques e, consequentemente, muitas abordagens terapêuticas. Para Riesgo *et al.* (2016), neuroplasticidade é a propriedade do sistema nervoso de alterar sua configuração morfológica ou funcional sob influência dinâmica do ambiente, não importando em que estágio da vida o indivíduo encontra-se, sendo uma constante característica. Acredita-se ainda que se houver vida, há atividade neural, e basta haver atividade neural para haver plasticidade cerebral.

Para Garcia (2013):

> [...] A plasticidade é nossa habilidade de aprender novos caminhos, estabelecer ligações diferentes de neurônios e criar roteiros de reação a partir de experiências e estímulos. E, apesar de serem conhecidas as funções de cada área do cérebro, cada pessoa cria sinapses de um jeito próprio. (Garcia, 2013, p. 21).

Nesse sentido, processar e se adaptar aos estímulos envolve a capacidade do cérebro de processar e se adaptar aos estímulos por meio da plasticidade cerebral. Nesse contexto, a neuroplasticidade faz um remapeamento das conexões entre as células nervosas – sinapses –, o que mantém nossa capacidade de continuamente aprender e desenvolver novas habilidades, processos de remodelação, que nos reinventam a qualquer momento. Para Riesgo, Tellechea e Ohlweiler (2016), esse remapeamento ocorre tanto no desenvolvimento normal constituindo a aprendizagem normal, quanto nos casos de lesão ou disfunção, na tentativa de restauração funcional estudados por muitos cientistas.

A aprendizagem significativa tem seu substrato orgânico e biológico centralizado na reorganização das conexões entre os neurônios e neogênese, implicados no conceito da neuroplasticidade como eficiência plástica do cérebro se reorganizar em vários níveis quando submetido a estímulos eficientes e contínuos. Dessa maneira, podemos inferir que na reabilitação neuropsicológica acontece essa incrível magia, que é a capacidade de adaptação do sistema nervoso central. Esse é o alicerce da reabilitação neuropsicológica que tem sido estudado por muitos cientistas por via das bases biológicas, as quais são baseadas na neuroplasticidade, o processo no qual o sistema nervoso central inicia seus processos de reorganização e regeneração.

Reabilitação neuropsicológica e o papel do neuropsicólogo

Os estudos relacionados à reabilitação neuropsicológica vêm crescendo nas pesquisas aliadas à plasticidade cerebral e à neuroimagem. Com isso, a reabilitação tem demonstrado resultados expressivos na melhora das funções executivas e cognitivas deficitárias, auxiliando assim, para a melhor qualidade de vida de pacientes e seus familiares. Para Fuentes *et al.*, 2014, o papel do psicólogo no processo de reabilitação neuropsicológica apresenta pelo menos cinco componentes:

> [...] avaliação neuropsicológica na abordagem ecológica que subsidia o delineamento das intervenções; atendimento psicoterapêutico (em grupo ou individual) as pessoas com LEA, com enfoque inicialmente no apoio e, depois, na reintegração psíquica do sujeito, que, em função das sequelas, precisa construir um novo autoconceito; atendimento psicopedagógico e de apoio às famílias; atendimentos específicos de reabilitação das funções cognitivas comprometidas a partir das capacidades preservadas; e reavaliação periódica do programa de reabilitação implementado para adequá-lo aos objetivos propostos ainda não atingidos (2014, p. 220).

O neuropsicólogo deve estabelecer a avaliação neuropsicológica para ter ciência do raciocínio clínico do caso e determinar a meta mais adequada. Assim, intervir no propósito que ocorra a independência eficaz do paciente e de todos que estiverem envolvidos no convívio familiar. Independentemente das atividades de reabilitação a serem escolhidas pelo psicólogo, (cujas tarefas podem ser apresentadas por meio de papel e lápis, jogos, audiovisual ou ainda por intermédio de *softwares* para computadores, entre outros), o neuropsicólogo deve estar atento a alguns princípios básicos para a reabilitação (Mello, 2016). Para isso, é importante considerar que o indivíduo pode estar se sentindo constrangido, ressaltando que o estado emocional interfere diretamente no tratamento terapêutico e nos vários estados emocionais que o paciente pode apresentar, dentre eles dois são muito relevantes: motivação e depressão.

Nesse sentido, a definição de metas para o planejamento da reabilitação negociada com o paciente, família e equipe auxilia na regulação motivacional. As metas são focadas em demandas cotidianas e permite a identificação de prioridades, avaliação do progresso e dividem a RN em etapas. Uma abreviação utilizada para resumir as metas é o *SMART(ER)* (em Inglês, *Specific*, *Measurable*, *Achievable*, *Realistic*, *Timely*, *Evaluation* e *Review*), isto é, as metas devem ser específicas, mensuráveis, atingíveis, realistas, com prazo definido, avaliável e revisável) (Wilson, 2008; Miotto, 2012).

A reabilitação depende da natureza das desordens de cada caso, variando de acordo com o perfil cognitivo e a patologia presente. Além disso, consequências psicossociais e comorbidades psiquiátricas de um transtorno podem influenciar negativamente a resposta do paciente à RN (Wilson, 2008). Também é importante lembrar que o raciocínio e ritmo de trabalho desses indivíduos tendem a estarem alterados, ou seja, deve-se respeitar e permitir a utilização do tempo necessário para a execução dos exercícios, uma vez que cada paciente responde de forma diferente à terapia e faz-se válido destacar que a reabilitação é um treino de estratégias e não avaliação (Mello, 2016). Dessa maneira, é preciso ter muita paciência. Para isso, é importante não deixar que a ansiedade do terapeuta interfira no processo de reabilitação, a saber, não se preocupar se houver processo de repetir várias vezes o mesmo exercício e promover que todas as atividades sejam sequenciadas.

Além disso, é de suma importância que, regularmente, seja realizada a reavaliação dessa meta estabelecida e, se preciso for, readaptada, visto que, esse processo está sempre influenciado pelo recurso da plasticidade neuronal e das novas disfunções que podem ser diagnosticadas e, com isso, oferecer novas demandas (Mello, 2016). A conscientização nessa fase será exposta gradualmente em contato com seus déficits, a sua realidade atual, percebendo quais foram suas perdas e quais são as suas futuras possibilidades para que esse indivíduo possa ter autonomia.

Nesse sentido, trabalha-se com as funções preservadas, adaptando-as de acordo com as necessidades do paciente, relacionando as tarefas cognitivas com as necessidades de vida diária, priorizando a qualidade de vida do indivíduo (Gil, 2002).A intervenção com a família objetiva esclarecimentos sobre as condições do paciente, buscando orientá-los da melhor forma. Em síntese, com o auxílio no acompanhamento a exemplo da frequência e da duração das sessões, além do engajamento de familiares e/ou cuidadores durante esse período, eles possuem papel fundamental na reabilitação. É importante ressaltar que as pessoas próximas ao indivíduo necessitam de aconselhamento e em alguns casos de suporte psicoterápico (Corrêa, 2009).

A RN pode ser realizada individualmente ou em grupo, por meio de módulos complementados por atividades psicoeducativas, orientação e também psicoterapêuticas, além disso, requer a participação de equipe interdisciplinar (Abrisqueta-Gomez, 2012). López-Luengo (2000) relata que a avaliação deve identificar áreas alteradas e preservadas, além do treinamento ser individualizado e adaptado às necessidades do paciente. Ele também destaca que o trabalho deve envolver a participação familiar, levar em conta as variáveis intervenientes e iniciar por aspectos nucleares e se aproximar de atividades da vida diária.

Considerações finais

O presente trabalho teve como objetivo abordar as funções executivas e a sua relação com o processo da neuroplasticidade, além de analisar a postura do neuropsicólogo neste contexto. A partir da pesquisa, constatou-se que a Neuropsicologia é uma área de atuação e formação de conhecimento multidisciplinar, da qual a Psicologia faz parte. Sua fundamentação teórica e prática está na relação entre a estrutura e o funcionamento cerebral e suas manifestações cognitivas e comportamentais das funções executivas. Sabendo-se que é uma área que atua com a relação entre o cérebro e o comportamento/cognição, ela se vale de recursos e instrumentos para acessar informações sobre o órgão e sobre as manifestações cotidianas de seu funcionamento.

Em suma, foi visto que as funções executivas possuem um papel importante no desenvolvimento de habilidades importantes para o sujeito e principalmente para que ele retorne ao convívio social, com autonomia na tomada de decisão e resolução de problemas diários. Cada vez mais a literatura tem enfatizado que a neuroplasticidade cerebral é importante, fazendo com que a regeneração cerebral seja uma realidade.

Portanto, considera-se a interação e o posicionamento do psicólogo na hora de fazer a avaliação para obter sucesso com a reabilitação neurológica concluindo que, quando uma tarefa é mais complexa e a demanda exige mais tempo e envolvimento numa reabilitação, dar pequenos passos nas metas é mais produtivo, desde que haja planejamento e organização do seu tempo.

Referências

Abrisqueta-Gomez J. (2012). Reabilitação neuropsicológica interdisciplinar: reflexões sobre a relevância da abordagem holística. In Abrisqueta-Gomez J (org). *Reabilitação neuropsicológica: abordagem interdisciplinar e modelos conceituais na prática clínica.* Porto Alegre, RS: Artmed.

Bueno, O. F., Santos, F.H., & Andrade, V.M. (2004). Capovilla, A. G. S., & Capovilla, F. C. (2007). *Teoria e Pesquisa em Avaliação Neuropsicológica.* São Paulo, SP: Memnon.

Corrêa, R. C. R. (2009). Uma proposta de reabilitação neuropsicológica através do programa de enriquecimento instrumental (PEI). *Ciências & Cognição, 14*(2).

Cunha, J. A. (Org.). (1993). Demetrius, E. (2015). *Neuroplasticidade pós acidente vascular encefálico.* Clube dos autores.

Fuentes, D. (2008). *Neuropsicologia: Teoria e Prática.* Porto Alegre, RS: Artmed.

Fuentes, D., Malloy-Diniz, L. F., Pires, C. d., & Cosenza, R. M. (2014). *Neuropsicologia: Teoria e Prática.* Porto Alegre, RS: Artmed

Garcia, L. F. (2013). *O Cérebro de Alta Performance: Como orientar seu cérebro para resultados e aproveitar todo o seu potencial de realização.* São Paulo, SP: Gente.

Gil, R. (2002). *Neuropsicologia* (2aed). São Paulo, SP: Santos

Gil, A. C. (2010). *Como Elaborar Projetos de Pesquisa*. São Paulo, SP: Atlas.

Goldberg, E. (2002). *O cérebro executivo: lobos frontais e a mente civilizada*. Rio de Janeiro, RJ: Imago

Hamdan, A. C., de Pereira, A. P. A., & de Sá Riechi, T. I. J. (2011). Avaliação e reabilitação neuropsicológica: desenvolvimento histórico e perspectivas atuais. *Interação em Psicologia, 15*.

Leandro, F.; Malloy-Diniz, L. F., Fuentes, D., Mattos, P., & Abreu, N. (2010). *Avaliação Neuropsicológica* – Porto Alegre, RS: Artmed.

Lilienfeld, S. O., & Arkowitz, H. (2008). Mitos sobre o cérebro. *Mente e Cérebro, 183*(XV), 74 a 77.

López-Luengo, B. (2001). Orientaciones en rehabilitación cognitiva. *Revista de Neurología, 33*(4), 383-387.

Luria, A. R. (1981). Maia, V. (2010). *Funções neuropsicológica e Desempenho matemático: um estudo com crianças de 2ª série*. Dissertação (Dissertação de Mestrado), Faculdade de Educação da Universidade Federal do Rio Grande do Sul, Departamento em Educação, Porto Alegre.

Malloy-Diniz, L.F., Mattos, P. C., Abreu, N., & Fuentes, D. (2016) *Neuropsicologia: aplicações clínicas*. Porto Alegre: Artmed.

Miotto E. C. (2015). Conceitos fundamentais, história, modelos teóricos em reabilitação neuropsicológica e planejamento de metas. In Miotto EC (Org). *Reabilitação neuropsicológica e intervenções comportamentais*. Rio de Janeiro, RS: Rocca.

Nomura, S.; Garcia, J.L.; Fabrício, A.M.; Bolognani, S.A.P.; Camargo, C.H.P. (2000) Oliveira, C. E., Salina, M. E., & Anunnciato, N. F. (2000). *Fatores ambientais que influenciam a plasticidade do SNC*.Recuperado de http://www.revistas.usp.br/actafisiatrica/article/view/102269

Pontes, L. M. M., & Hübner, M. M. C. (2008). A reabilitação neuropsicológica sob a ótica da psicologia comportamental. *Revista de Psiquiatria Clínica, 35*(1), 6-12.

Riesgo, R. D., Tellechea, N. R., & Ohlweiler, L. (2016). *Transtornos de Aprendizagem: Abordagem Neurobiológica e Multidisciplinar*. Porto Alegre, RS: Artmed.

Rovinski, S. L. R. (2007). *Fundamentos da Perícia Psicológica Forense*. São Paulo, SP: Vetor.

Sampaio, R. F., Mancini, M. C., & Santos, D. G. (2001). Plasticidade Neuronal. (D. Varella, Entrevistador) UOL. Sternberg, R.J. (2000). *Psicologia Cognitiva*. Porto Alegre, RS: Artmed.

Wilson, B. A. (2008). Neuropsychological rehabilitation. *Annu. Rev. Clin. Psychol., 4*, 141-162.

Por meio da reabilitação neuropsicológica, o paciente pode apresentar melhor qualidade de vida, e também, proporcionar esta qualidade para seus familiares, potencializando as funções preservadas por meio da aprendizagem de estratégias de compensação e adaptação às funções perdidas (D'Almeida, Pinna, Martins, Siebra, & Moura, 2004).

Este capítulo tem como objetivo colaborar para a compreensão da necessidade de programas de intervenção neuropsicológica no desenvolvimento de habilidades de atenção, memória de trabalho e funções executivas em crianças com TDAH. Este artigo objetiva acrescentar material de revisão bibliográfica no campo da avaliação neuropsicológica e reabilitação neuropsicológica de crianças com TDAH.

Como metodologia, foi feita uma revisão da literatura com base em material bibliográfico já elaborado e pesquisas de artigos científicos publicados na base de dados dos *sites* Scielo e Google Acadêmico, livros e teses. Segundo Prodanov e Freitas (2013), a pesquisa bibliográfica exige estudo aprofundado, detalhado e conhecimento, desta maneira o objetivo da pesquisa deve ser especifico, tendo o cuidado em coletar bibliografias de fontes confiáveis e atual. Aqui também, será apresentado um estudo de caso.

Transtorno de Déficit de Atenção e Hiperatividade (TDAH)

O TDAH caracteriza-se por padrões de falta de atenção e hiperatividade/impulsividade. A desatenção e a desorganização podem ser percebidas na dificuldade em manter o foco ou persistir numa determinada atividade, bem como, nas efetivas perdas de material escolar ou ainda no aparente comportamento de não ouvir. A hiperatividade, por sua vez, está relacionada com a intensa atividade motora e inquietação, fala demasiada, dificuldade em manter-se sentado ou aguardando. A impulsividade aparece nas atitudes precipitadas, dificuldade em esperar sua vez para falar, nas crises de intolerância a frustração, uma vez que, precisa receber constantemente uma gratificação imediata. O TDAH começa na infância e os sintomas precisam estar presentes antes dos 12 anos de idade e as manifestações devem ocorrer em mais de um ambiente, como escola, casa, trabalho. A investigação demográfica sugere que o TDAH ocorre na maioria das culturas em cerca de 5% das crianças e 2,5% dos adultos (DSM 5, 2014). Dentro do contexto desta pesquisa, para elaborar um plano de reabilitação neuropsicológico, deve-se ter claro os sintomas do transtorno.

Utilizando o modelo teórico de Barkley para conceituar o TDAH, observa-se que a inibição da resposta é a base do déficit principal, sendo este quem leva a outras dificuldades secundárias características do transtorno. Ao inibir a resposta ocorre o adiamento da decisão, no caso de TDAH o déficit interfere diretamente nos problemas cognitivos das funções executivas, impedindo que sejam executadas de forma adequada. Dentre essas funções está a memória operacional e a autorregulação do afeto. A memória operacional engloba a percepção visual de estímulos e a conservação daquela informação visual na memória é a habilidade de aprender e reter informação na consciência imediata e usá-la logo após. Crianças com índices baixos costumam abandonar suas tarefas deixando-as incompletas ou não conseguindo se lembrar de informações que acabaram de receber, apresentam dificuldades em cálculos que incluem mais de uma etapa (Weiss, Beal, Saklofske, Alloway, & Prifitera, 2016). O modelo teórico de Barkley mostra que pessoas com TDAH apresentam dificuldade em acessar informações visuais passadas e também em antecipar o futuro com base em informações passadas (Schwean & McCrimmo, 2016).

A autorregulação do afeto/motivação/excitação resulta na orientação de fontes internas de motivação. Pacientes com TDAH mantêm a necessidade de motivação externa e reforço do comportamento contínuo, com isso o déficit na inibição da resposta resulta na dificuldade de autorregulação emocional. A criança com TDAH apresenta reações emocionais desreguladas e não considera o ponto de vista e os sentimentos de colegas; por não internalizar fontes internas de motivação, necessita de recompensas de fontes externas constantemente (Schwean & McCrimmon, 2016).

Os componentes das funções executivas desenvolvem-se de modo hierárquico, no entanto em pessoas com diagnóstico de TDAH esse desenvolvimento não ocorre hierarquicamente, podendo perceber pacientes que conseguem resultados excelentes em atividades mais elaboradas e apresentam dificuldade em realizar atividades primárias elaboradas para crianças de jardim da infância (Abreu, 2016). No contexto clínico, é possível perceber crianças com facilidade de resolver o problema proposto na tarefa de Torre Hanói e muita dificuldade em montar um quebra-cabeça.

O TDAH apresenta três subtipos que devem ser especificados:

- Subtipo combinado: se tanto o Critério A1 (desatenção) quanto o Critério A2 (hiperatividade-impulsividade) são preenchidos nos últimos 6 meses.
- Subtipo que predomina a desatenção: se o Critério A1 (desatenção) é preenchido, mas o Critério A2 (hiperatividade-impulsividade) não é preenchido nos últimos 6 meses.
- Subtipo que predomina hiperativa/impulsiva: se o Critério A2 (hiperatividade-impulsividade) é preenchido, e o Critério A1 (desatenção) não é preenchido nos últimos 6 meses (APA,2023).

Entendendo o que é neuropsicologia

A neuropsicologia é como uma especialidade médica que se dedica a conhecer a anatomia fisiológica e química do sistema neurológico e as diversas doenças consequências de patologias do sistema nervoso (Costa, Azambuja, Portuguez, & Costa, 2004). É uma área que trabalha com a complexidade do funcionamento cerebral, que afeta o comportamento e a cognição durante o desenvolvimento normal e nos transtornos, por isso a neuropsicologia procura investigar as funções cognitivas e o comportamento dos pacientes. A investigação ocorre por meio de técnicas de entrevistas, testes qualitativos e quantitativos das funções que compõem a atenção, percepção, memória, linguagem e raciocínio, a avaliação neuropsicológica torna-se importante ao existira necessidade de quantificar e qualificar os sintomas, e também, para chegar a um diagnóstico em casos de acompanhamento de medicação ou de um programa de reabilitação neuropsicológica e para aspectos legais nas informações sobre capacitação ocupacionais ou mental (Mäder-Joaquim, 2010).

Avaliação neuropsicológica infantil de TDAH

A avaliação neuropsicológica (AN) infantil visa reconhecer as variações no desenvolvimento cognitivo e comportamental. Para este propósito, é necessário o emprego de testes neuropsicológicos e escalas para avaliar o desenvolvimento de crianças, esses instrumentos permitem avaliar globalmente as capacidades e as dificuldades e assim trabalhar para que essas dificuldades não atrapalhe o desenvolvimento esperado (Costa *et al.*, 2004). A AN em crianças serve para diferenciar um diagnóstico de transtorno de aprendizagem de um déficit intelectual e mapear quadros cognitivos psiquiátricos. Essa avaliação deve considerar a maturação cerebral, fatores genéticos, estruturais, a neuroplasticidade, fatores culturais da família e os fatores ambientais. A escolha dos testes para avaliar crianças deve estar de acordo com a idade e possibilitar ao examinador fornecer um perfil neuropsicológico da criança, nos casos de TDAH, a testagem deve avaliar nível intelectual, atenção e funções executivas e visomotoras (Miranda, 2010).

Portanto, a neuropsicologia infantil visa apontar precocemente modificações no desenvolvimento cognitivo e comportamental, tornando-se uma parte fundamental na investigação da saúde de crianças, utilizando instrumentos pertinentes a este objetivo (testes neuropsicológicos e escalas para a avaliação do desenvolvimento (Costa *et al.*, 2004).

Domínios e instrumentos que podem auxiliar na AN

Sabendo que o TDAH é um transtorno que expressa a dificuldade nas funções executivas, utilizam-se os instrumentos neuropsicológicos que avaliem esta dificuldade para auxiliar no diagnóstico (Lopes, Nascimento, & Bandeira, 2005). O neuropsicólogo trabalha para entender as transformações envolvidas na área cerebral, e esse entendimento ocorre principalmente pelo trabalho investigativo desse profissional durante a entrevista clínica. Com estas questões sobre o paciente e sua sintomatologia, o neuropsicólogo tem a flexibilidade para montar uma bateria de testes a fim de responder as dúvidas sobre seu comportamento. Desta maneira, são utilizados instrumentos neuropsicológicos, denominados testes e exercícios, sendo que os resultados são medidos pelas escalas padronizadas e desvio padrão (Mäder-Joaquim, 2010). Lopes e Argimon (2017) elaboraram um resumo dos domínios e instrumentos utilizados para auxiliar na elaboração de baterias para avaliação de TDAH em crianças, que conhecerá por meio do quadro a seguir.

Quadro1 – Instrumentos para avaliação de TDAH

Domínios e subdomínios	Instrumentos
Inteligência: condições cognitivas globais e cognição não verbal	WISC-IV, SON-R 2½ - 7 [a], SON-R 6-40, CMMS, RAVEN.
Atenção	Dígitos (do WISC-IV), TAVIS-IV, Buscar Símbolos Códigos (WISC-IV), D2-R, AC, Trail-Making Test (TMT), Stroop.
Funções executivas	F.A.S, Animais, Semelhanças, WCST, TMT, Stroop
Aprendizagem e memória	RAVLT, Dígitos (do WISC-IV)
Linguagem	Boston, Compreensão, Vocabulário
Funções visuoespaciais e visuoconstrutivas	Cubos (do WISC-IV), Figuras Complexas de Rey
Condições escolares	TDE
Escalas comportamentais/ emocionais	EAIC P, Escala TDAH
Personalidade/ habilidades sociais, emocionais e comportamentais	CAT, HTP, PFISTER

Fonte: Adaptado de Lopes e Argimon (2017).

A seguir, estão descritos alguns testes utilizados na AN e descritos, de maneira breve, as competências de cada teste como instrumento de auxílio na investigação do diagnóstico e áreas correspondentes.

Capacidade intelectiva

Escala Wechsler de Inteligência para Crianças (WISC-IV): é um instrumento clínico de aplicação individual que tem como objetivo avaliar a capacidade intelectual das crianças e o processo de resolução de problemas. Faixa etária: 6 anos e 0 meses a 16 anos e 11 meses. Contém 15 subtestes, sendo 10 principais e 5 suplementares, e dispõe de quatro índices, que são: Índice de Compreensão Verbal, Índice de Organização Perceptual, Índice de Memória Operacional e Índice de Velocidade de Processamento e QI Total (Wechsler, 2013).

SON-R 2½ - 7 [a] Teste Não Verbal de Inteligência: realiza a avaliação geral do desenvolvimento e das habilidades cognitivas, fornecendo escores que avaliam habilidades espaciais e visomotoras e de raciocínio abstrato e concreto. A faixa etária é de 2½ a 7 anos e 11 meses. Composto por quatro subtestes: Mosaico, Categorias, Situações e Padrões, sendo estes direcionados para a resolução de problemas que requerem raciocínio espacial e para a habilidade de raciocinar de forma abstrata e concreta. (Laros, Tellegen, Jesus, & Karino, 2015).

Atenção e funções executivas

Podem ser avaliadas pelos seguintes subtestes do WISC IV:

- Dígitos: avalia a capacidade de retenção da memória imediata e a memória e capacidade de reversibilidade.
- Aritmética: verifica a capacidade computacional e rapidez no manejo de cálculos, memória auditiva, antecedentes escolares, concentração, raciocínio abstrato e contato com a realidade.
- Semelhanças: envolve raciocínio lógico e pensamento abstrato, desenvolvimento da linguagem e fluência verbal.
- Raciocínio Matricial: avalia habilidade fluida, organização de perceptual, habilidade planejamento, previsão, coordenação visual e percepto motora, atenção e concentração.
- Conceitos Figurativos: avalia a aptidão de compreensão e de análise de uma situação total, sem recorrer à linguagem. Envolve processamento visual, capacidade de integrar e organizar sequencialmente estímulos complexos.

- Teste Atenção concentrada (D2- R): avalia a atenção concentrada e a capacidade de rastreio visual em indivíduos de 7 anos de idade até 76 anos de idade. O avaliado deverá marcar as letras "d" acompanhadas por dois traços. Os estímulos a serem assinalados estão misturados a diversos distratores divididos em 14 linhas (Brickenkamp, 2002; Brickenkamp, Schimidt-Atzert, & Liepmann, 2018). Segundo pesquisa realizada por Lopes, Nascimento, Sartori & Argimon (2010), foi possível verificar por meio da aplicação do teste D2, com dois grupos de crianças com TDAH e sem o transtorno, que o grupo sem o diagnóstico obteve resultado elevado na velocidade que executam a tarefa com atenção e concentração. Portanto, o teste pode colaborar no apontamento do diagnóstico de TDAH.
- Teste dos Cinco Dígitos (FDT): mede as funções executivas velocidade e eficiência do processamento cognitivo, a constância da atenção focada, a automação progressiva da tarefa e a capacidade de mobilizar um esforço mental adicional quando as séries apresentam dificuldade crescente e exigem concentração maior, idade: 6 a 92 anos (Sedó, Paula, & Malloy-Diniz, 2015).

Memória

A memória pode ser avaliada pelos seguintes subtestes do WISC- IV:

- Dígitos: avalia a capacidade de retenção da memória imediata e a memória e capacidade de reversibilidade.
- Informação: avalia basicamente a extensão do conhecimento adquirido.
- Figuras Complexas de Rey: tem por objetivo avaliar a capacidade de percepção visual e memória imediata. Avalia as funções neuropsicológicas de percepção visual e memória imediata em duas fases: de cópia e de reprodução de memória, verificando assim, o modo como o sujeito apreende os dados perceptivos que lhe são apresentados e, o que foi conservado espontaneamente pela memória. Faixa etária dos 04 até 88 anos de idade (Rey, 2014).

Personalidade, aspectos emocionais e comportamentais

A análise da personalidade é peça fundamental na avaliação neuropsicológica, uma vez que os aspectos emocionais e comportamentais podem influenciar no resultado das tarefas cognitivas, portanto é recomendado o uso de escalas de autoavaliação, entrevistas com pacientes e seus familiares e as observações realizadas pelo neuropsicólogo durante o processo como complementação (Fuentes, Moreno, Sassi, Frambati, Lacerda & Malloy-Diniz,2010).

- Teste de Apercepção Temática (CAT): possibilita conhecer a estrutura afetiva da criança e a dinâmica de suas reações diante dos desejos e dos problemas que enfrenta, assim como o modo como procura resolver essas questões; é uma técnica projetiva temática, que visa compreender o mundo vivencial da criança a partir da interpretação de histórias narradas aos estímulos apresentados. Pode ser utilizado em crianças entre 7 anos e 12 anos e 11 meses. Teste de Apercepção Infantil – CAT H (Bellak, Bellak, & Psy, 1992).
- Teste da Casa-Árvore-Pessoa (HTP): visa fornecer informações da percepção da pessoa em relação aos outros e ao ambiente do lar. É uma técnica projetiva que estimula a projeção de elementos da personalidade e conflitivas. A faixa etária acima de 8 anos de idade (Buck & Warren,2003).
- Teste Pirâmides Coloridas de Pfister: é um teste projetivo que avalia aspectos da personalidade, destacando principalmente a dinâmica afetiva e indicadores relativos a habilidades cognitivas do paciente.
- Pirâmides Coloridas de Pfister – versão para crianças e adolescentes, tem por objetivo obter informações sobre a dinâmica emocional. Indicado para crianças e adolescentes entre 06 e 14 anos de idade (Villemor-Amaral, 2015).
- Escalas TDAH: o questionário é denominado SNAP-IV e foi construído a partir dos sintomas do Manual de Diagnóstico e Estatística –IV Edição (DSM-IV) da Associação Americana de Psiquiátrica. Pode ser utilizada a versão traduzida e validada pelo GEDA – Grupo de Estudos do Déficit de Atenção da UFRJ e pelo Serviço de Psiquiatria da Infância e Adolescência da UFRGS.

Os resultados desses testes e das escalas revelam os ganhos essenciais ao decorrer do desenvolvimento e visam mostrar a etapa cognitiva específica da criança. Esses instrumentos são importantes, pois permitem detectar antecipadamente os distúrbios do desenvolvimento ou de aprendizagem e, desta maneira, mapear o ritmo e a qualidade do processo das áreas cerebrais e suas relações. Destaca-se a relevância de analisar o funcionamento por inteiro do paciente durante todo processo juntamente com outros exames realizados, como exame neurológico, de neuroimagem, neurofisiológico e neuropsicológico. Para tanto, a análise dos resultados requer conhecimento complexo de cada função e área cerebral e do modo de avaliação. Com a leitura quantitativa alcançada por meio do resultado dos testes, deve-se realizar uma análise qualitativa dos testes e das funções envolvidas, possibilitando que se faça a compatibilidade entre função, dificuldade e área cerebral envolvida, então será possível ajudar com orientações o programa de reabilitação neuropsicológica (Costa, Azambuja, Portuguez, & Costa, 2004).

Reabilitação neuropsicológica de TDAH

A reabilitação neuropsicológica (RN) de lesão cerebral com a finalidade de compensar as deficiências cognitivas é considerada recente, anteriormente a esses déficits, e os de memória, atenção e linguagem causavam incapacidades graves, muitas vezes com limitações físicas sem possibilitar uma reabilitação. Atualmente, a área de reabilitação neuropsicológica tem crescido devido o avanço da medicina que possibilitou o aumento da sobrevivência de pessoas vítimas de lesão cerebral grave, como nos casos de acidente de trânsito. O aumento da população idosa exige um acréscimo de recursos para atender às demências do envelhecimento. Existem algumas variáveis e fatores envolvidos na reabilitação do paciente, como aconteceu a lesão, se foi súbita ou progressiva (Portellano, 2005).

- Gravidade: quanto maior a lesão, maior será a alteração dos processos cognitivos.
- Etiologia: a recuperação vai depender dos fatores que causaram a lesão.
- Nível pré-mórbido: deve ser considerada a história clínica do paciente anterior à lesão.

- Idade: quanto menor a idade, melhor a recuperação das funções cognitivas.
- Sexo: as mulheres, por terem o cérebro mais simétrico, apresentam maior facilidade na recuperação de lesões cerebrais.
- Lateralidade: a recuperação em canhotos tende a ter melhor prognóstico, especialmente nas afasias.
- Características do coma: maior duração do coma sempre é um fator desfavorável na recuperação das funções cognitivas.
- Consciência do déficit: o paciente quando não tem plena consciência das suas limitações apresenta maior dificuldade no processo de reabilitação.

A RN é baseada na plasticidade do sistema nervoso, e a reorganização das áreas lesionadas do cérebro pode ocorrer por meio de estratégias que transferem a função perdida para outra área com as habilidades necessárias para recuperar o déficit, utilizando áreas próximas para assumir essas funções perdidas. Para que a reabilitação tenha sucesso terapêutico, seu início deve ser imediato, a recuperação espontânea ocorre logo nas primeiras semanas após os danos, além disso, o ambiente do paciente deve ser adaptado para facilitar sua reabilitação e ser facilitador na produção de mudanças no processo terapêutico (Portellano, 2005).

Salienta-se a importância de conscientizar o paciente e a família sobre a RN, pois o trabalho em conjunto aumenta as chances do sucesso na reabilitação neuropsicológica. Para isso, processo de negociação de metas deve priorizar tarefas que colaborem para acréscimos positivos e retorno ao contexto social e familiar. Antes de iniciar a intervenção neuropsicológica, os objetivos em curto prazo devem ser elaborados juntamente com o paciente, e em seguida serem avaliados os objetivos que foram atingidos, reformulando os que não conseguiram atingir o resultado esperado, nos casos de pacientes com lesão severa, em que o paciente tem graves prejuízos cognitivos; assim, as metas devem ser negociadas com a família ou cuidadores. A RN trabalha com várias possibilidades de intervenção após entender as habilidades e dificuldades, o ambiente e a vida pré-mórbida, as definições das metas são focadas na restauração da função prejudicada. As tarefas precisam de ajustes constantes para que o paciente se mantenha motivado e continue valorizando habilidades preservadas durante todo tratamento. Além disso, o neuropsicólogo deve reforçar as habilidades preservadas, que são os aspectos positivos do paciente, e não apenas enfatizar suas dificuldades (Abrisqueta-Gomez, 2011).

O profissional especialista em neuropsicologia deve ter conhecimento das estruturas do sistema nervoso e da relação entre cognição, comportamento e emoção. Os programas de reabilitação devem englobar a restauração da função perdida, fortalecimento da organização anatômica; auxílio ao paciente para o uso de capacidades preservadas de forma mais eficaz e funcional; transformação do ambiente na tentativa de suprir outros problemas além da deficiência; auxílio na retomada das atividades profissionais e sociais; fortalecimento, por meio do suporte emocional, propiciando qualidade de vida ao paciente (Abrisqueta-Gomez, 2016).

Crianças com TDAH apresentam dificuldade na memória operacional, por isso devem ser motivadas em atividades complexas, dividir essas atividades em etapas e diminuir os estímulos distratores. Outra dificuldade apresentada estána Velocidade de Processamento, apresentando uma lentidão maior para resolução deoperações aritméticas por crianças com TDAH, levando mais tempo para resolverem a atividade. Para auxiliar nessa função, deve-se reduzir a quantidade das atividades e estimular a qualidade. Para Weiss, Beal, Saklofske, Alloway e Prifitera (2016), monitorar tempo em atividades do dia a dia e recompensar empenho em manter atenção são intervenções eficazes para reabilitar casos de TDAH.

O tratamento do TDAH é de extrema importância, ainda na infância, para que não persista, trazendo prejuízos na área social, acadêmica e profissional de adultos diagnosticados com o transtorno. Por meio do diagnóstico, é possível desenvolver um programa de reabilitação neuropsicológica, intervenções e estratégias adequadas com a idade e o grau de comprometimento da criança, com isso ela aprende a se auto monitorar, passa a se conhecer e controlar seus comportamentos (Machado, Aguiar, &Bello, 2017).

Dentro deste contexto, algumas intervenções de RN serão explicitadas neste estudo, adaptadas às características do TDAH. De acordo com Aguiar, Machado, Bello e Capellini (2017) é possível utilizar jogos para trabalhar as dificuldades das crianças, levando em consideração a representação e as estratégias que o paciente necessita para alcançar sua meta; para tanto, os jogos são escolhidos conforme a habilidade que estará sendo estimulada.

Uma possibilidade que pode trazer benefícios para a reabilitação neuropsicológica em diversos transtornos é a técnica do Mindfulness, que traz benefícios tanto para adultos como para as crianças, pois esta técnica de meditação pode acarretar mudanças na estrutura e na função cerebral. A definição para Mindfulness refere-se à capacidade de manter a atenção no momento presente e, para isso, precisa de mecanismos de percepção e dos sentidos. Embora não existam muitos trabalhos relacionados ao Mindfulness na reabilitação, é possível encontrar trabalhos relacionados, em que a técnica foi utilizada para trabalhar o TDAH cujos resultados são promissores (Sarmiento-Bolaños, & Gómez-Acosta, 2013).

O Neurofeedback é uma alternativa para reabilitação de crianças com TDAH. Utilizado para auxiliar no controle das funções executivas, os pacientes são monitorados por meio de elétrodos de Eletroencefalograma-EEG, os quais registram a atividade cortical durante o Neurofeedback, por meio de gravações de jogos de computador simples, como corrida de carros ou animações. Juntamente com a psicoterapia, esse treinamento estimula a prática de habilidades utilizadas na vida diária. O Neurofeedback mostrou-se eficaz principalmente na reabilitação da velocidade de processamento (Bluschke, Roessner, & Beste 2016).

Os programas de computador ajudam os pacientes com TDAH a desenvolverem a memória operacional (Abreu, 2016). Esses programas podem servir de estímulo positivo e motivador, auxiliando as crianças a manterem comportamentos de hiperatividade e impulsividade com controle, mantendo a atenção concentrada. Os efeitos podem ser melhorados quando os jogos têm interações com atividades do dia a dia, uma vez que nas tarefas diárias as funções executivas são extensamente empregadas; mesmo nos games mais simples e nos mais elaborados as funções executivas presentes nesse processo são: o planejamento, estratégia, flexibilidade cognitiva, controle inibitório, atenção seletiva e memória operacional, além de habilidades como tomada de decisão, o juízo crítico e o automonitoramento (Tourinho, Bonfim, & Alves, 2016).

O objetivo do PayAttention é reabilitar a atenção sustentada, seletiva, atenção alternada e dividida em crianças com TDAH, o resultado produzido por este treinamento é mais visível nas crianças do que em adultos. Outro treinamento que pode ser utilizado é o Cogmed, um programa para desenvolver a memória operacional por meio de exercícios cognitivos. Este treino demonstrou eficácia nas tarefas que exigem a capacidade de memorizar (Tajik-Parvinchi, Wright, & Schachar, 2014).

Para Cantiere (2012), os jogos melhoram capacidades de atenção, construção viso espacial e flexibilidade cognitiva, muitos são usados no dia a dia para desenvolver planejamento, monitoramento, flexibilidade mental. No quadro abaixo, são apresentados alguns jogos que podem ser usados na RN com crianças diagnosticadas com TDAH.

Quadro 2 – Jogos utilizados na RN de crianças com TDAH

Atividade	Descrição	Objetivo	Duração
	Categorizar palavras e figuras	Flexibilidade cognitiva.	
Achando os opostos	Achar a figura correspondente ao seu oposto e formar pares.	Treinar habilidade de atenção, flexibilidade cognitiva, memória operacional.	10 minutos
Caça-palavras	Encontrar uma série de palavras entre letras distratoras.	Treinar habilidade de atenção, memória.	15 minutos.
Construção de blocos	Será apresentada uma figura geométrica construída pela justaposição de cubos de madeira e será solicitada a reprodução do modelo. A duração da exposição ao modelo poderá ser controlada para aumentar a dificuldade da tarefa.	Treinar habilidade de atenção, memória.	10 minutos.
Construção de histórias	Será contada uma história baseada em quadrinhos e, em seguida, solicitada a organização dessa história a partir das figuras propostas.	Treinar habilidade de atenção, memória, flexibilidade cognitiva.	15 minutos.
Contar e recontar histórias	Será contada uma história a partir de um texto lido e, após o término, será pedido que reconte, utilizando os elementos principais presentes no texto.	Treinar a compreensão e produção verbal, atenção, memória e flexibilidade cognitiva.	15 minutos.

Atividade	Descrição	Objetivo	Duração
Desenhos animados	Assistir a um desenho sem som e construir uma história baseada no que foi visto e percebido.	Atenção concentrada, memória operacional, flexibilidade cognitiva.	15 minutos.
Dominó baseado em imagens e em contas matemáticas	Achar a figura correspondente ao par que se deseja formar.	Treinar habilidade de atenção, memória.	10 minutos.
Jogo da Memória com figuras de Tangram	Achar a figura correspondente à formação do par correto.	Treinar a capacidade da criança em se manter atenta a detalhes, bem como a memória.	20 minutos.
Jogo dos 7 erros	Achar os erros que compõem a figura determinada.	Treinar a capacidade de a criança detectar erros comparando duas figuras apresentadas.	10 minutos.
Labirintos	Encontrar o caminho adequado para ligar um ponto a outro.	Treinar atenção e organização visoespacial.	10 minutos.
Memória	Achar a figura correspondente à formação do par correto.	Treinar habilidade de atenção, memória.	10 minutos.
Onde está?	Olhar atentamente por 1 minuto a imagem dada, tentando guardar o maior número possível de informações. Terminado o tempo deverá responder a um questionário que verifica a quantidade de informações armazenadas.	Treinar habilidade de atenção.	10 minutos.
Organizar figuras	Arrumar as figuras seguindo uma ordem lógica e, em seguida, contar a história criada.	Treinar a habilidade de atenção, memória, viso construção espacial, flexibilidade cognitiva.	10 minutos.

Atividade	Descrição	Objetivo	Duração
PayAttention	Tarefa que utiliza fotos dos membros da família ou cartas coloridas de personagens e objetos com conteúdo do dia a dia.	Treinar cancelamento, atenção.	
Quebra-cabeças	Montar a figura apresentada por meio do encaixe de partes específicas. A figura será mostrada pelo período de 1 minuto.	Treinar habilidade de atenção, memória, viso construção espacial.	10 minutos.
Stroop Test	Apresentação de palavras no cartão. Interferência atua como um estímulo distrator.	Treinar concentração, inibição da resposta.	
Sudoku com imagens	Achar a sequência que permita que as imagens não se repitam, nem vertical, nem horizontalmente.	Treinar habilidade de atenção, memória.	10 minutos.
Torre de Hanoy	Movimento de discos coloridos de uma haste para outra, de modo a reproduzir a ordem inicial em outra haste.	Treinar planejamento.	

Fonte: Adaptado de Cantiere e Rodriguez (2011); Cantiere *et al.* (2012).

Enfatiza-se a importância da reabilitação neuropsicológica precoce, em razão de que com a idade o paciente tende a aumentar as comorbidades, como transtornos neurológicos, psiquiátricos e de aprendizagem, transtornos de humor, antissocial, de ansiedade e até mesmo comportamento suicida. Portanto, o plano terapêutico eficaz deve ocorrer por meio do entendimento das várias alterações neuropsicológicas, e da compreensão de como as dificuldades nas funções executivas manifestam-se no TDAH (Gonçalves, Pureza, & Prando, 2011).

Por meio das estratégias propostas, e após a análise da AN, com objetivo de identificar as facilidades e dificuldades, pode-se conseguir realizar um Programa de RN, mais personalizado para a dificuldade da criança, ou ainda, realizar um programa mais generalista com grupos de crianças com este transtorno. A seguir, é apresentado um caso com identificação fictícia, mas com informações relevantes para uma avaliação neuropsicológica.

Fragmentos de caso

Identificação: Azaleia Flor
Idade: 9 anos
Escolaridade: 3ª serie
Dominância Manual: esquerda
Data da avaliação: fevereiro e março 2023
Tipo de Escola: escola privada

Dados da história de vida

Azaleia Flor mora com o pai, técnico em informática, com a mãe, artista plástica e com irmão de 21 anos de idade, do primeiro casamento da mãe. Nasceu de parto normal; a gestação foi completa; segundo a mãe, durante a gravidez, teve crises depressivas e transtorno do pânico.

Seu desenvolvimento foi típico. Azaleia Flor é considerada uma menina afetuosa, criativa e tranquila, no entanto a mãe percebe a filha muito submissa e tímida, apesar disso mantém bom relacionamento com toda família e colegas. Apresenta enurese noturna e sonambulismo em momentos de muita ansiedade. Tem medo do escuro, por isso não dorme sozinha no seu quarto, preferindo a cama dos pais. Constantemente, Azaleia Flor está distraída e quando é chamada a atenção sua reação é de susto. Tem hábito de roer unha.

A mãe solicitou a avaliação neuropsicológica devido à falta de atenção da filha, considera a menina muito ansiosa, no entanto essa dificuldade não interfere no processo de aprendizagem.

Procedimentos

Entrevista com os pais; entrevista com Azaleia Flor, oito consultas de uma hora; entrevista com a orientadora da escola, uma entrevista; entrevista de devolução dos resultados, para Azaleia Flor e os pais.

- Teste de Atenção Concentrada (D2-R).
- Teste de Atenção Concentrada (D2).
- Escala de Wechsler de Inteligência para Crianças (WISC-IV).
- Teste cinco dígitos – FDT.
- Técnica Projetiva de Desenho – HTP.
- Tarefa SNAP-IV.
- Tarefa Escala Traço - Ansiedade Infantil.

Análise

A habilidade cognitiva geral de Azaleia Flor supera aproximadamente 92% das crianças da sua idade (QIT= 121; intervalo de confiança 95% = 115-125). Superior.

No Índice de Compreensão Verbal (ICV), que avalia as habilidades de raciocínio verbal e formação de conceitos, os resultados de Azaleia Flor estão acima de aproximadamente 84% das crianças com a mesma idade (ICV = 115; intervalo de confiança 95% = 107-121), classificação Média Superior.

No Índice de Organização Perceptual (IOP), avalia a formação de conceitos não verbais, percepção e organização visual, aprendizagem, coordenação visomotora são superiores a aproximadamente 98% das crianças com a mesma idade (IOP = 130; intervalo de confiança 95% = 121-135), Superior.

No Índice de Memória Operacional (IMO), que se refere às habilidades de memória operacional, de sustentar atenção, concentração e exercer controle mental, encontram-se acima de aproximadamente 42% das crianças com a mesma idade (IMO =97; intervalo de confiança 95% =90-104). Classificação médio para sua idade.

No Índice de Velocidade de Processamento (IVP) são superiores aproximadamente 84% das crianças com a mesma idade (IVP = 115; intervalo de confiança 95% = 105-122). Classificação médio superior.

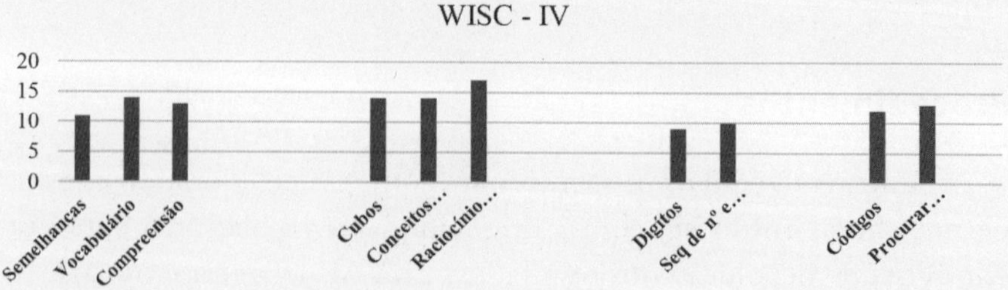

Conclusão

De acordo, com o processo de avaliação neuropsicológica, neste momento, Azaleia Flor demonstra:

- Capacidade intelectiva: Quociente de Inteligência Total QIT = 121, dentro do esperado para sua idade. – Capacidade de compreensão verbal ICV = 115.
- Capacidade de Organização Perceptual IOP = 130.
- Capacidade de Velocidade de Processamento IVP = 115 revelam funcionamento superior à média.

Na capacidade de Memória Operacional IMO=97, que se refere às habilidades de memória operacional, de sustentar atenção, concentração e exercer controle mental, revela-se funcionamento abaixo do esperado para Azaleia Flor.

Na área emocional, a insegurança e ansiedade, estão presentes.

Demais funções avaliadas

- Atenção e funções executivas: comparada com sua própria média, apresenta dificuldades.
- Memória e aprendizagem: prejudicada.
- Linguagem: adequada.
- Habilidades viso espacial: adequada.
- Velocidade de processamento: adequada.

Apresenta prejuízos na área frontal. Principalmente nas habilidades de atenção e funções executivas, Memória Operacional. Sugerindo hipótese diagnóstica de TDAH, Transtorno de Déficit de Atenção e Hiperatividade, tipo predominantemente desatento (APA, 2023).

Considerações finais

Esse capítulo buscou construir um material a respeito do TDAH, avaliação neuropsicológica e a necessidade da reabilitação neuropsicológica em crianças. Os exercícios e jogos apresentados podem ser utilizados como método de reabilitação com crianças para desenvolver habilidades da atenção, funções executivas, conforme a idade e as dificuldades do paciente, assim possibilitando mantê-lo motivado durante tratamento.

De acordo com os achados apresentados no capítulo, a utilização de jogos como instrumento de RN em crianças, tem consequências relevantes no desenvolvimento da capacidade atencional e nas funções executivas, mais especificamente na flexibilidade e na memória operacional, os jogos são atividades atrativas para esses pacientes, tornando uma opção positiva que diminuem os prejuízos causados pelos sintomas do TDAH nos mais variados ambientes que a criança convive, principalmente na casa e no ambiente escolar (Cantiere, 2014).

Constata-se que, mesmo com o avanço, em nível nacional e mundial, da neuropsicologia e do TDAH, existe a necessidade de um estudo mais expressivo sobre o conhecimento entre funções cognitivas em crianças com esse transtorno, (Gonçalves *et al.*, 2011). Portanto, deve-se aprofundar os estudos sobre o funcionamento cerebral e as diversas patologias do sistema nervoso central, com pesquisas sobre este tema.

Referências

Abrisqueta-Gomez, J. (2011). Fundamentos teóricos e modelos conceituais para a prática da reabilitação neuropsicológica interdisciplinar. In *Abrisqueta Gomez, Reabilitação neuropsicológica: abordagem interdisciplinar e modelos conceituais na prática clínica.* (pp. 35-45). Porto Alegre: RS: Artmed.

Abrisqueta-Gomez, I., & Silva, K. K. M. (2016). *Fundamentos da Reabilitação Cognitiva.* In L. F Malloy-Diniz, L.F., P. Mattos, A. P., Neander, A. & D. Fuentes., *D. Neuropsicologia Aplicações Clinicas* (pp. 223-241). Porto Alegre, RS: Artmed.

Aguiar, F. A., Machado, A. C., Bello, S. F., & Capellini, S. A. (2017). Jogos para interveção Neuropsicopedagógica. In A. C. Machado, S. F. Andrea Carla, Bello, Suzelei F.,& K. Borges, Karina K. *TDAH – Prática Clínica e Educacional* (pp. 119-138). Ribeirão Preto, SP: Booktoy.

American Psychiatric Association. (2014). *Manual diagnóstico e estatístico de transtornos mentais. DSM-V.* Porto Alegre, RS: Artmed.

Bluschke, A., Roessner, V., & Beste C. (2016). Editorial Perspective: How-tooptimisefrequencybandneurofeedback for ADHD. *Jounal Child Psychol Psychiatry,*. *57*(4). :45761. doi: 10.1111/jcpp.12521.

Brickenkamp, R., & Cubero, N. S. (2002). *D2:* test de atención. Madrid: Tea Ediciones.

Brickenkamp, R., Schimidt-Atzert, Liepmann, D. (2018). *Teste d2-R: Atenção concentrada*. São Paulo: Hogrefe.

Buck, J. N., & Warren, W. L. (2003). *Técnica projetiva de Desenho da Casa--Árvore- Pessoa (HTP) Manual e Guia de interpretação*. São Paulo, SP: Vetor.

Cantiere, C.N. (2014). Intervenção Neuropsicológica para Desenvolvimento de Habilidades de atenção e flexibilidade cognitiva em crianças com TDAH. (Dissertação de Mestrado). Curso de Pós-graduação em Distúrbios do Desenvolvimento. Universidade Presbiteriana Mackenzie. São Paulo.

Cantiere C. N., & Rodriguez, E. R. (2011). *Intervenção neuropsicológica nos domínio verbal e executivo para treino de habilidades de atenção e concentração em crianças e adolescentes com sinais de desatenção e hiperatividade*. Universidade Presbiteriana Mackenzie: São Paulo, VII Jornada de Iniciação Científica.

Cantiere, C. N., Ribeiro, A. F., Khoury, L. P., Seraceni, M. F. F., & Macedo, L. F. R. (2018). Treino cognitivo em crianças e adolescentes com sinais de desatenção e hiperatividade: proposta de protocolo de intervenção neuropsicológica nos domínios verbal e executivo. *Cadernos de Pós-Graduação em Distúrbios do Desenvolvimento, 12*(1).

Costa, D. I., Azambuja, L. S., Portuguez, M., & Costa, J. C. (2004). Avaliação Neuropsicológica da Criança. *Jornal de Pediatria*. *80*(2), 111-116.

D'Almeida, A., Pinna, D., Martins, F., Siebra, G., & Moura, I. (2004). Reabilitação cognitiva de pacientes com lesão cerebral adquirida. *CienteFico, 4*(1), 1-9.

Fuentes, D., Moreno, C., Sassi, F., Frambati, L., Lacerda J., & Malloy-Diniz, L. F (2010). Avaliação da Personalidade e sua Contribuição à Avaliação Neuropsicológica. In L. F. Malloy-Diniz, D. Leandro F., Fuentes, P. Daniel, Mattos, Paulo & N. Abreu, Neander e cool, *Avaliação Neuropsicológica* (pp. 198-209). Porto Alegre, RS: Artmed.

Gonçalves, H. A., Pureza, J. R., & Prando, M. L. (2011). Transtorno de déficit de atenção e hiperatividade: breve revisão teórica no contexto da neuropsicologia infantil. *Revista Neuropsicologia Latinoamericana, 3*(3), 20-24.

Lopes, R. M. F., & Argimon, I. I. L. (2017). Avaliação Neuropsicológica Infantil: aspectos históricos, teóricos e técnicos. In L. Tisser, Luciana *Org. Avaliação Neuropsicológica Infantil* (pp. 21-48) Novo Hamburgo. RS: Sinopsys.

Lopes, R. M. F., Nascimento, R.F. L., & Bandeira, D. R. (2005). Avaliação do Transtorno de déficit de atenção/hiperatividade em adultos (TDAH): uma revisão de literatura. *Avaliação Psicológica, 4*(1), 65-74.

Lopes, R. M. F., Nascimento, R. F. L., Sartori, F. C., & de Lima Argimon, I. I. (2010). Diferenças Quanto ao Desempenho na Atenção Concentrada de Crianças e Adolescentes com e sem TDAH. *Revista de Psicologia da IMED, 2*(2), 377-384.

Machado, A. C., Aguiar, F., & Bello, S. F. (2017). Implicações Práticas na Clínica e na Escola em Crianças com Transtorno de Déficit de Atenção/ Hiperatividade. In A. C. Machado, S. F. Andrea Carla, Bello, SuzeleiF., & K. K. Borges, *Karina K. TDAH- Prática Clinica e Educacional* (pp. 119-138). Ribeirão Preto, SP: Booktoy.

Mäder-Joaquim, M. J. (2010). O neuropsicólogo e seu paciente: introdução aos princípios da Avaliação Neuropsicológica. In L. F. Malloy-Diniz, D. Fuentes, P. Mattos, & N. Abreu, *Avaliação Neuropsicológica* (pp. 46-57). Porto Alegre, RS: Artmed. Em Malloy-Diniz, Leandro F., Fuentes, Daniel, Mattos, Paulo & Abreu, Neander e cool, Avaliação Neuropsicológica (pp. 46-57). Porto Alegre, RS: Artmed.

Malloy-Diniz, L.F., Mattos, P., Neander, A., & Fuentes, D. *Neuropsicologia Aplicações Clinicas.* (pp. 255-271) Porto Alegre, RS: Artmed.

Miranda, M. C., Borges, M., & Rocco, C. (2010). Avaliação Neuropsicológica Infantil. In Malloy-Diniz, Leandro F., Fuentes, Daniel, Mattos, Paulo & Abreu, Neander e cool, *Avaliação Neuropsicológica* (pp. 221-238). Porto Alegre, RS: Artmed. In L. F. Malloy-Diniz, D. Fuentes, P. Mattos, & N. Abreu, *Avaliação Neuropsicológica* (pp. 221-238). Porto Alegre, RS: Artmed.

Portellano, J. A. (2005). Introducción a la Neuropsicologia. Madri–Espanha: McGraw-Hill.

Prodanov, Cleber C., & Freitas, E. (2013). *Método trabalho científico.* Novo Hamburgo, RS: Universidade Feevale.

Rey, A., (2014). Figuras Complexas de Rey - Teste de cópia e de Reprodução de Memória de Figuras Geométricas Complexas. Manual. São Paulo: SP, Pearson.

Sarmiento-Bolaños, M. J., & Gómez-Acosta, A. (2013). Mindfulness. Uma propuesta de aplicación em rehabilitación neuropsicológica. *Avanços em Psicologia Latinoamericana, 31*, pp.140-155.

Schwean, V. L., & McCrimmon, A.dam (2016). Transtorno de Déficit de Atenção/Hiperatividade: usando o Wisc-IV para planejar intervenções. In A. Prifitera, D. A., Saklosfske, L. D., Weiss., *L. WISC-IV avaliação clínica e intervenção* (pp. 218-237). São Paulo: SP, Pearson.

Sedó, M., Paula, J. J., & Malloy-Diniz, L. F., (2015). Teste dos cinco dígitos – FDT. Manual São Paulo, SP: Hogrefe.

Tajik-Parvinchi, D., Wright, L., & Schachar, R. (2014). Cognitive rehabilitation for attention deficit/hyperactivity disorder (ADHD): Promises and problems. *Journal of the Canadian Academy of Child and Adolescent Psychiatry, 23*(3), 207-217.

Tellegen, P. J., Laros, J. A, Jesus, G. D., & Karino, C. A. (2015). *SON-R 2½ - 7* [a] *Teste Não-Verbal de Inteligência*. São Paulo, SP: Hogrefe.

Tosi, S. M. V. D. (2008). *TIG-NV: Teste de inteligência geral não-verbal. Instrumento para avaliação psicológica e neuropsicológica*. Manual. São Paulo, SP: Casa do Psicólogo.

Tourinho, A., Bonfim, C., & Alves, L. (2016) Games, TDAH e Funções Executivas: Uma Revisão da Literatura. *XV SB Games* – São Paulo, SP.

Villemor-Amaral, A. A. E. (2015). *As Pirâmides Coloridas De Pfister. Versão para Crianças e Adolescentes* (2ª ed.). Manual. São Paulo, SP: Casa do Psicólogo.

Wechsler, D. (2013). Escala Wechsler de Inteligência para Crianças: WISC-IV. Manual Técnico (4a ed.). São Paulo, SP: Casa do Psicólogo.

Weiss, L., Beal, L., Saklofske, D., Alloway, T. P., & Prifitera, A. (2016) Interpretação e intervenção com o Wisc-IV no Contexto da avaliação clínica. In A. Prifitera, D. H. Saklosfske, & D. Weiss, L. *WISC-IV avaliação clínica e intervenção* (pp. 3-67). São Paulo, SP: Pearson.

Transtorno de Déficit de Atenção e Hiperatividade (TDAH): um olhar na regulação emocional

12

Eliana Furtado Dourado Brião
Regina Maria Fernandes Lopes

Introdução

O Transtorno de Déficit de Atenção e Hiperatividade (TDAH) é entendido como um transtorno do neurodesenvolvimento, com várias interfaces nas áreas das neurociências, saúde mental e educação. Apresenta etiologia genética, ambiental ou psicossocial aparecendo na infância e frequentemente seguindo por toda vida, porém ainda não existe uma explicação definitiva para melhor explicar etiologicamente o transtorno (Riesgo, 2016). Caracteriza-se, ainda, por alterações dos sistemas motores, perceptivos, cognitivos e do comportamento em que compromete o aprendizado de tais crianças (Guardiola, 2016).

Nesse cenário, sabe-se que tal transtorno ocorre no cérebro e trata-se de um transtorno neuropediátrico com várias interfaces nas demais áreas das neurociências, tanto da saúde mental, quanto da educação. O TDAH apresenta grande prevalência (em torno de 5%), sendo considerado como transtorno principal dentro de uma visão em que relaciona os demais transtornos com manifestações comportamentais, se ocorrerem junto do TDAH, sendo assim considerados comorbidades (Riesgo, 2016). Sendo as comorbidades que dificultam a realização do diagnóstico do TDAH, caracterizado como grande desafio na avaliação, além de aumentar as chances do não diagnóstico (Silva & Wagner, 2016).

Este transtorno não é específico da aprendizagem, mas os sintomas nucleares apresentam grande impacto no desenvolvimento escolar, sendo as dificuldades no aprendizado muito prevalentes. Caracteriza-se por alterações dos sistemas motores, perceptivos, cognitivos e do comportamento, comprometendo a capacidade intelectual de crianças. Conforme a APA (2014), DSM-5, conceitua o TDAH como um padrão persistente de desatenção e/ou hiperatividade mais frequente e grave do que observado em indivíduos em nível equivalente de desenvolvimento (Kaefer, 2016).

A partir do levantamento de dados da criança em avaliação neuropsicológica com suspeita de TDAH, procura-se estabelecer hipóteses que expliquem as queixas sobre a mesma nos diversos ambientes (escolar, familiar e social) e a possível confirmação. Por meio das informações obtidas com toda a metodologia especificada se pretende delinear um plano de tratamento. Com isso, mostra-se de fundamental importância o uso de diferentes fontes de informação para a identificação dos sintomas, onde unirá aos resultados dos instrumentos utilizados na avaliação de cada caso (Silva & Wagner, 2016).

Sabe-se que falhas na regulação emocional dos pais, refletidas pela alta hostilidade expressa, contribuem para o desenvolvimento da desregulação emocional em crianças com TDAH (Peris & Baker, 2000). Entre os possíveis fatores ambientais, altos níveis de crítica e hostilidade dos pais têm sido associados ao desenvolvimento de problemas de conduta em crianças com TDAH e ao desenvolvimento de TDAH infantil em pré-escolares com problemas comportamentais.

A Terapia Dialética Comportamental (DBT) vem demonstrando uma ampla gama de efetividade no desenvolvimento de habilidades que incluem tanto a falta de controle quanto o excesso de controle das emoções e padrões comportamentais e cognitivos associados. Baseia-se em uma teoria biossocial e dialética da psicopatologia, que realça o papel das dificuldades na regulação emocional e do comportamento (Linehan, 2018). Assim, o objetivo principal deste capítulo é realizar uma revisão da literatura para compreender o papel das emoções e da regulação emocional em crianças com diagnóstico de TDAH. Além disso, também se busca identificar as principais características do transtorno, bem como analisar possíveis instrumentos que podem ser utilizados nas avaliações neuropsicológicas para estes casos. Por fim, deseja-se ainda verificar possibilidades de tratamento a partir de intervenções e técnicas da Terapia Cognitivo Comportamental (TCC) e da reabilitação neuropsicológica.

George Still, em 1902, foi o pioneiro ao estudar e descrever o TDAH – Transtorno de Déficit de Atenção e Hiperatividade como um transtorno. Anteriormente, mais precisamente na primeira metade do século XX, esse distúrbio era conhecido como lesão cerebral mínima, sendo nas décadas de 1960 de 1970 a denominação disfunção cerebral mínima. Na década de 1990, houve a denominação que se estende até os dias atuais, TDAH, mencionado no Manual Diagnóstico e Estatístico de Transtornos Mentais (DSM), hoje na sua quinta edição (Kaefer, 2016).

O TDAH, Transtorno de Déficit de Atenção e Hiperatividade, constitui uma síndrome comum na infância, sendo reconhecido como um problema médico-social de grande importância, caracterizando-se por alterações dos sistemas motores, perceptivos, cognitivos e do comportamento, comprometendo a aprendizagem de crianças com potencial intelectual adequado (Guardiola, 2016). A Associação Americana de Psiquiatria – APA, por meio do DSM-V, conceitua o transtorno em questão, como um padrão persistente de desatenção e/ou hiperatividade. São estabelecidos três tipos: o combinado, o predominantemente desatento e o predominantemente hiperativo/impulsivo.

No que se refere à etiologia do TDAH, evidenciam-se influências de fatores genéticos, ambientais ou psicossociais, portanto não existe ainda uma explicação definitiva. Ocorre concordância entre fatores perinatais, complicações associadas ao nascimento e pré-natais, onde se a saúde materna referiu algum comprometimento, por exemplo, uso de tabaco e de álcool durante a gravidez (Kaefer, 2016). É um transtorno que surge na infância e frequentemente acompanha o indivíduo por toda sua vida, sendo um transtorno do neurodesenvolvimento com etiologia genética e ambiental (Pisacco, Sperafico, Costa, & Dorneles, 2016).

Quanto à presença de comorbidades, é extremamente comum em indivíduos com TDAH e deve ser investigada durante a fase diagnóstica (Pereira, Araújo, & Mattos, 2005). As dificuldades de aprendizado são muito comuns, tornando-se um dos motivos de encaminhamento para a avaliação e ao atendimento neuropediátrico.

Em relação à heterogeneidade das possíveis comorbidades nas crianças escolares, no que se refere aos distúrbios do humor e à irritabilidade, é bem conhecida entre os estudiosos. Em um estudo de Mick e colaboradores, ao avaliarem crianças com TDAH e comorbidades, foi verificado maior incidência para o transtorno de oposição e desafio (TOD), mas não houve aumento do risco para transtorno do humor. Entre as crianças acometidas por TDAH, no subtipo combinado, a comorbidade com maior frequência é para o transtorno de conduta (TC), essas crianças em maior prevalência apresentam dificuldades na aprendizagem quando comparadas com as que têm o TDAH "puro". Já as crianças comórbidass com TC é mais intensa do ponto de vista comportamental e mais prejudicial do ponto de vista do desempenho escolar (Riesgo, 2016).

Embora muitas crianças apresentem apenas TDAH, há aquelas que apresentam comorbidades nas áreas da aprendizagem e do comportamento (Pisacco *et al.*, 2016).

O TDAH é uma das possibilidades diagnósticas quando o profissional se encontra diante de queixas referentes ao comportamento discrepante daquele esperado para a faixa etária e inteligência, e que acarrete prejuízo para o desenvolvimento da criança em diferentes domínios da integração social (Pereira, Araújo, & Mattos, 2005). Sendo assim, trata-se de um transtorno psiquiátrico da infância e adolescência com grande procura por atendimentos (Pisacco *et al.*, 2016).

No que se refere ao desempenho escolar de estudantes com TDAH, sabe-se que não é um transtorno específico da aprendizagem (TA), mas os sintomas nucleares deste têm grande impacto no desenvolvimento acadêmico. Estudos sugerem que déficits de atenção significativos associados ou não à hiperatividade e à impulsividade, frequentemente comprometem o rendimento escolar, em que a atenção seletiva a estímulos relevantes é condição para a ocorrência das aprendizagens em geral, particularmente as escolares (Pisacco *et al.*, 2016).

Quanto à intervenção medicamentosa, apenas é utilizada em duas situações: se há prejuízo no desempenho escolar e/ou problemas no relacionamento interpessoal (Riesgo, 2016). O TDAH é assunto de muitas pesquisas e investigação quanto aos determinantes, às abordagens diagnósticas, assim como formas de prevenção e tratamento.

O TDAH está sempre em discussão e, nas últimas décadas, diferentes estudos foram conduzidos a fim de obter outros dados da neurobiologia do transtorno, incluindo estudos com neuroimagem e neuropsicologia. A utilização destes exames de imagem não são critérios para diagnóstico do transtorno, entretanto, houve avanço em técnicas de ressonância magnética tanto estrutural como funcional, proporcionando informações significativas, inclusive práticas psicoterápicas.

A ressonância magnética permite a diferenciação entre os tecidos cerebrais em volumes em vários planos. Estes estudos proporcionam aos indivíduos acometidos pelo TDAH diferenças morfológicas e funcionais que auxiliam no estabelecimento de correlações entre os modelos teóricos propostos e o funcionamento e estrutura do sistema nervoso. Além disso, os demais achados mostram ainda diferenças estruturais no cerebelo, no esplênio do corpo caloso, no volume do hemisfério direito, no volume total do cérebro e no núcleo caudado direito. Regiões das áreas frontal e pré-frontal também se encontram estruturalmente diferentes entre pacientes com TDAH e pacientes controles (Ethal, Coutinho, Miele, & Mattos, 2016).

Segundo Barkley (1997), a questão central do TDAH é um déficit de funções executivas originado de uma disfunção para inibir processos cognitivos e comportamentais. Há outros estudiosos, Sagvolden, Aase, Zeiner e Berger (1998), que propuseram modelos neurobiológicos para explicar o TDAH como um transtorno de funcionamento deficitário dos sistemas de recompensa. Também há a teoria de aversão ao adiamento de Sonuga-Barker em 2005 que foi aumentando sua força ao longo dos últimos anos. Para o autor, o indivíduo com TDAH teria menos capacidade para se motivar com recompensas tardias, e assim, persistiria em menor grau com metas de longo prazo, por exemplo, formar-se na faculdade. Além disso, também se destacam prejuízos atencionais, de memória operacional e dificuldades de controle inibitório (Ethal *et al.*, 2016). Todos estes exames auxiliam no diagnóstico do TDAH associados à utilização de testes neuropsicológicos, em que se estabelece uma bateria com tais instrumentos para a realização da avaliação neuropsicológica.

Avaliação neuropsicológica em casos de TDAH

A avaliação neuropsicológica tem se apresentado como uma importante ferramenta na clínica da saúde mental (Campos, Silva, Florência, & Paula, 2016). Sabe-se que o TDAH é causado por uma multiplicidade de fatores, sendo neurobiológicos e ambientais, de maneira complexa, com vários graus de severidade dos sintomas, com presença de comorbidades, como ansiedade e depressão, transtorno de conduta e transtorno de oposição desafiante (Miranda & Coelho, 2016). A seguir serão apresentados alguns dos principais instrumentos que podem ser utilizados em avaliação neuropsicológica em casos de TDAH.

Um dos instrumentos disponíveis atualmente para ser utilizado em avaliação neuropsicológica é o teste chamado Five Digit Test - FDT. Ele fornece informações sobre alguns processos mentais, sendo relevantes para diagnósticos neuropsicológicos. Ele permite avaliar de forma breve e simples a velocidade de processamento cognitivo, bem como a capacidade de focar e reorientar a atenção e a capacidade em lidar com interferências, ou seja, a eficiência mental do indivíduo. Nesta análise funcional proporcionada pelo FDT, está a velocidade geral de processamento cognitivo; fluidez verbal; atenção focada do indivíduo e a reação ante o esforço continuado, assim como a capacidade de mobilizar o esforço cognitivo adicional necessário para inibir respostas involuntárias (Sedó, 2015).

Outro instrumento bastante utilizado é a Bateria Psicológica para Avaliação da Atenção (BPA), em que são testadas a Atenção Concentrada, Atenção Dividida e Atenção Alternada. Como Atenção Concentrada entende-se a capacidade em selecionar apenas uma fonte de informação diante de vários distratores em um tempo pré-determinado. A Atenção Dividida caracteriza-se pela capacidade para procurar dois ou mais estímulos simultaneamente e a Atenção Alternada, a capacidade em focar a seletividade da atenção, ora em um estímulo, ora em outro, por um determinado período de tempo (Rueda, 2013).

Com o objetivo de avaliar a atividade perceptiva e a memória visual imediata ou em curto prazo, pode-se utilizar o instrumento Figuras Complexas de Rey, o qual fornece dados sobre a habilidade de integração perceptiva, enquanto a reprodução da figura avalia a sua capacidade de memória visual imediata, podendo haver presença de um prejuízo significativo na capacidade de percepção visual, tendendo a fazer distorções de forma e localização, bem como omissão de elementos (Oliveira, 2010). No que se refere à maturidade mental, pode ser utilizado o instrumento de avaliação Escala de Maturidade Mental Colúmbia.

Também pode ser utilizada a Escala Wechsler de Inteligência para Crianças (WISC-IV), sendo destinada a crianças e adolescentes de 6 anos e 0 meses a 16 anos e 11 meses, com o intuito em avaliar a inteligência.

O WISC-IV é composto por quatro índices: índice de compreensão verbal (ICV), índice de organização perceptual (IOP), índice de memória operacional (IMO) e índice de velocidade de processamento (IVP). Ele engloba dez subtestes principais e cinco suplementares. O ICV é formado por subtestes que se destinam à aferição das habilidades verbais por meio do raciocínio, da compreensão e da conceituação; e o IOP mede a organização perceptual. O IMO analisa a atenção, a concentração e a memória operacional; seu IVP, a agilidade mental e o processamento grafomotor. Dentro de cada índice, os subtestes estão identificados como principais e suplementares. Os subtestes suplementares ampliam a avaliação das habilidades cognitivas, fornecem informações clínicas adicionais e auxiliam na complementação da análise de discordâncias (Wechsler, 2013).

TDAH e regulação emocional

Até então foi abordado a etiologia, a prevalência, as denominações e os tipos de exames que auxiliam no diagnóstico. A partir deste momento, o foco passar a ser a investigação do papel das emoções nos indivíduos acometidos por tal transtorno. Sabe-se que as emoções possuem grande importância em nossas vidas, sem elas, as nossas vidas não teriam significado, textura, riqueza, contentamento e conexão com outras pessoas. São as emoções que auxiliam nas lembranças das próprias necessidades, frustrações, direitos e que contribuem para as mudanças, esquivamento de situações difíceis ou insatisfação. Além disso, as emoções são consideradas como um conjunto de processos adaptativos que permitem aos indivíduos avaliar o perigo, ativar comportamentos, comunicar-se com os outros e incrementar aptidões adaptativas que ajudam a avaliar as alternativas, oferecendo motivação para mudar ou fazer algo, revelam necessidades próprias. A linguagem da emoção ea parte da socialização infantil também proporcionam avaliar alternativas, oferecendo motivação para mudança ou fazer algo (Leahy, Tirch, & Napolitano, 2013).

A partir da visão da Terapia Comportamental Dialética (DBT), a respeito das habilidades, em particular as emoções, estas são respostas breves, involuntárias, sistêmicas e com padrão de ações a estímulos internos e externos. Mesmo as emoções sendo respostas sistêmicas, podem ser consideradas partes de subsistemas de interação, a saber: vulnerabilidade emocional a pistas; eventos internos/externos, também servem de pistas emocionais; apreciação e interpretação dos sinais; tendência de respostas neuroquímicas e fisiológicas, experimentais e de impulso de ação; respostas, ações e expressões não verbais e verbais; efeitos colaterais do "disparo" emocional inicial (Linehan, 2018).

Considerando o temperamento infantil, há duas dimensões que o delineia sendo particularmente importantes neste contexto: o controle com esforço e a emocionalidade negativa. O primeiro contribui para a regulação tanto emocional quanto comportamental. Neste ambiente contextual, referindo-se às crianças, é abordado aquelas com risco de desregulação emocional e descontrole comportamental, havendo probabilidade de apresentar baixo controle com esforço e alta emocionalidade negativa, caracterizando-se com frustração, desconforto, timidez, tristeza e incapacidade de ser acalmado (Linehan, 2018).

Maccoby foi citado por Linehan acerca da inibição da ação, sendo a base para a organização de todo o comportamento. Utilizando também o desenvolvimento de repertórios de autorregulação, como controle por esforço, capacidade de inibir e controlar as emoções, caracterizando um dos aspectos de grande importância no desenvolvimento infantil.

A DBT relaciona a desregulação emocional a uma variedade de problemas de saúde mental, bem como acerca do ambiente invalidante e o papel dos cuidadores no desenvolvimento infantil, contribuindo de forma importante para o crescimento destes de forma mais saudável. Entende-se como característica definidora de um ambiente invalidante a tendência a responder de forma errática e inadequada a experiências privadas, sejam pensamentos, crenças, sentimentos, sensações, assim como insensível a experiências privadas sem serem acompanhadas de respostas ou comportamentos públicos. Há também, as respostas de forma extrema às experiências privadas que acompanham comportamentos públicos. No que se refere como experiências privadas, estão componentes fisiológicos, fenomenológicos e cognitivos das emoções. Famílias em que proporcionam suas crianças compreenderem e "aceitarem" o que estão sentindo, tornam-se adultos mais saudáveis emocionalmente (Linehan, 2018).

A invalidação das emoções se compreende como se não tivesse ocorrido a comunicação, ou seja, não ocorreu o recebimento, pois a função primordial das emoções nos seres humanos é a comunicação rápida. Um ambiente em que essa comunicação não é validada se torna prejudicial às crianças, pois começam a vida com alta vulnerabilidade emocional (Linehan, 2018).

O ambiente social proporcionado pela família é particularmente de grande importância, onde incluem a tendência para invalidar as emoções e a incapacidade em modelar expressões emocionais apropriadas; estilo de interação que reforça a ativação/excitação emocional e ajuste frágil entre temperamento da criança e o estilo parental dos cuidadores. Esta questão é a respeito do ambiente e da biologia que modela o comportamento tanto da criança quanto do cuidador, ou seja, um ambiente bem adaptado em que suportes familiares estejam atuando, influenciam a criança biologicamente vulnerável. Isso tudo se caracteriza na desregulação emocional sendo a incapacidade, mesmo quando os melhores esforços são aplicados, para alterar ou regular sinais emocionais, experiências, ações verbais e/ou expressões não verbais em condições normativas.

Possibilidades de tratamento e intervenções no TDAH

Sabe-se que o TDAH apresenta como característica principal um padrão persistente de impulsividade inadequada, desatenção e, muitas vezes, hiperatividade, denominação dada pela 5ª edição do Manual Diagnóstico e Estatístico de Transtornos Mentais APA, 2014, 2023). Entretanto, mesmo sendo esta a definição diagnóstica do transtorno, dados recentes apontam para déficits em alguns aspectos das funções executivas (FE), ou seja, dificuldades em inibição de resposta, atenção sustentada, perseverança, memória operacional não verbal e verbal, planejamento, senso de tempo, regulação de emoção e, em menor escala, atividades relacionadas à fluência verbal e não verbal (Barbosa, 2015).

Considerando-se ainda que não haja consenso acerca da etiologia do TDAH, sendo multifatorial, em que existem fatores neurobiológicos e ambientais atuando de maneira complexa, as características clínicas são marcadas por diferentes níveis de gravidade de sintomas e comorbidades. Sendo assim, no que se relaciona ao diagnóstico e à intervenção em tal transtorno, acredita-se na extrema importância de mais pesquisas sistemáticas, pois ao longo do desenvolvimento de indivíduos acometidos pelo TDAH tendem a ocorrer baixo desempenho escolar, relacionamento conturbado entre familiares e amizades, desenvolvimento de ansiedade, depressão, baixa autoestima e outras questões relacionadas à conduta (Rohde & Halpern, 2003).

Como já mencionado anteriormente, o Transtorno de Déficit de Atenção e Hiperatividade é bastante pesquisado, existem muitos estudos visando uma maior compreensão sobre o assunto e a melhor abordagem a seguir. Os últimos estudos publicados apontam vantagens nos tratamentos multimodais, ou seja, a combinação de medicação com outros tipos de intervenção como a Psicoterapia, Psicoeducação, treinamentos de habilidades para os pais e orientação à escola. A literatura aponta ainda a Terapia Cognitiva Comportamental (TCC) como a principal modalidade não medicamentosa (aliada à orientação aos pais), em que atua nos déficits comportamentais, a saber: comportamento inibitório, autorregulação da motivação, ação dirigida a objetivos, entre outros (Barbosa, 2015).

Já a reabilitação neuropsicológica tem por objetivo minimizar os efeitos dos déficits cognitivos, bem como buscar meios adequados e alternativos para alcançar metas funcionais específicas. É conceituado ainda como um conjunto de procedimentos e técnicas que visam alcançar o mais alto desempenho intelectual, o melhor ajuste da família, do trabalho e dos assuntos sociais, perdidos em função de uma lesão no cérebro. Também é descrito ainda como um conjunto de atividades terapêuticas sistemáticas e funcionalmente orientadas que pretende melhorar o funcionamento cognitivo. Para a realização destas, são restabelecidos padrões de comportamentos aprendidos anteriormente; novos padrões com mecanismos cognitivos compensatórios para os sistemas neurológicos prejudicados; novos padrões de atividade por meio de mecanismos compensatórios externos ou de suporte ambiental; permissão para as pessoas se adaptem às suas incapacidades cognitivas com o objetivo de melhorar seus níveis globais de funcionamento e de qualidade de vida. A reabilitação cognitiva deve ser direcionada às mudanças funcionais na vida diária, podendo ser distinguida da psicoterapia tradicional pelo foco principal ser a mudança dos comprometimentos neurocognitivos (Barbosa, 2015).

O planejamento da reabilitação neuropsicológica a partir do modelo da TCC em crianças com TDAH se aplica por meio de técnicas e treinos que modificam comportamentos, cognições e afetos disfuncionais onde ativam o mecanismo de neuroplasticidade, transformando conexões (Barbosa, 2015). A reabilitação cognitiva na infância com base em programa de treinamento pode ser voltada para o manejo de dificuldades acadêmicas como, leitura, escrita e cálculos, assim como para funções cognitivas como a atenção e memória. Todo o programa de reabilitação deve ser planejado com a finalidade de aprendizado, podendo ser generalizado para situações do dia a dia, possibilitando ao paciente encontrar autonomia e independência frente à demanda do ambiente.

Durante o programa de reabilitação da criança acometida pelo TDAH, também estarão incluídos os pais desta, em que passarão por uma orientação terapêutica, com o objetivo de auxiliá-los a terem atitudes que favoreçam a modificação afetivo-comportamental de seu filho. Além disso, também é importante orientações quanto aos sintomas e repercussões do transtorno no cotidiano do seu filho, comportamentos disfuncionais previsíveis, ajuste de expectativas, acolhimento quanto ao seu sofrimento e sentimentos de incompetência, expectativas com relação ao tratamento proposto, intervenções e metas a serem alcançadas com o processo terapêutico (Barbosa, 2015).

Quanto ao programa de reabilitação na criança com TDAH, pode ser proposto algumas intervenções como técnica de respiração diafragmática, que tem por objetivo treinar o controle da respiração para dessa forma melhorar as manifestações ansiosas, estimular a capacidade de automonitoramento e concentração. Outra atividade interessante para ser realizada é o conto de histórias em que sejam abordados temas acerca de autoestima, adoção, *bullying*, enfrentamento dos medos, controle dos pensamentos, entre outras. Também pode ser trabalhada a solução de problemas, objetivando o fortalecimento da capacidade de antecipação de consequências, assim como o treinamento de habilidades sociais, proporcionando à criança desenvolver condutas mais assertivas no tratamento com seus colegas, viabilizando a manutenção de interações saudáveis, mais funcional. Uma técnica interessante para esse propósito é o *role-play* (encenação de situações cotidianas), proporcionando situações-problema com alternativas de solução, utilizando a encenação para tal (Barbosa, 2015).

Considerações finais

O presente capítulo teve como objetivo principal analisar o papel das emoções e regulação emocional em crianças com TDAH. Além disso, também se propôs a identificar as principais características do transtorno, possibilidades de instrumentos para uso na avaliação neuropsicológica, e ainda, possibilidades de tratamento e intervenções do quadro. A partir da realização da pesquisa, constatou-se a importância inicial do correto diagnóstico para então fazer a seleção correta dos instrumentos para avaliação, e assim, identificar as características subjetivas de cada caso, visto a variedade com a qual o transtorno se apresenta em cada indivíduo, para posteriormente poder pensar em estratégias de intervenção e tratamento.

Com relação às características do transtorno, observou-se que há diferentes níveis de gravidade dos sintomas e com frequência há comorbidades como ansiedade, depressão, problemas de conduta e comportamento desafiante-opositor. Também se constatou que estes indivíduos possuem risco aumentado de mau desempenho escolar, dificuldades de relacionamentos familiares e de amizades, além de experimentação e uso abusivo de drogas. Crianças com TDAH têm demonstrado dificuldades de inibição de respostas, atenção concentrada, memória operacional não verbal e verbal, planejamento, regulação da emoção e, em menor medida, tarefas com menor fluência verbal e não verbal. Aqueles que apresentam TDAH têm demonstrado como aspecto central de déficit nas funções executivas originado de uma disfunção para inibir processos cognitivos e comportamentais.

Após o diagnóstico do quadro, sabe-se que é fundamental a busca por apoio e tratamento especializado, o qual geralmente inicia-se por meio de uma avaliação neuropsicológica, visando caracterizar o transtorno do paciente, a fim de verificar tanto as habilidades prejudicadas/lesadas quanto as habilidades preservadas. Para isso, verificou-se que os principiais instrumentos utilizados nesse processo são o FDT Five Digit Test que fornece informações sobre processos mentais e avalia de forma breve e simples a velocidade de processamento cognitivo, bem como a capacidade de focar e reorientar a atenção e a capacidade em lidar com interferências, ou seja, a eficiência mental do indivíduo. Também se utiliza a Bateria Psicológica para Avaliação da Atenção (BPA) a fim de avaliar a Atenção Concentrada, Atenção Dividida e Atenção Alternada. Para avaliar a atividade perceptiva e a memória visual imediata ou em curto prazo pode-se utilizar o instrumento Figuras Complexas de Rey. Por fim, salienta-se ainda o uso da Escala Wechsler de Inteligência para

Crianças (WISC-IV), a qual se destina a crianças e adolescentes de 6 anos e 0 meses a 16 anos e 11 meses, com o intuito em avaliar a inteligência.

A partir do diagnóstico e da avaliação neuropsicológica realizados nos indivíduos acometidos pelo transtorno de déficit de atenção e hiperatividade, verificou-se a importância ainda do olhar sobre as emoções e regulação emocional destas pessoas. Sabe-se que as emoções são consideradas como um conjunto de processos adaptativos, ou seja, possibilitam avaliar as situações em que comportamentos podem ser ativados auxiliando uma melhor comunicação e motivação ao fazer algo.

Considera-se a regulação emocional como primordial para manter uma comunicação saudável, utiliza-se também o desenvolvimento de repertórios de autorregulação, como controle por esforço, capacidade de inibir e controlar as emoções, caracterizando um dos aspectos de grande importância no desenvolvimento infantil. Nesse sentido, entende-se que as emoções são respostas breves, involuntárias, sistêmicas e com padrão de ações a estímulos internos e externos, sendo respostas imediatas. A terapia comportamental dialética relaciona a desregulação emocional a uma variedade de problemas de saúde mental, bem como acerca dos ambientes que podem se tornar invalidantes, ou seja, as respostas emocionais não são reconhecidas como verdadeiras, com real significado, assim como o papel dos cuidadores no desenvolvimento infantil, contribuindo de forma importante para o crescimento destes de forma mais saudável.

Compreendendo que o TDAH é multifatorial, em que existem fatores neurobiológicos e ambientais atuando de maneira complexa, verificou-se que uma das principais abordagens utilizadas para o tratamento são programas de reabilitação baseando-se na terapia cognitiva comportamental. Destaca-se ainda a importância da inclusão dos pais desta criança, os quais passarão por uma orientação terapêutica, com o objetivo de auxiliá-los a terem atitudes que favoreçam a modificação afetivo-comportamental de seu filho. Além disso, verificou-se a importância de prestar aos pais orientações quanto aos sintomas e repercussões do transtorno no cotidiano, comportamentos disfuncionais previsíveis e possibilidades de ajustes.

Por fim, em relação ao tratamento, constatou-se ainda a possibilidade de algumas intervenções por meio do uso de técnicas que compõem um programa de reabilitação, da qual se destaca a técnica de respiração diafragmática, objetivando treinar o controle da respiração para dessa forma melhorar as manifestações ansiosas, estimular a capacidade de automonitoramento e concentração. A reabilitação cognitiva na infância com base em um planejamento de treinamento pode ser voltada para o manejo de dificuldades acadêmicas como, leitura, escrita e cálculos, assim como para funções cognitivas como a atenção e memória.

Em suma, levando em consideração a não procura por tratamento, o prognóstico torna-se bastante desfavorável, em que prejuízos funcionais são consideravelmente altos. Sendo assim, indivíduos com TDAH devem passar por intervenção terapêutica, na qual se pode aplicar tratamentos farmacológicos e não farmacológicos, tendo por objetivo geral minimizar o impacto dos sintomas na qualidade de vida, no convívio social, produtividade e na autoestima

Referências

American Psychiatric Association. (2014). *Manual diagnóstico e estatístico de transtornos mentais. DSM-V.* Porto Alegre, RS: Artmed.

American Psychiatric Association. (2023). *Manual diagnóstico e estatístico de transtornos mentais. DSM-V-TR.* Porto Alegre, RS: Artmed.

Associação Brasileira do Déficit de Atenção (ABDA) (2016). Barbosa, D. L. F. (2015). Transtorno do Déficit de Atenção e Hiperatividade: Intervenções Cognitivas e Comportamentais. In E. Miotto. *Reabilitação Neuropsicológica e Intervenções Comportamentais* (pp. 62-63). Rio de Janeiro, RJ: GEN-ROCA.

Barkley, R. A. (1997). Behavioral Inhibition, Sustained Attention, and Executive Functions: constructing a unifying theory of ADHD. *Psychological Bulletin, 121*(1), 65-94.

Campos, M. C., Silva, M. L., Florêncio, N. C., & Paula, J. J. (2016). Confiabilidade do Teste dos Cinco Dígitos em adultos brasileiros. *Jornal Brasileiro de Psiquiatria, 65*(2), 135-139.

Erthal P., Coutinho, G., Miele, F., & Mattos, P. (2016). Transtorno de déficit de atenção e hiperatividade: aspectos neuropsicológicos e de neuroimagem e sua relação com a vida real. In J. F. Salles, V. G. Haase, & L. F., Malloy-Diniz. *Neuropsicologia do Desenvolvimento: infância e adolescência* (pp. 99). Porto Alegre, RS: Artmed.

Guardiola, A. (2016). Transtorno de Atenção: Aspectos Neurobiológicos. In Rotta, N. T., Ohlweiller, L., & Riesgo, R. S. *Transtornos da Aprendizagem: Abordagem Neurobiológica e Multidisciplinar* (pp. 262). Porto Alegre, RS: Artmed.

Kaefer, H. (2016). Avaliação Psicológica no Transtorno da Atenção. In Rotta, N. T., Ohlweiller, L., & Riesgo, R. S. *Transtornos da Aprendizagem: Abordagem Neurobiológica e Multidisciplinar* (pp. 287). Porto Alegre, RS: Artmed.

In. Rotta, N. T., Ohlweiller, L. & Riesgo, R. S., Leahy, R. L., Tirch, D., & Napolitano, L. A. (2013). *Regulação Emocional em Psicoterapia – Um guia para o terapeuta cognitivo-comportamental.* Porto Alegre, RS: Artmed.

Lineham, M. (2018). *Treinamento de Habilidades em DBT – Manual de Terapia Comportamental Dialética para o Terapeuta.* Porto Alegre, RS: Artmed.

Miranda, M., Coelho, L. (2016). *Intervenção neuropsicológica no transtorno de déficit de atenção/hiperatividade –Neuropsicologia do Desenvolvimento – Infância e Adolescência.* Porto Alegre, RS: Artmed.

Oliveira, M. (2010). *Figuras Complexas de Rey: Teste de Cópia e de Reprodução de Memória de Figuras Geométricas Complexas.* São Paulo, SP: Casa do Psicólogo.

Pissaco, N. M., Sperafico, Y. L., Costa, A. C., & Dorneles, B. V. (2016). Intervenções Escolares em Alunos com Transtornos de Déficit de Atenção/Hiperatividade. In. Rotta, N. T., Ohlweiller, L. & Riesgo, R. S. *Transtornos da Aprendizagem: Abordagem Neurobiológica e Multidisciplinar* (pp. 340). Porto Alegre, RS: Artmed.

Rohde, L. A., & Halpern, R. (2003). Transtorno do déficit de atenção e hiperatividade. *Atualização Jornal de Psiquiatria, 80*(2).

Rotta, N. T., Ohlweiller, L., & Riesgo, R. S. (2016). Transtorno da Atenção: Comorbidades. In Rotta, N. T., Ohlweiller, L., & Riesgo, R. S. *Transtornos da Aprendizagem: Abordagem Neurobiológica e Multidisciplinar* (pp. 287). Porto Alegre, RS: Artmed.

Rueda, F. J. M. (2013). *Bateria Psicológica para Avaliação da Atenção* (BPA). São Paulo, SP: Vetor.

Sagvolden, T., Aase, H., Zeiner, P., & Berger, D. (1998). Altered reinforcement mechanisms in attention-deficit/hyperactivity disorder. *Behavioural Brain Research, 94*(1), 61-71.

Sedó, M. (2015). *Teste dos Cinco Dígitos* (FDT). São Paulo, SP: Hogrefe.

Silva, L. S., & Wagner, F. (2016). Avaliação Neuropsicológica do Transtorno de Déficit de Atenção/Hiperatividade em Crianças e Adolescentes. In Rotta, N. T., Ohlweiller, L. & Riesgo, R. S. *Transtornos da Aprendizagem: Abordagem Neurobiológica e Multidisciplinar* (pp. 155). Porto Alegre, RS: Artmed.

Wechsler, D. (2013). *Escala Wechsler de inteligência para crianças: WISC-IV. Manual Técnico.* São Paulo, SP: Casa do Psicólogo.

Introdução

O Transtorno de Déficit de Atenção e Hiperatividade (TDAH) é um dos transtornos neuropsiquiátricos mais estudados ao longo das últimas décadas. Atualmente, é um dos motivos mais frequentes de procura aos consultórios psicológicos. O TDAH está associado a um comprometimento cognitivo, causando prejuízos nas atividades acadêmicas e vocacionais, evasão escolar, e problemas comportamentais como uso de drogas, envolvimento em acidentes de trânsito, e outros fatores de estresse familiar, provocando efeitos negativos na autoestima e no impacto na qualidade de vida da própria pessoa e da família (Fuentes *et al.*, 2008; Rangé *et al.*, 2011).

O TDAH pode ser definido como uma síndrome neurocomportamental, caracterizado por um padrão persistente de desatenção, hiperatividade/impulsividade, em que o nível de atenção é inconsistente com o esperado pela idade. Pesquisas demonstram que na maioria dos casos, os portadores do transtorno apresentam alterações na região do Lobo frontal e suas conexões com o resto do cérebro. Assim, as funções executivas (FE) podem ser conceituadas como um conjunto de habilidades cognitivas necessárias para realizar comportamentos complexos, como inibição de comportamentos e autocontrole, capacidade atencional, memória de trabalho, organização e planejamento (Rotta *et al.*, 2016).

Tendo em vista a prevalência e os graves prejuízos que o transtorno acarreta em várias áreas de funcionamento dos adolescentes e futuros adultos, o tratamento por meio de reabilitação das funções executivas que estão prejudicadas vem adquirindo maior relevância. Pela avaliação neuropsicológica das FE, é possível estabelecer o diagnóstico e prognóstico da disfunção cognitiva ocasionada, bem como propor programas de reabilitação cognitiva e/ou neurocognitiva, ajudando na melhoria da qualidade de vida destes jovens. Este capítulo pretende explorar o tema da reabilitação neuropsicológica na síndrome disessecutiva de adolescentes com o TDAH, por meio de uma revista de literatura, com o objetivo de trazer informações atualizadas aos profissionais da área.

TDAH: caracterização

Dentre os diversos transtornos neuropsiquiátricos, o TDAH é um dos mais frequentes em amostras populacionais de crianças e adolescentes e, por isso, um dos transtornos mentais mais estudados na atualidade. Pesquisas afirmam que em até 70% dos casos, o transtorno inicia na infância e pode persistir após a adolescência. Este padrão persistente de funcionamento costuma causar prejuízos em áreas importantes, como a acadêmica, ocupacional e social, podendo comprometer gravemente a qualidade de vida dos portadores (Barkley, 2000; Fuentes *et al.*, 2008).

Características devido à falta de controle de impulso interferem nas escolhas e no futuro dos adolescentes portadores do transtorno. Conforme Mattos (2008), as dificuldades nos relacionamentos representam prejuízos significativos nesta etapa do ciclo vital. Podem ser explosivos e impacientes, travando discussões acaloradas, falam coisas que depois se arrependem, estão sempre mudando de atividades e irritam-se com a demora de certas coisas, faltando-lhes paciência para ouvir o que os outros têm a dizer. Apresentam uma maior procura por novidades, incluindo coisas excitantes e diferentes como esportes radicais, drogas e sexo. Além de terem uma percepção diferente do tempo.

Segundo revisões na literatura, Alexander Crichton, em 1798, foi o primeiro a descrever o transtorno, por meio de um quadro com todas as características do tipo predominantemente desatento, sendo conhecido por "*Mental restlessness*". Em 1902, o pediatra George Still descreveu o transtorno como "Defeito de conduta moral". Após vieram outras nomeações como "Desordem pós-encefálica", em 1934, "Lesão cerebral mínima", em 1940, "Disfunção cerebral mínima", em 1950, e "Reação hipercinética da infância", no DSM II (*Manual Diagnóstico e Estatístico de Transtornos Mentais)*, em 1968. A partir da década de 1970, passou a ser reconhecido como persistente na vida adulta e a ser chamado de TDAH, por meio do DSM-II, em 1980. Na década de 90, foi definitivamente reconhecido como um transtorno com a publicação do quarto volume do DSM IV manual da APA (*American Psicychology Society*), em 1994. Neste período, houve então uma grande divulgação publicitária em torno da síndrome e sua medicação, como no caso da Ritalina. Especialmente nos Estados Unidos da América, a compreensão e o tratamento do TDAH tornaram-se necessidades vinculadas à gestão social e econômica da Nação. Atualmente, a versão atualizada do DSM-V-TR, confirma as características diagnósticas presentes no DSM-IV (Barkley *et al.*, 2008).

O diagnóstico clínico está fundamentado no quadro comportamental, uma vez que existe uma variedade de casos e nenhum marcador biológico definido para cada caso, sendo imprescindível a investigação por meio da história clínica. O ponto de partida é a análise da queixa que motivou a consulta e dos fatores predominantes em relação à desatenção e/ou hiperatividade, a partir de quando a família observou os sintomas e em quais situações eles ocorrem e que ambientes se repetem; sendo esperado que os sintomas piorem em situações de estresse.

Na anamnese, investigam-se possíveis causas de lesão cerebral como prematuridade, anóxia, hidrocefalia, traumatismo craniano, por haver síndromes causadoras de condutas semelhantes. Também se deve excluir a possibilidade da existência de transtorno opositor desafiante ou transtorno de conduta. Quanto à cognição, deve-se estar atento ao histórico de atraso de linguagem e dificuldades de aprendizagem em geral, observando os cadernos escolares e resultados das avaliações. Após a anamnese e a observação dos critérios do DSM-V-TR, é indicado fazer o exame neurológico (EN) e o exame neurológico evolutivo (ENE), nos quais geralmente observa-se um desempenho abaixo do esperado em algumas funções (Barkley, 2008; Rotta *et al.*, 2016). Entretanto, o uso de entrevistas semiestruturadas, escalas, avaliação neuropsicológica e relatos de familiares e contatos com os demais profissionais que trabalham com as crianças e adolescentes trazem assertividade ao diagnóstico.

O TDAH é descrito no Manual Diagnóstico e Estatístico de Transtornos Mentais (DSM-V-TR) por sintomas que se distribuem em duas dimensões: desatenção e hiperatividade/impulsividade. Para ser diagnosticado com TDAH, o indivíduo deve apresentar no mínimo seis ou mais sintomas de desatenção e/ou de hiperatividade /impulsividade por um período mínimo de seis meses. Alguns destes sintomas que causaram prejuízos estavam presentes antes dos doze anos. Algum prejuízo causado pelos sintomas deve estar presente em dois ou mais contextos (p. ex. na escola ou no trabalho e em casa). Deve haver claras evidências de prejuízo clinicamente significativo no funcionamento social, acadêmico ou ocupacional. E, finalmente, os sintomas não podem ocorrer exclusivamente durante o curso de um transtorno invasivo do desenvolvimento, esquizofrênica ou outro transtorno psicótico e não são melhores explicados por outro transtorno mental (p. ex. transtorno de humor, transtorno de ansiedade, transtorno dissociativo ou um transtorno da personalidade), conforme apresentado no quadro a seguir.

Quadro1 – Critérios Diagnósticos do TDAH

Desatenção
a) Não é suficientemente atento a detalhes.
b) Dificuldades em sustentar a atenção em tarefas ou atividades lúdicas.
c) Parece não ouvir quando alguém lhe dirige a palavra.
d) Frequentemente não segue as instruções.
e) Dificuldades na organização de tarefas e de atividades.
f) Evita tarefas que requerem esforço mental ou sustentado.
g) Perde coisas necessárias.
h) Distrai-se com estímulos externos.

Desatenção
i) É esquecido.
j) Hiperatividade/ Impulsividade.
k) Mexe com as mãos, pés ou se contorce na cadeira.
l) Não consegue permanecer sentado quando solicitado.
m) Corre ou escala nas coisas em demasia (em adolescentes e adultos pode estar limitado a sensações subjetivas de inquietação)
n) Apresenta dificuldade em brincar quieto.
o) Está sempre "em movimento" ou age como se estivesse "elétrico".
p) Fala em demasia.
Sintomas de Impulsividade
a) Frequentemente dá respostas precipitadas antes de as perguntas terem sido completamente formuladas.
b) Com frequência, tem dificuldade de aguardar a sua vez.
c) Frequentemente, interrompe ou se intromete em assuntos alheios (p. ex. conversas ou brincadeiras).
O TDAH pode ser caracterizado em três subtipos
1) Predominantemente desatento.
2) Predominantemente hiperativo/impulsivo.
3) Tipo combinado de acordo com a predominância dos sintomas.

Fonte: APA (2014, 2023).

Podem ocorrer sintomas secundários, como instabilidade emocional, mudanças repentinas de humor, dissimulação e agressividade, fazendo com que a repreensão e desaprovação pelos outros ocasionem problemas de comunicação e baixa autoestima em crianças hiperativas.

Estudos afirmam que a prevalência do TDAH é cinco vezes maior em meninos do que em meninas (Glozman, 2014; Rotta *et al.*, 2016). Porém, alguns autores se contrapõem a esta ideia, devido ao tipo predominante desatento ser o mais comum nas meninas e, consequentemente, mais difícil de ser diagnosticado.

Entretanto, por não exibirem sinais externos e apresentarem aparência normal, as crianças com TDAH apresentam dificuldades associadas ao transtorno que, todavia, são minimizados por muitas pessoas, que as percebem como mal-educadas, indisciplinadas ou preguiçosas. Porém, esta condição é real, ocasionada por danos cerebrais, em que os prejuízos são sutis, diários e persistentes, provocando grande impacto na qualidade de vida da pessoa e da sua família.

Normalmente, apresentam um maior índice de repetência e expulsões, troca de escolas, rendimento abaixo do esperado em relação aos pares, dificuldades de aprendizagem e em concluir os estudos. Na adolescência, o TDAH está relacionado à maior incidência de abuso de álcool e drogas, sexo sem proteção e um maior número de acidentes. Estudos mostram que nessa população há maior incidência de desordens afetivas como depressão, ansiedade, transtorno obsessivo compulsivo, transtorno bipolar, síndrome do pânico, diversas formas de Adição e outras psicopatias (Barkley, 2000; Glozman, 2014; Fuentes & Mattos, 2008).

Neuropsicologia do TDAH

A etiologia deste transtorno é multifatorial, constituída por fatores genéticos e ambientais em diferentes combinações (Rotta *et al.*, 2016). Fatores estes que podem levar a alterações funcionais do sistema nervoso central (SNC). Podem ser fatores de origem pré-natal, como infecções, intoxicações, irradiações da mãe. Fatores perinatais, como no desenrolar do trabalho de parto, malformação fetal ou pélvica, hipertensão ou hipotensão, anemia, sedação exagerada, rompimento precoce da bolsa, manobras de extração, problemas com cordão, incompatibilidade de sangue e outros. Causas fetais, como macrossomia fetal, sexo masculino, primogeneidade, prematuridade, dismaturidade, malformações fetais, distúrbios respiratórios, dentre outros. Rotta *et al*, (2016) acrescenta que fatores ambientais, como nível socioeconômico e condições psicoafetivas da família em que está inserida são aspectos importantes. Por exemplo, a gravidez ter sido planejada e a criança bem aceita, ou o bebê ter seu desenvolvimento na vida uterina sob momentos de ansiedade, depressão ou frustração da mãe.

Atualmente, verifica-se um grande avanço no conhecimento do funcionamento cerebral, proporcionado pelas investigações por meio da neuroimagem, neuroquímica e neurogenética. Diferentes estudos foram conduzidos na busca da neurobiologia do transtorno, porém, apesar dos avanços, ainda não é possível determinar o diagnóstico por meio do imageamento cerebral. Temblay, Peters e Schachar, (2013) acrescentam que houve várias teorias propostas na tentativa de associar resultados de anomalias biológicas com cognitivas.

Entretanto, recentemente, as pesquisas mudaram de um modelo baseado nas diferenças de regiões do cérebro (existência de localização cerebral com funções cognitivas específicas) para um contexto caracterizado por alterações na conectividade em várias áreas. Mencionando que o funcionamento cognitivo ocorreria em rede funcional, na qual cada módulo desempenha uma função geral, sendo a cognição altamente dependente da conectividade. Nesse modelo, foram evidenciadas disfunções em estruturas cerebrais relacionadas ao TDAH, sugerindo que vários neurotransmissores estão envolvidos na fisiopatologia desse transtorno (Salles, Hasse, & Malloy-Diniz, 2016).

Informações fornecidas por imagens mostraram claramente que cérebros de crianças com TDAH têm um volume cerebral reduzido nas estruturas frontais, caudais, nos gânglios da base e no cerebelo, sendo diferentes daqueles de crianças tidas como referência, manifestando assim, características modificadas dos processos cognitivos e da atenção (Temblay, Peters, & Schachar, 2013; Glozman, 2014). Pesquisadores atribuem dificuldades de aprendizagem e concentração por meio de problemas na comunicação entre os neurônios, as conexões estão como que enfraquecidas, causando deficiências na transmissão sináptica e recaptação do neurotransmissor, fazendo com que a criança com hiperatividade não consiga gerenciar estímulos produzidos por distratores ambientais, visuais ou auditivos, perdendo-se na produção escolar (Rotta *et al.*, 2016).

A síndrome relativa ao TDAH foi explicada como uma disfunção ocasionada pela imaturidade ou subdesenvolvimento das funções mentais superiores. Glozman (2014) salienta para a importância das relações frontais-subcorticais no cérebro, o que indica que os processos de regulação das emoções dependem de um equilíbrio entre a amígdala e o córtex pré-motor. Neste processo, ambas as estruturas são reguladoras da ação e inibição das reações. Neste caso, o desequilíbrio da amígdala causa a impulsividade por ser recrutada antes, tornando-se uma base imatura para ação. As disfunções da estrutura cerebral levam ao prejuízo da inibição do comportamento e autocontrole, fundamental para a realização de qualquer tarefa. Sendo que as alterações bioquímicas que envolvem os sistemas de neurotransmissão de dopamina, noradrenalina, serotonina e monoaminas, bem como as anomalias de suas conecções neuronais nas regiões corticais e límbicas, resultam em alterações de funções cognitivas, neste caso especialmente as funções executivas (Kapczinsky, Izquierdo, & Quevedo *et al.*, 2009).

Aspectos neuropsicológicos do TDAH

No TDAH, os sinais e sintomas neuropsicológicos que estão envolvidos com as funções executivas são (Adaptado de Kapinsky *et al.*, 2011):

- Prejuízos em funções executivas: como planejamento, execução de tarefas, controle motor.
- Prejuízos na memória operacional, na linguagem (compreensão verbal), na organização perceptual e na velocidade de processamento (córtex pré-frontal e circuito frontoestriatal).
- Prejuízo em span atencional e atenção concentrada (lobo parietal).
- Prejuízo em monitoramento e inibição de perseverações.
- Prejuízo no processamento visual (lobo temporal inferior) e no processamento auditivo (lobo temporal superior).

Funções executivas

Uma das principais características do TDAH é um prejuízo nas funções executivas, nas habilidades que compõe o autocontrole, sobretudo no controle motor, na execução de tarefas e no planejamento. Barkley (2011) destaca que a falha no autocontrole nos priva do livre-arbítrio. O autocontrole é uma reação, ou cadeia de reações, que leva à mudança do nosso comportamento para podermos alterar os acontecimentos futuros, em vez de reagir por impulso. Pesquisadores descobriram que preferimos adiar para ter consequências maiores, sendo que esta habilidade costuma evoluir desde a infância até os 30 anos, paralelamente com os lobos frontais do cérebro. O TDAH prejudica este desenvolvimento até mesmo nos adultos, fazendo com que optem por resultados imediatos.

O estudo de Miyake *et al.* (2000) sugeriu um modelo no qual as funções executivas são constituídas por três habilidades principais como: **inibição, memória de trabalho e flexibilidade cognitiva**. A partir destas habilidades principais, outras habilidades, consideradas funções executivas complexas, surgiram tais como raciocínio, planejamento, resolução de problemas e tomada de decisão.

As principais alterações das funções executivas que se vinculam ao TDAH são referentes à **organização, hierarquização e ativação da informação**, demandando uma maior pressão para iniciar e finalizar tarefas (procrastinação). **Focalização e atenção sustentada**, ocasionando distração fácil por estímulos externos e internos, (perda de foco e inconstância). **Alerta e velocidade de processamento**, em que o indivíduo apresenta cansaço constante e falta de motivação, com baixa velocidade de processamento. **Modulação do afeto e manejo da frustração**, levando à baixa tolerância da frustração, labilidade emocional, irritabilidade, baixa autoestima e déficits no controle de impulsos. Por não conseguirem inibir os sentimentos, as crianças com TDAH são vistas como imaturas emocionalmente. **Utilização da memória de trabalho**, trazendo dificuldades em manter a informação apresentando esquecimentos de responsabilidades, objetos pessoais, nomes e a verbalização (Barkley, 1997; Lopes, Nascimento, & Ruschel, 2005).

As alterações nas funções executivas geram incapacidade na elaboração de ações adaptadas no cotidiano do indivíduo. Ocorrendo uma incapacidade de quebrar ou desmembrar a informação em partes menores, analisar e recombinar as situações com o objetivo da escolha de comportamentos mais adequados, sendo que os sintomas de desatenção são os que estão mais associados ao comprometimento adaptativo (Rohde, Knapp, Lykowsky, & Carim, 2004).

Os estudos mostraram que estas habilidades estão diretamente relacionadas com as funções dos lobos frontais e suas extensas conexões com todo o sistema nervoso central. Conforme Sohlberg e Mateer (2005), essa região dos lobos frontais é a parte mais recentemente desenvolvida dentro da evolução cerebral e a última a se desenvolver na maturação do indivíduo. As FEs se desenvolvem continuamente por meioda infância e adolescência, fase em queos neurônios das conexões pré-frontais mais se ampliam.

As FEs operam em conjunto, mas podem causar danos separadamente. É esta ação conjunta das FEs que permitem o funcionamento normal do autocontrole. Quando há déficits nas funções executivas, estes podem ocorrer mais em uma função do que outra, causando diferentes problemas comportamentais nos portadores do TDAH. Sendo assim, crianças e adolescentes podem apresentar padrões característicos, com determinadas facilidades ou dificuldades no desenvolvimento das funções executivas, típicos de cada indivíduo (Barkey, 2011; Malloy-Diniz *et al.*, 2016).

Avaliação das FEs

A avaliação neuropsicológica (AN) é um processo sistemático com a finalidade de analisar as relações entre o cérebro e o comportamento. A AN fornece informações sobre a cognição do paciente, o estado emocional, as características da personalidade e a adaptação às suas condições.

Esta investigação neuropsicológica não possui o objetivo de salientar pontos negativos do adolescente, mas de identificar os pontos fortes do funcionamento mental para potencializar o seu desenvolvimento (Argimon & Lopes, 2017; Glozman, 2014; Malloy-Diniz *et al.*, 2010).

A verificação das FEs por meio da AN é de suma importância nas diversas situações clínicas, devido a um grande número de transtornos apresentarem em seu embasamento, sintomas disexecutivos. A AN, juntamente com os exames de neuroimagem, é imprescindível para a compreensão do funcionamento cognitivo de pacientes com danos neurológicos. Malloy-Diniz *et al.* (2010) ressaltam a importância do conhecimento sobre os modelos teóricos que explicam o substrato neuropsicológico e o desenvolvimento no ciclo vital das funções executivas, devido aos vários domínios que a compõem.

A síndrome disexecutiva, também chamada de disfunção cognitiva, abrange os déficits das funções executivas frequentemente encontradas em pessoas com comprometimento nos circuitos pré-frontais adquiridos no curso da vida, ou decorrentes de um desenvolvimento anormal, como no caso do TDAH. Essa síndrome é formada por processos cognitivos complexos, que atuam em conjunto e de forma singular em cada indivíduo. Argimon e Lopes (2017) apontam que as diferentes manifestações dos déficits demandam uma apurada e abrangente avaliação neuropsicológica, oferecendo informações sobre o funcionamento cerebral necessário para a elaboração de um plano de reabilitação específico para cada criança ou adolescente.

Conforme Malloy-Diniz, *et al.* (2016), o exame ou AN visa o esclarecimento de hipóteses diagnósticas, avaliando o funcionamento cognitivo geral, e, mais específico, por meio da averiguação de quais as funções que se situam abaixo ou dentro do esperado em comparação a um grupo de mesma faixa etária e escolaridade. É composto basicamente de quatro etapas: entrevista clínica ou anamnese, para obtenção de informações; avaliação das funções cognitivas (funcionamento intelectual, memória, linguagem, leitura, escrita, cálculo, FEs, atencionais, visioperceptivas, visoespaciais e praxias); avaliação do humor; e conclusão, a partir do raciocínio clínico e a interpretação dos resultados quantitativos e qualitativos.

Porém, a avaliação das FEs, devido à sua complexidade, não deve ser restrita atestagem neuropsicológica. A avaliação comportamental, a entrevista clínica, escalas de avaliação e informações complementadas por familiares ou outras pessoas devem se sobrepor aos testes. Os resultados das testagens serão utilizados para formular intervenções terapêuticas de acordo com necessidades específicas do indivíduo. Malloy-Diniz, *et al.*, 2010), sugere um roteiro estruturado para investigar sintomas disexecutivos por meio de cuidadores ou familiares, chamado Inventário do Comportamento Frontal (FBI) (Kertesz, 1997). Este inventário avalia 24 sintomas considerados indicadores das síndromes frontais.

A avaliação das funções executivas envolve vários procedimentos, que podem ser incorporados a baterias padronizadas (quadro abaixo) ou em baterias flexíveis (quadro posterior), nas quais os instrumentos são selecionados conforme critérios do examinador, conforme os exemplos a seguir.

Quadro 2 – Baterias Neuropsicológicas Padronizadas

Bateria	Faixa Etária	Descrição
Behavioral assessment of dysexecutive syndrome (BADS); (Wilson *et al.*, 1996)	16 a 87 anos	Avalia diferentes aspectos das funções executivas, utilizando tarefas com validade ecológica. É composta por seis tarefas neuropsicológicas e um questionário de avaliação de sintomas disexecutivo preenchido pelo paciente e por uma pessoa de convivência próxima.
Behavioral assessment of The Dysexecutive Syndrome (BADS-C); (Emsile *et al.*, 2003)	7 a 17 anos	A versão infantil mantém as mesmas características e objetivos da BADS.
D-KEFS A D-KEFS (Delis, Haplan e Kramer, 2001)	8 a 89 anos	Composta por nove testes neuropsicológicos clássicos (teste das trilhas, fluência verbal, fluência de desenhos, teste de interferência das cores/ teste de classificação 20 perguntas, teste contextual de palavras, teste da torre e interpretação de provérbios). Esta bateria apresenta uma pontuação global e uma de cada subteste, oferecendo a visão geral de cada subteste.
Frontal Assessement Battery Beato *et al.*, 2007 (versões breves) (FAB) (Dubois *et al.*, 2000);	Adultos e idosos	A FAB é um instrumento de fácil aplicação, composto por seis testes neuropsicológicos (semelhanças, fluência brasileira), verbal, lexical, sequenciação motora, instruções conflitantes, go-no-go e comportamento de preensão.

Fonte: Elaboração própria.

No quadro abaixo, apresenta-se neuropsicológicos específicos para cada função executiva.

Quadro 3 – Instrumentos neuropsicológicos para avaliação de domínios específicos das funções executivas

Função	Exemplos de instrumentos de avaliação
Memória Operacional	Trigramas de consoantes Sequência de números e letras PSAT Blocos de Corsi Digit Span
Fluência verbal	Fluência verbal fonológica e semântica
Fluência comportamental	Fluência de desenhos Cinco pontos
Categorização	WCST Semelhanças Teste de Maturidade Intelectual Colúmbia
Flexibilidade cognitiva	WCST e Teste de trilhas (parteB)
Impulsividade motora	CPT-II (erros por ação) Erros perseverativos em testes neuropsicológicos
Impulsividade atencional	CTP-II (erros por omissão) WCST (falhas na manutenção do cenário)
Impulsividade por não planejamento	Iowa Gambling Test Child Gambling Test
Planejamento e solução de problemas	Torre de Londres Torre de Hanói Labirintos

Fonte: Elaboração própria.

Yudofsky e Hales (2014) recomendam a realização de testes abertos, em que o paciente pode decidir como realizar e completar a tarefa. Por exemplo, os testes da Torre de Hanói e da Torre de Londres, que avaliam planejamento e antevisão. Também são sugeridas tarefas de múltiplos passos, que exigem habilidades relacionadas com a eleição de prioridades e tomada de decisão. Apesar das inovações tecnológicas e estudos na área da Neuropsicologia, ainda existe uma carência em testes das funções cognitivas no mercado nacional, principalmente envolvendo crianças e adolescentes. Fato identificado por meio da dificuldade de medir certos comportamentos, como a capacidade de tomar iniciativa, por existirem poucos testes na área e os que existem em sua maioria são estruturados, não demandando iniciativa.

Reabilitação das FEs

A reabilitação neuropsicológica (RN) tem como função estimular novas habilidades e potencializar as funções preservadas, melhorando a qualidade de vida do paciente e de seus familiares. A RN envolve a reabilitação cognitiva, a psicoterapia e o trabalho com os familiares, cuja finalidade é auxiliar na conscientização das limitações e dificuldades, possibilitando a adoção de posturas mais adaptativas para a motivação e o cumprimento de metas do processo terapêutico. A reabilitação cognitiva é uma intervenção individualizada e planejada conforme a análise dos resultados obtidos por meio da avaliação realizada em indivíduos com deficiências adquiridas por lesão cerebral adquirida (LCA) ou por meio do desenvolvimento (Bombassaro & Tisser, 2017).

Por meio dos avanços tecnológicos e virtuais, as neurociências mudaram conceitos como a neuroplasticidade do cérebro e desenvolveram novos métodos de reabilitação, ficando assim comprovado que o cérebro não é um sistema consolidado quanto às lesões, sendo possível a restauração de conexões neurais. A plasticidade cerebral é a capacidade de regeneração da conexão entre os neurônios e as sinapses ativas que ocorre através de uma mudança adaptativa na estrutura e na função do sistema nervoso, por meio de interações com o meio ambiente externo e interno. A própria lesão e os desafios do meio representam um fator de impulso para o cérebro reprogramar seus padrões de funcionamento originais. Esta plasticidade sináptica ocorre tanto em processos de aprendizagem normal como nos processos de recuperação, estando diretamente ligadas às experiências, sendo os estímulos fundamentais para a formação de novas conexões (Sohlberg & Matter, 2015).

A plasticidade cerebral atua no nível neuroquímico, envolvendo a modificação dos neurotransmissores durante o crescimento e desenvolvimento; hedológico, no que diz respeito aos diferentes padrões de conexão entre neurônios e comportamental, mudando as estratégias cognitivas de acordo com as exigências do meio. Devido à plasticidade possuir a característica de amadurecer conforme o crescimento evolutivo, o padrão das disfunções ou lesões é muito diverso, dependendo de vários fatores como a fase em que se encontra do crescimento neuronal (Abrisqueta-Gomes *et al.*, 2012; Salles, Hasse, & Malloy-Diniz, 2016).

O comprometimento dos circuitos cerebrais nas regiões pré-frontais e suas principais conexões são causadores das alterações nas habilidades das funções executivas. Pesquisadores conseguiram mapear estes circuitos e áreas, relacionando-os com as dificuldades exibidas. Foram apresentadas várias hipóteses e modelos para este funcionamento. Conforme Miotto (2012), o modelo apresentado em 1996 por Shallice e Burgess é um sistema que possui a vantagem de identificar de forma mais precisa os componentes das FEs que estão preservados ou comprometidos.

As abordagens de tratamento das disfunções executivas descritas na literatura podem ser classificadas de acordo com seus objetivos:

1. Restabelecer o funcionamento cognitivo (remediação por meio de treinos).
2. Compensar o déficit executivo por meio do uso de estratégias internas ou externas (estratégias compensatórias).
3. Promover a modificação do ambiente ou comportamento por meio do trabalho de cuidadores, familiares e uso de técnicas comportamentais (no ambiente).
4. Intervenções farmacológicas.

– **Treino cognitivo ou reabilitação cognitiva:** é uma intervenção que visa remediar ou melhorar o desempenho de áreas deficitárias nas funções e estruturas do corpo. São compostos por técnicas repetitivas para exercitar e melhorar funções cognitivas específicas. Podem ser realizadas por meio de atividades com lápis e papel, atividades computadorizadas ou clínicas, visando o restabelecimento da função prejudicada ao nível que estava antes ou parecido. Poderemos checar a efetividade do treino, por meio da generalização; observando se o paciente consegue fazer as mesmas atividades que fazia antes da lesão em diversos contextos como nas tarefas da vida diária ou observando sua atuação em tarefas similares, mas não idênticas.

– **Estratégias compensatórias:** podem ser internas ou externas, quanto ao uso de recursos. Como exemplo de estratégia interna pode citar o caso de Broca, que usou a memória visual para compensar a dificuldade de leitura por meio do som. Nas estratégias de compensação externas, o indivíduo aprende a utilizar recursos à disposição no ambiente externos como agendas, relógios, dispositivos eletrônicos como Bip para compensar suas dificuldades.

– **A intervenção no ambiente:** visa minimizar distratores externos, como rádios, barulhos e sons, criar um ambiente para o estudo ou modificar o ambiente minimizando as dificuldades. Quanto aos familiares, diminuir a expectativa de que os danos serão totalmente reversíveis, sendo pacientes e cooperativos. Sensibilizar o paciente para que se de conta das dificuldades.

– **As intervenções farmacológicas:** são geralmente a primeira intervenção após o diagnóstico. Os medicamentos prescritos para o tratamento do TDAH são os estimulantes. Os efeitos destes medicamentos permitem um aumento do estado de alerta, da atenção e efeitos inibitórios. Porém, este tratamento deve ser avaliado com o médico neurologista. Atualmente, evidencia-se uma maior eficácia no uso da medicação aliada à terapia cognitiva comportamental (TCC) (Rangé, 2011).

Embora os estudos sobre as intervenções neuropsicológicas aplicadas aos déficits nas FEs sejam escassos, eles demonstram benefícios importantes. Nesse sentido, pode se destacar vários programas com objetivo de intervenção precoce, apresentando diferentes abordagens para promover as funções executivas nos primeiros anos escolares, principalmente com enfoque no treino computadorizado, jogos não computadorizados, exercícios aeróbicos, entre outros envolvendo ganhos atencionais, em criatividade e flexibilidade cognitiva.

No Brasil, atualmente existem alguns programas sendo disponibilizados, como o Programa de estimulação das funções executivas para ensino fundamental (Pense), e outro, chamado de Programa de Intervenção em Autorregulação das Funções Executivas (Piafex). Tratam-se de propostas preventivas e importantes no sentido de aperfeiçoar as FEs, de forma lúdica, dentro da escola.

Uma das intervenções mais usadas para o tratamento do TDAH é a Terapia Cognitivo Comportamental (TCC), que auxilia aos portadores do transtorno a redirecionar sua atenção, a reestruturar suas crenças, modificar comportamentos e desenvolver habilidades sociais. Eles devem aprender durante as sessões de terapia, técnicas de organização, manejo do tempo, autocontrole e controle da raiva e agressividade e estratégias de resolução de problemas, além de ser proposto um treinamento aos pais para aprenderem a lidar com as dificuldades da criança ou adolescente. Pode também ocorrer a instrução de professores na escola, se necessário (Monteiro, 2014). Knapp (2004) & Rangé (2011), apontam para os estágios do tratamento para o TDAH por meio da TCC que envolvem diversas técnicas utilizadas no manejo do transtorno:

– **Psicoeducação:** é a primeira etapa a ser feita e parte fundamental do tratamento, na qual adolescentes pais e professores são informados a respeito dos sintomas, do curso típico, e dos tratamentos disponíveis. Tem por objetivo entender o problema e suas consequências, desfazendo possíveis rótulos prévios. Também é a indicação de material informativo e de organizações para portadores e familiares, como a Associação Brasileira do Déficit de Atenção-ABDA (www.tdah.org.br).

– **Treino de autoinstrução:** é uma estratégia cognitiva que tem por objetivo atenuar as dificuldades na manutenção da atenção. Está baseado no princípio de que crianças com TDAH têm dificuldades de internalizar instruções. Durante o desenvolvimento infantil aprendem a controlar seus comportamentos a partir de instruções vindas dos adultos e aos poucos vão internalizando-as. O treino ocorre por meio da modelação de comportamentos específicos do adolescente por meio do terapeuta.

– **Treino em resolução de problemas:** é o componente do tratamento mais utilizado, permitindo o treinamento com o objetivo de atuar sobre o controle inibitório deficiente, levando o adolescente a pensar antes de agir. O treino em resolução de problemas envolve cinco etapas:

1. Identificar e especificar o problema.
2. Gerar possíveis soluções.

3. Avaliar as vantagens, desvantagens e consequências de cada alternativa.
4. Escolher uma das alternativas.
5. Avaliar os resultados obtidos e, em caso de fracasso, reiniciar o processo.

– **Modelação e dramatização:** é uma técnica que permite que o terapeuta sirva de modelo na resolução de situações problema para o paciente, facilitando o treinamento por meio da inversão e da dramatização de papéis.

– **Automonitoramento:** é uma técnica empregada para ensinar ao adolescente aa prestar atenção no próprio comportamento. Alguns comportamentos inadequados ou indesejáveis podem ser escolhidos como *foco da semana* para serem observados e marcados em um formulário de registro comportamental.

– **Planejamento e cronogramas:** são planos de organização, recomendados por pesquisadores que avaliam ser uma estratégia fundamental para auxiliar na organização dos pacientes, que costumam ter um estilo de vida caótico, contribuindo para a exacerbação do transtorno.

– **Registro de pensamentos disfuncionais (RDPD):** é um formulário onde o paciente registra seus pensamentos relativos aos acontecimentos ocorridos durante a semana. Este procedimento é amplamente utilizado para diversas patologias na TCC. O impacto dos sintomas na vida do paciente pode levá-los a desenvolver crenças negativas e distorcidas a respeito de si mesmo, apesar de este não ser um transtorno caracterizado por distorções cognitivas. Muitos pacientes vivenciam inúmeras situações de fracasso, como rendimento acadêmico insuficiente, falhas na realização e término de projetos ou tarefas, críticas por parte de outras pessoas. Estas crenças negativas distorcidas podem e devem ser questionadas pelo terapeuta, revendo-as a partir do transtorno, utilizando métodos para corrigir possíveis comportamentos disfuncionais.

– **Reestruturação cognitiva:** é um processo que objetiva o treinamento de habilidades para identificar e reestruturar os pensamentos disfuncionais, devendo colocá-los em prática quando em momentos de estresse e dificuldades relacionadas ao TDAH.

– **Treinamento de pais:** é uma importante ferramenta de intervenção utilizada na psicoeducação dos pais. Devido ao transtorno ser considerado crônico, afetando a vida do indivíduo de maneira global, treina os pais no uso de técnicas de controle de contingências para modificarem os comportamentos disfuncionais. Existem diferentes programas, mas todos seguem três regras básicas para educar as crianças: recompensar os bons comportamentos (de forma rápida e frequentemente); não recompensar (de forma nenhuma), os comportamentos indesejáveis; castigar (de forma branda) alguns maus comportamentos.

– **Orientação para professores:** são instruções conduzidas pelo terapeuta aos professores no sentido de auxiliar o curso em sala de aula. Constituindo-se numa importante ferramenta na ajuda aos problemas acadêmicos encontrados pelos portadores.

O treino de habilidades e a criação de estratégias de enfrentamento exigem paciência e perseverança. Existindo para isto, a necessidade de que paciente e terapeuta apresentem uma aliança terapêutica e um bom vínculo, ajudando ao adolescente a lidar com aceitação de suas limitações e manter a motivação.

– **Treinamento da atenção:** são técnicas desenvolvidas para treinar os diversos tipos de atenção. Na maioria dos casos, os portadores de TDAH possuem a memória de trabalho prejudicada, em que estes procedimentos são recomendados. Componente relevante da atenção, a memória de trabalho é uma série de processos que nos permite manter a informação por um tempo suficiente para escrevê-la e, temporariamente, desviar nossa atenção por uma nova tarefa e, então, retornar com sucesso à atividade original. A atenção alternada refere-se à capacidade para a flexibilidade mental, permitindo ao indivíduo mudar seus focos de atenção também se encontra prejudicada no transtorno. As habilidades atencionais podem ser aumentadas, adaptando oportunidades de simular um aspecto particular da atenção. O tratamento evolve a participação em uma série repetitiva de exercícios ou instruções projetadas para proporcionar oportunidades para a prática de tarefas com grandes exigências atencionais (Sohlberg & Matter, 2015).

Existem múltiplos programas para treinamento da atenção e programas de computador disponíveis para comercialização. Podemos citar como exemplo um programa de reabilitação cognitiva, largamente empregado e projetado para curar os déficits de atenção em indivíduos com lesão cerebral, chamado processo de treinamento da atenção (PTA).

Desenvolvido por Sohlberg e colaboradores, consiste em um grupo de tarefas que exercitam diferentes componentes da atenção, incluindo a atenção mantida, seletiva, alternada e dividida. As crescentes exigências do programa são colocadas em um controle atencional complexo e nos sistemas de memória de trabalho. Outro programa desenvolvido pelos mesmos autores é o Pay attention, usado no treino da atenção seletiva nos casos de reabilitação do TDAH.

Jogos físicos que exercitam a atenção e outras funções cognitivas também podem ser usados para o treinamento de atenção e memória. Oliveira (2015), por meio de um estudo sobre o funcionamento do cérebro no uso dos jogos de tabuleiros e de estratégia, cita jogos como Lince, jogo da memória, Dominó, alguns jogos de cartas e de encaixe, Charada, Xadrez, Gamão, Dama, War, Banco Imobiliário como jogos que demandam estratégia, exercitando as funções cognitivas.

Os treinos computadorizados apresentam grandes vantagens em relação à reabilitação em adolescentes. São atividades lúdicas e divertidas, engajantes, que possuem sistemas de recompensa mais efetivo e podem ser praticados em casa ou em ambientes terapêuticos. Os programas são estimulantes e variam conforme a faixa etária. Podemos citar como exemplo, Pedro no acampamento – Jogo no refeitório; Cogmed – Memória Operacional-Pega Atenção; entre outros.

Os videogames ou jogos de ação, para os quais são necessárias estratégias para atacar o adversário e defender-se dele, tem sido uma alternativa de treinamento para os adolescentes. Aamodt e Wang (2009) reforçam que o cérebro dos jovens está treinado para lidar com situações em que há muitos estímulos. O hábito de realizar várias tarefas faz com que as pessoas tenham mais capacidade de prestar a atenção em muitas coisas ao mesmo tempo. Estes jogos exigem que os jogadores prestem atenção em toda a tela, detectando e reagindo rapidamente aos acontecimentos. Existem várias categorias de jogos computadorizados, sendo os jogos que tem por objetivo principal, o treino de funções executivas, chamados de jogos do cérebro (Brain Games) como o Lumosity, o Cogmed, Brain Age, Brain HQ e Space Fortkess. E a categoria de jogos que visam aos processos educacionais, de treinamento, entre outros formativos. No Brasil, *Gamebook,* Guardiões da Floresta um projeto de mídia interativa está em fase de aprovação, com a função de treinamento lúdico para crianças e adolescentes com disfunções executivas.

Considerações finais

Este capítulo objetivou analisar técnicas de reabilitação cognitiva disponíveis para o TDAH, direcionadas aos adolescentes. A área das neurociências e da neuropsicologia vem crescendo e ampliando as informações relativas ao funcionamento cerebral. Estudos científicos recentes concluíram que alterações das funções executivas são responsáveis pela sintomatologia no TDAH. Em um processo de avaliação neuropsicológica, identificam-se as funções cognitivas que estão prejudicadas e um plano de reabilitação individual é montado.

Apesar dos avanços, as estratégias de intervenção para déficits das FEs ainda estão em fase de desenvolvimento, mas já foram constatados resultados positivos. Pesquisadores têm se dedicado a desenvolver programas que ajudem a remediar os déficits cognitivos, permitindo a escolha de tratamentos alternativos e eficazes. A reabilitação direcionada aos adolescentes demanda uma escolha de atividades mais apuradas, dinâmicas e que possam causar interesse e motivação para o tratamento. Neste contexto, as pesquisas que confirmaram os benefícios dos jogos eletrônicos e similares, abriram um campo importante para o treinamento cognitivo, pois já existem jogos e treinos específicos para melhorar as funções cognitivas. Por fim, acredita-se que esse capítulo informou a respeito de funções executivas e reabilitação no TDAH, ressaltando a importância das intervenções preventivas no desenvolvimento cognitivo dos jovens, de forma a auxiliar os profissionais do âmbito clínico, escolar, bem como familiares na compreensão desse transtorno tão comum em nossos dias.

Referências

Aamodt, S., & Wang, S. (2009). *Bem-vindo ao seu cérebro: porque perdemos as chaves do carro, mas nunca esquecemos como se dirige e outros enigmas do comportamento cotidiano*. São Paulo, SP: Cultrix.

Abrisqueta-Gomez, J. (2012). *Reabilitação Neuropsicológica: abordageminterdisciplinar e modelos na prática clínica*. Porto Alegre, RS: Artmed.

American Psychiatric Association (APA). (1994). *Diagnostic and statistical manual ofmental disorders: DSM-IV.* Washington, DC: American Psychiatric Association.

Argimon, I. I. L., & Lopes, M. F. L. (2017). Avaliação neuropsicológica infantil: aspectos históricos, teóricos e técnicos. In L. Tisser.*Avaliação neuropsicológica infantil.* (pp. 21-48). Novo Hamburgo, NH: Synopsis.

Associação Brasileira do Déficit de Atenção (ABDA). (2011). *O TDAH é comum?* Recuperado de http://www.tdah.org.br/br/sobre-tdah/o-que-e-o-tdah.html.

Associação Psiquiátrica Americana – APA (2002). *Manual diagnóstico e estatístico de transtornos mentais. DSM-VI.* Porto Alegre, RS: Artmed.

Associação Psiquiátrica Americana - APA (2014). *Manual diagnóstico e estatístico de transtornos mentais.* DSM-5. Porto Alegre, RS: Artmed.

Associação Psiquiátrica Americana – APA (2023). *Manual diagnóstico e estatístico de transtornos mentais. DSM-V-TR.* Porto Alegre, RS: Artmed.

Barkley, R. A. (1997). Behavioral inhibition, sustained attention, and executive functions: constructing a unifying theory of ADHD. *Psychological Bulletin, 121* (1), 65-94.

Barkley, R. A. (2000). *Transtorno de déficit e atenção/hiperatividade (TDAH): um guia completo e autorizado para pais, professores e profissionais da saúde* (Roizman, L.S. c. trad.). São Paulo, SP: Artmed Editora.

Barkley, R. A. *et al.* (2008). *Transtorno de déficit de Atenção/hiperatividade: manual para diagnóstico e tratamento.* Porto Alegre, RS: Artmed.

Barkley, R.A., & Benton, C. (2011). *Vencendo o transtorno de déficit de atenção/ hiperatividade /adulto.* Porto Alegre, RS: Artmed.

Bombassaro, P., & Tisser, L. (2017). Relato de caso: Reabilitação neuropsicológica do transtorno de déficit de atenção/hiperatividade. In D. R. Fontoura, L., Tisser, O. Bueno, S. Bolognani, & T. Frison. *Teoria e prática na reabilitação neuropsicológica.* São Paulo-SP: Vetor editor.

Dias, N. M., & Seabra A.G. (2013). Funções executivas: desenvolvimento e intervenção. *Temas sobre Desenvolvimento, 19*(107), 206-12.

Fuentes, D., Malloy-Diniz, L. F., Pires, C. d., & Cosenza, R. M. (2014). *Neuropsicologia: teoria e prática.* Porto Alegre, RS: Artmed

Fuentes, D., *et al.* Fontoura, D. R., Tisser, L., Bueno, O., Bolognani, S., & Frison, T. (2017). *Teoria e prática na reabilitação neuropsicológica.* São Paulo, SP: Vetor Editora.

Glozman, J. (2014). *A prática Neuropsicológica fundamentada em Lúria eVygotsky: avaliação, habilitação e reabilitação na infância.* São Paulo, SP: Memnon.

Guardiola, A. (2006). Transtorno de atenção: aspectos neurobiológicos. In N. Rotta, L. Ohlweiler, & R. Riesgo. *Transtornos da aprendizagem: Abordagem neurobiológica e multidisciplinar* (pp. 285-299). Porto Alegre, RS: Artmed.

Haase, V., Gama, A., Guimarães, G., & Diniz, L. (1998). Intervenções cognitivo-comportamentais para os distúrbios externalizantes. *Cadernos de Psicologia, 8*, 203-218.

Hutz, C. S., Bandeira, D. R., Trentini, C. M., & Krug, J. S. (2016). *Psicodiagnóstico: Avaliação Psicológica.* Artmed Editora.

Hutz, C. S., *et al.* (2016). Yudofsky, S. C., & Loring, D. W. (1999). *INS dictionary of neuropsychology.* New York: Oxford University Press.

Kaefer, H. (2006). Avaliação psicológica no transtorno da atenção. In Rotta, L. Ohlweiler & R. Riesgo (Orgs.), *Transtornos da aprendizagem: abordagem neurobiológica e multidisciplinar* (pp. 315-328). Porto Alegre, RS: Artmed.

Kapczinsk, F., Quevedo, J. & Izquierdo, I., *et al.* (2011). Kapczinski, F., Izquierdo, I., & Quevedo, J. (2009). *Bases biológicas dos transtornos psiquiátricos: uma abordagem translacional.* Artmed Editora.

Knapp, P., Rohde, L., Lyszkowsky, L., & Johanpeter, J. (2002). *Manual de terapia cognitiva no TDAH.* Porto Alegre, RS: Artmed.

Knapp, P. Rohde, L. A., Lyszkowski, L., & Johannpeter, J. (2002). *Terapia cognitiva comportamental no transtorno de déficit de atenção/hiperatividade: manual do terapeuta.* Porto Alegre, RS: Artmed.

Knapp, P., Lyszkowski, L., Johannpeter, J., Carim, D., & Rohde, L. (2003). Terapia cognitivo-comportamental no TDAH. In L. Rohde & P. Mattos. *Princípios e práticas em TDAH* (pp. 183-197). Porto Alegre, RS: Artmed.

Lopes, R. M. F., Nascimento, R. F. L., & Bandeira, D. R. (2005). Avaliação do transtorno de déficit de atenção/hiperatividade em adultos (TDAH): uma revisão de literatura. *Avaliação Psicológica, 4*(1), 65-74.

Malloy-Diniz, L. F., Sedo, M., Fuentes, D., & Leite, W. B. (2008). Neuropsicologia das funções executivas. In Fuentes, D; L. F. Malloy-Diniz., Camargo, C. H. P., Cosenza, R. M., *et al.* (Eds). *Neuropsicologia: teoria e prática* (pp. 187-206). Porto Alegre, RS: Artmed.

Malloy-Diniz, L. F. Fuentes, D., Mattos, P., Abreu, N., & col. (2010). *Avaliação Neuropsicológica.* Porto Alegre, RS: Artmed.

Malloy-Diniz, L. F., Mattos, P. Camargo, Abreu, N., & Fuentes, D. (2016) *Neuropsicologia: aplicações clínicas.* Porto Alegre: Artmed.

Malloy-Diniz, L. F. *et al.*, (2016). Mattos, Paulo (2008). *No mundo da lua: perguntas e respostas sobre o transtorno do déficit de atenção com hiperatividade em crianças, adolescente e adulta.* São Paulo, SP: Casa da Leitura Médica.

Miotto, E. C. (2012). Reabilitação das funções executivas. Em Abrisqueta--Gomez, *et al. Reabilitação neuropsicológica: abordagem interdisciplinar e modelos na prática clínica.* Porto Alegre, RS: Artmed.

Miranda, M.C., Coelho, L.F. (2016). Intervenção neuropsicológica no transtorno de déficit de atenção/hiperatividade. In J. F. Salles, V. G. Haase, & L. F. Malloy-Diniz. *Neuropsicologia do desenvolvimento: infância e adolescência.* Porto Alegre, RS: Artmed.

Miyake, A., Friedman, N. P., Emerson, M. J., Witzki, A. H., Howerter, A., & Wager, T. D. (2000). The unity and diversity of executive functions and their contributions to complex "frontal lobe" tasks: a latent variable analysis. *Cognitive Psychology, 41*(1), 49-100. unity and diversity of executive functions and their contributions to complex "frontal lobe" tasks:

Monteiro, B. C. (2014). TDAH: proposta de tratamento clínico para crianças e adolescentes através da terapia cognitivo-comportamental. *Revista Saúde e Desenvolvimento Humano, 2*(1), 101-108.

Murphy, K. (2005). Psychosocial treatments for ADHD in teens and adults: A practice-friendly review. *Journal of Clinical Psychology, 61*(5), 607-619.

Muszkat, M., & Cardoso, T.S.G. (2016). Neuroplasticidade e intervenções precoces. In J. F. Salles, V. G. Haase, & L. F. Malloy-Diniz. *Neuropsicologia do desenvolvimento: infância e adolescência.* Porto Alegre, RS: Artmed.

Oliveira, J. D. A. N. (2015). *Jogos de tabuleiro e de estratégias e seus efeitos nas funções executivas: as bases neurobiológicas do uso de jogos de tabuleiro e de estratégia.* Universidade Federal de Minas Gerais, Belo Horizonte, Minas Gerais.

Rivero, T. S., Querino, E. H. G., & Starling-Alves, I. (2012). *Videogame: seu impacto na atenção, percepção e funções executivas.* Revista Neuropsicologia Latinoamericana, vol. 4, núm. 3, pp. 38-52. Sociedad Latinoamericana de Neuropsicología. Québec, Canadá.

Rodrigues, J.C., Wagner, G.P., & Holderbaum, C.S. (2017). Contribuições da avaliação neuropsicológica para o planejamento de programas de reabilitação. In D. R. Fontoura, L., Tisser, O. Bueno, S. Bolognani, & T. Frison. *Teoria e prática na reabilitação neuropsicológica.* São Paulo-SP: Vetor editor.

Rohde, L., Dorneles, B., & Costa, A. (2006). Intervenções escolares no TDAH. In N. Rotta, L. Ohlweiler e R. Riesgo (Orgs.), *Transtornos da aprendizagem: abordagem neurobiológica e multidisciplinar* (pp. 365-374). Porto Alegre, RS: Artmed.

Rohde, L., & Halpern, R. (2004). TDAH: Atualização. *Jornal de Pediatria, 80*(2), 61-70.

Rohde, L., Miguel Filho, E., Benetti, L., Gallois, C., & Kieling, C.(2004). TDAH na infância e na adolescência: considerações clínicas e terapêuticas. *Revista de Psiquiatria Clínica, 31*(3), 124-131.

Rotta, N.T., Ohlweiler, L., & Riesgo, RS. (2016). *Transtornos de Aprendizagem: abordagem neurobiológica e multidisciplinar.* Porto Alegre, RS: Artmed.

Salles, J. F., Haase, V. G., & Malloy-Diniz, L. F. (2016). *Neuropsicologia do desenvolvimento: infância e adolescência.* Porto Alegre, RS: Artmed.

Sohlberg, M.M., & Mateer, C.A. (2015). *Reabilitação Cognitiva: uma abordagem neuropsicológica integrativa.* São Paulo, SP: Santos.

Tisser, L., Argimon, I.I.L., Lopes, R.M.F. (2017). *Avaliação Neuropsicológica Infantil: aspectos históricos, teóricos e técnicos.* Novo Hamburgo, RS: Sinopsys.

Tisser, L. C., D.I. Bauerman, M., & Malloy-Diniz, L.F. (2017). *Avaliação Neuropsicológica Infantil: Avaliação neuropsicológica das Funções Executivas na Infância.* Novo Hamburgo, RS: Sinopsys.

Tremblay, R. E., Boivin, M., & Peters, R. D. V. (2013). *Hiperatividade e déficit de atenção (TDAH) – Enciclopédia sobre o Desenvolvimento na Primeira Infância.* Recuperado de http://www.enciclopedia-crianca.com/sites/default/files/dossiers-complets/pt-pt/hiperatividade-e-deficit-de-atencao-tdah.pdf.

Yudofsky, S.C., & Hales, R. E. (2014). *Fundamentos de neuropsiquiatria e ciências do comportamento.* Porto Alegre, RS: Artmed.

Segundo Lezak (2004), as FE consistem em capacidades que, em diferentes situações, possibilitam o sujeito a empenhar-se com sucesso em comportamentos independentes, com objetivos definidos e que lhe tragam autossatisfação. Existem as funções cognitivas propriamente ditas (percepção, memória, pensamento), bem como outras formas de cognição que teriam o papel de regular o comportamento humano, sendo essas o comportamento emocional e as FE.

Definem-se funções executivas (FE) como "um conjunto de processos cognitivos que permitem ao indivíduo direcionar comportamentos a metas, avaliar eficiência adequação desses comportamentos, abandonar estratégias ineficazes em prol de outras mais eficientes e, resolvendo problemas imediatos de médio e de longo prazo"(Malloy-Diniz, 2010, p.94).

Dentre as diversas disfunções executivas, destaca-se o TDAH, que se classifica entre os transtornos do neurodesenvolvimento, caracterizando-se por dificuldades no desenvolvimento com manifestação precoce e influenciam o funcionamento pessoal, social ou acadêmico (APA, 2023). Pais e educadores têm se preocupado devido ao aumento significativo de TDAH nas escolas, despertando o interesse dos profissionais dessa área para estudos e tratamento, acompanhando desenvolvimento da criança e tratando as comorbidades (Lezak, 2004).

Evidencia-se que é na escola que os sintomas se tornam mais evidentes, pois os sujeitos apresentam um comportamento caracterizado na maioria das vezes por desatenção, baixa concentração, impulsividade, hiperatividade. Tal comportamento dificulta o processo de aprendizagem da criança, bem como o inter-relacionamento com professores e colegas. Nas séries iniciais, tais sintomas passam a ter mais a atenção, pois aumentam as exigências. Segundo estudo da Associação Brasileira de Déficit de Atenção (ABDA), o transtorno compromete o desenvolvimento de regiões cerebrais importantes, como aquelas responsáveis por emoções, motivação e sistema de recompensa, apresentando um diferencial bastante significativo em relação aos inúmeros estudos efetuados anteriormente em todo mundo. Primeiro, cita-se a participação de mais de 3 mil pessoas portadoras e não portadoras do TDAH no estudo; segundo, o fato da metodologia utilizada para a pesquisa: todos os pesquisados foram submetidos a exame de Ressonância Magnética. Em estudos anteriores, alterações foram identificadas no córtex cerebral dos pacientes, porém como o número de pacientes analisados foi baixo não havia a possibilidade de generalizar os resultados obtidos através de estudos anteriores, bem como, o fato do uso de metodologias diferentes.

Considerando que disfunções no córtex pré-frontal estão presentes no Transtorno de Déficit de Atenção e Hiperatividade (TDAH) e o fato de que houve avanços significativos em pesquisas nessa área, este estudo apresenta um levantamento acerca da relação entre as funções executivas (FE) e o TDAH.

As "FE são como se fossem o maestro de uma orquestra ou o general de um exército" (Goldberg, 2001; Malloy-Diniz, 2010, p.94). As FE são de importância fundamental para a adaptação dos indivíduos, pois comandam o funcionamento do sujeito em relação às outras habilidades cognitivas. Os processos que integram as FE são: processos cognitivos como planejamento, controle inibitório, tomada de decisões, flexibilidade cognitiva, memória operacional, atenção, categorização, fluência e criatividade. Havendo o comprometimento nessas funções, mesmo preservadas outras áreas da cognição, o desempenho do sujeito em atividades complexas estará comprometido, podendo ser elas relacionadas ao trabalho, vida familiar ou a outros domínios (Goldberg, 2001; Malloy-Diniz, 2010).

Déficits das FE estão relacionados ao comprometimento dos circuitos pré-frontais localizados no córtex cerebral e conforme a área da lesão nos circuitos frontais específicos pode ocorrer manifestações cognitivas ou comportamentais no indivíduo. Caso a região dorsolateral pré-frontal for comprometida, ocorrem dificuldades cognitivas relativas ao planejamento e solução de problemas, estabelecimento de metas, flexibilidade cognitiva, memória operacional, monitoração da aprendizagem e atenção, abstração e julgamento. Quando o comprometimento ocorre em circuitos que envolvem conexões entre o cíngulo anterior e estruturas subcorticais, percebem-se manifestações comportamentais como apatia, desmotivação, dificuldade de controle ascensional e desinibição de respostas instintivas (Rey, 2017).

As FE podem ser classificadas em dois grupos: FE do tipo "frio", que se caracteriza por seus aspectos lógicos e abstratos, e FE "quentes", em que se caracteriza a emoção, motivação, análise custo-benefício com base na história e na interpretação pessoal. Malloy-Diniz (2010) apresenta modelos explicativos para o construto da FE, sendo eles:

Modelo das unidades funcionais de Luria (1981)

Tipo de função executiva: Fria

Definição FE: Funções relacionadas à terceira unidade funcional do cérebro (relacionado ao córtex frontal) envolvendo funções relacionadas à automonitoração comportamental. Entre os principais processos relacionados à unidade III destaca-se a regulação e o controle da atividade mental, dos movimentos e ações e das habilidades intelectuais e mnésicas.

Sistema Atencional Supervisor (SAS) – Shallice (1982)

Tipo de Função Executiva: Fria

Os lobos frontais servem de base para o Sistema Atencional Supervisor que suporta vários processos mentais, os quais apresentam relativa independência funcional. Esses processos auxiliam na definição de metas, geração, seleção e inibição de esquemas: memória de trabalho, monitoramento, geração espontânea de esquemas, realização de intenções postergadas. De acordo com o modelo de Norman e Shallice, a maioria das ações é controlada por esquemas, coleções de ações que são dirigidas automaticamente, de acordo com a inicialização apropriada. Vários esquemas podem operar ao mesmo tempo e em diferentes níveis de complexidade e algumas atividades são realizadas com o mínimo de controle atencional. Se os esquemas ocorressem livremente, sem outro tipo de controle, seria provável que eles entrassem em conflito em alguns momentos, levando à interrupção do comportamento, sendo isto evitado por um processo de resolução automática de conflitos. Além desse processo, existe um controlador geral, o sistema supervisor atencional. Este controle atencional consciente é usado para sobrepor-se a outras influências no sistema de resolução de conflitos quando há necessidade, em função de fatores externos.

Sistema tríplice de Controle Ascensional e Executivo – Stuss e Benson (1986)

Tipo de Função Executiva: Fria

A atenção e as FE são monitoradas por três sistemas neurais independentes: o sistema reticular ativador ascendente, o sistema de projeções talâmicas difusas e o sistema tálamo-frontal. Enquanto os dois primeiros estão relacionados à manutenção do tônus ascensional e ao estado de alerta, este último está relacionado ao controle ascensional. Os circuitos frontais desempenham papéis diferenciados em relação ao controle ascensional e às FE, que envolvem planejamento, seleção de respostas e monitoração do comportamento.

Modelo de Integração Temporal – Fuster (2008)

Tipo Função Executiva: Fria

O sistema executivo envolve três funções principais: controle inibitório, memória de trabalho e mudança de cenário.

FE Relacionadas à Inteligência – Duncan (1995)

Tipo de Função Executiva: Fria

Sistema de suporte para a inteligência fluida ou fator "g".

Memória Operacional – Allan Baddeley (1996) e Goldman-Rackic (1996)

Tipo de Função Executiva: Fria

Sistema que mantêm informações on-line para que possam ser manipuladas e sirvam de base para a realização de tarefas envolvendo outros processos cognitivos.

Marcadores somáticos – Bechara *et al.*, 2000; Damásio et al., 1994

Tipo de Função Executiva: Quente

A ativação dos circuitos envolvendo a região pré-frontal orbito-frontal e suas conexões com estruturas subcorticais ativam sensações corporais que atuam como sinalizadores no processo de tomada de decisões. Essas sensações corporais ativadas sinalizam risco ou vantagem iminente e os marcadores somáticos são sinalizadores emocionais que atuam, muitas vezes, sem que se tenha a consciência de sua atividade.

Modelos mais utilizados e aceitos

Ainda na literatura, persiste a dúvida sobre a identificação exata de quais seriam os diferentes processos que comporiam as FE. O modelo proposto por Miyaki *et al.* (2000) e posteriormente reformulado por Diamond (2013) parece ser o mais aceito entre os neuropsicólogos. O modelo propõe a existência de três FE nucleares: memória operacional, controle inibitório e flexibilidade cognitiva, que se desenvolvem no início da infância, e servem de base para o desenvolvimento das FE mais complexas. A partir do desenvolvimento das referidas funções se possibilita o aparecimento de outras FE mais complexas como a capacidade de planejar, resolver problemas e raciocinar de forma abstrata.

A conclusão da maioria dessas tarefas requer a orquestração bem-sucedida de vários tipos de habilidade de funções executivas. Para fins de estudo, normalmente destacam-se a memória de trabalho, o controle inibitório e a flexibilidade cognitiva ou mental. No cotidiano, essas três funções não são totalmente distintas, elas trabalham juntas para produzir o funcionamento executivo competente. Memória de trabalho entende-se como a capacidade de manter e manipular informações durante curtos períodos.

Outros aspectos são: fornecimento de base para que sejam depositadas informações importantes, prontas para uso no cotidiano; permite a lembrança de um número de telefone tempo suficiente para discá-lo; que as crianças sigam instruções com várias etapas sem lembretes, se lembrem e conectem informações de um parágrafo para o outro, façam um problema de aritmética com várias etapas; além de auxiliar nas interações sociais.

Controle inibitório: habilidade de controlar e filtrar os pensamentos e impulsos para resistir às distrações e hábitos. Possibilita a atenção seletiva e focada, priorizando a ação; entende-se como a habilidade para afastar devaneios e possibilita a concentração em tarefas importantes; é dessa habilidade que as crianças necessitam para esperar até que sejam chamadas, mesmo quando sabem a resposta, para participarem de brincadeiras como "Seu mestre mandou" e "Estátua", ignorando as distrações e focando na tarefa da escola.

Flexibilidade cognitiva ou mental: capacidade em mudar com agilidade as engrenagens e ajustá-las para atender às exigências, prioridades ou perspectivas.

a) Permite-nos aplicar regras diferentes em diferentes contextos. Permite-nos mudar flexivelmente para a convenção social que diz para não ferirmos os sentimentos das pessoas, são os ensinamentos às crianças sobre "vozes exteriores" e "vozes interiores" e as diferentes situações em que se deve usar cada uma delas.
b) As crianças aprendem a empregar essa habilidade para fazer uma experiência científica de diferentes maneiras até que ela funcione, aprender exceções às regras de gramática, para tentar estratégias diferentes quando estão resolvendo um conflito com outra criança (NSCDC, 2014).

O Transtorno de Déficit de Atenção e Hiperatividade – TDAH

Entende-se por Transtorno de Déficit de Atenção e Hiperatividade (TDAH) como um transtorno de base neurobiológica, onde a suscetibilidade a ele parece ser determinada por múltiplos genes de pequeno efeito (Castellanos & Tannock, 2002). Este aparece na infância e frequentemente acompanha o indivíduo por toda sua vida, caracterizando-se por sintomas de desatenção, inquietude e impulsividade, três características marcantes do transtorno. Esses sintomas são destacados por (Rhode, 2000):

Sintomas da desatenção: dificuldade em manter atenção em tarefas ou atividades lúdicas, em organizar tarefas e atividades, bem como atenção a detalhes ou errar por descuido em atividades escolares e de trabalho, não concluir tarefas escolares, domésticas ou deveres profissionais; quando lhe dirigem a palavra parecer não escutar, dentre outros.

Sintomas da hiperatividade: Apresentar dificuldade em brincar ou envolver-se silenciosamente em atividades de lazer, agitação das mãos ou os pés, abandono da posição em sala de aula ou em outras situações nas quais se espera que permaneça sentado, escalar ou correr em situações onde isso é inapropriado, fala em demasia.

Sintomas de impulsividade: Responder precipitadamente antes das perguntas terem sido concluídas; ter dificuldade em esperar a sua vez, assumir um emprego sem informações adequadas.

De acordo com o DSM-5-TR (APA, 2023), o TDAH subdivide-se em três subtipos: TDAH tipo apresentação, predominantemente desatenta com predomínio de sintomas de desatenção sem a presença de hiperatividade-impulsividade nos últimos 6 meses; TDAH tipo apresentação, predominantemente hiperatividade-impulsividade quando somente o critério hiperatividade-impulsividade é preenchido e não está presente o critério desatenção nos últimos 6 meses; TDAH tipo apresentação combinada, quando ambos os critérios estão presentes, desatenção e hiperatividade-impulsividade.

O TDAH com predomínio de sintomas de desatenção aparece com maior frequência no sexo feminino, e conjuntamente com o tipo combinado, parece apresentar uma taxa mais elevada de prejuízo acadêmico. Por outro lado, as crianças com TDAH com predomínio de sintomas de hiperatividade/impulsividade são mais agressivas e impulsivas do que as crianças com os outros dois tipos, e tendem a apresentar altas taxas de rejeição pelos colegas e de impopularidade. Embora sintomas de conduta, de oposição e de desafio ocorram mais frequentemente em crianças com qualquer um dos tipos de TDAH do que em crianças normais, o tipo combinado está mais fortemente associado a esses comportamentos. Além disso, o tipo combinado apresenta também um maior prejuízo no funcionamento global, quando comparado aos dois outros grupos (APA, 2023).

Segundo pesquisas aplicadas, o TDAH ocorre em 3 a 5% das crianças, em mais da metade dos casos o transtorno acompanha o indivíduo na vida adulta, parecendo que os sintomas de inquietude se tornam mais brandos (Barkley, 2008). O grupo de trabalho denominado Enigma ADHD *Working Group,* tem como objetivo de investigar se existiam diferenças estruturais em crianças e adultos com TDAH em comparação com aqueles sem este diagnóstico foi realizada uma análise transversal. A amostra foi composta por 1713 participantes com TDAH e 1529 controles de 23 locais com idade mediana de 14 anos (variação de 4 a 63 anos). O estudo identificou reduções bilaterais de amígdala, *accumbens* e hipocampo no grupo com TDAH, entendendo a teoria do atraso da maturação cerebral para o TDAH para incluir estruturas subcorticais e refutar os efeitos da medicação no volume cerebral sugerido por meta análises anteriores. Todas as evidências indicam que fatores neurológicos e genéticos desempenham um papel substancial nas origens e na expressão desse transtorno. A pesquisa neuropsicológica encontra evidências substanciais de déficits na inibição comportamental, na atenção prolongada (persistência em tarefas), na resistência a distrações e no funcionamento executivo (a internalização da fala, na memória de trabalho verbal, na memória de trabalho temporal-sequencial, na coordenação motora e no tempo dos movimentos motores finos, na autorregulação emocional e motivacional, na fluência verbal e no planejamento) (Hoogman *et al.*, 2017).

As funções executivas (FE)

As FE são a base do comportamento intencional e incluem diversos processos cognitivos, são mediadas pelo córtex pré-frontal e suas redes com os gânglios basais e o cerebelo, sugerindo que essas regiões podem desempenhar um papel fundamental no TDAH (Hoogman *et al.*, 2017). Abaixo se apresenta o modelo híbrido das funções executivas e a relação das quatro funções com os sistemas de inibição e controle motor, adaptado de Barkley (2008).

Ainda, segundo mesmo autor, apresenta questões clínicas sobre as funções executivas, sendo que o primeiro componente é a inibição comportamental, a base da qual dependem as quatro funções executivas. Essas quatro funções são: memória de trabalho não-verbal, memória de trabalho verbal, autorregularão do afeto/motivação/excitação e a reconstituição. Segundo a hipótese apresentada, todas são formas encobertas e autodirigidas de comportamento que produzem informações representadas internamente e que exercem uma influência controladora sobre o sexto componente do modelo: o sistema de execução e controle motores (Barkley, 2008).

As funções executivas redefinidas nos termos de seus equivalentes comportamentais são: percepção autodirigida e encoberta (memória de trabalho não verbal); fala autodirigida e encoberta (memória de trabalho verbal); afeto/motivação/excitação autodirigidos e encoberto sou emoção autodirigida; manipulação, experimentação e jogo (reconstituição) autodirigidos e encobertos.

Acredita-se que todas derivem de seus correlatos mais explícitos e observáveis no comportamento humano, que são harmonizados como self e de forma progressivamente mais privada, encoberta ou não observável (internalizada). Essas funções executivas permitem que o comportamento externo seja orientado por formas de ação interna que efetivamente unem os intervalos sem contingências trans temporais e direcionam o comportamento a eventos futuros hipotéticos (resultados, objetivos, etc.). Ainda, também dão vazão a uma nova forma de resposta prolongada (atenção), além da forma controlada pelas contingências imediatas preponderantes. Essa nova resposta prolongada ocorre a partir dessas formas internamente orientadas de comportamento voltado para um dado objetivo. Então, o tempo, o ritmo e a oportunidade, tornam-se conceitos importantes para entender esse comportamento voltado aos objetivos e determiná-lo tornando o tempo e o futuro social, de certa forma, o "executivo central". O propósito final dessas ações executivas e a autorregulação relativa ao tempo que elas possibilitam é a maximização líquida das consequências de longo prazo para benefício dos interesses pessoais do indivíduo (Barkley, 2008).

Tratamento no TDAH

O TDAH é um transtorno da inibição do comportamento. Assim, ele perturba o desenvolvimento e a realização efetiva das funções executivas e a autorregulação que elas possibilitam. Os indivíduos portadores de TDAH têm uma forma de miopia temporal, ou cegueira para o tempo, que causa uma grande devastação social, educacional e ocupacional, perturbando o seu funcionamento adaptativo cotidiano em relação ao tempo e ao futuro.

O presente modelo traz diversas implicações ao tratamento do TDAH, entre as quais está uma justificativa para o uso de medicamentos como um tratamento corretivo temporário para os déficits neuropsicológicos subjacentes na inibição comportamental e no autocontrole. Os medicamentos devem ser acompanhados pela externalização de fontes de informações que visam controlar o comportamento do indivíduo. Ainda, a motivação comportamental também deve ser externalizada, prevendo consequências artificiais em locais cruciais do ambiente ou da tarefa, onde não costumam ocorrer. Essas modificações devem ser mantidas por períodos prolongados para que continuem a ser benéficas para o indivíduo portador de TDAH. A perspectiva de uma deficiência crônica parece mais apropriada ao tratamento do TDAH, assim como ao diabetes, do que seria um modelo curativo de curto prazo (por exemplo, o tratamento de uma infecção com antibióticos) (Barkley, 2008).

Já para a ABDA, o tratamento para o TDAH deve ser uma combinação de medicamentos, orientação aos pais e professores, incluindo técnicas específicas que devem ser ensinadas ao portador. Além da medicação, que na maioria dos casos faz parte do tratamento, indica-se a Terapia Cognitivo Comportamental, sendo no Brasil uma atribuição exclusiva de psicólogos. Não existe até o momento nenhuma evidência científica de que outras formas de psicoterapia auxiliem nos sintomas de TDAH.

TDAH e as funções executivas

Os lobos frontais parecem possuir uma função executiva, compreendendo a capacidade de iniciar, manter, inibir e desviar a atenção. O gerenciamento das informações recebidas, integração da experiência atual com a passada, monitoramento do comportamento presente, inibição de respostas inadequadas, organização e planejamento da obtenção de metas futuras estão entre as suas funções. Assim, é possível compreender muitas das manifestações de TDAH como resultado de uma deficiência do desenvolvimento do processo inibitório normal, o que exerce papel importante na função executiva do lobo frontal (Barkley, 2008).

Em suma, acredita-se que o TDAH é uma disfunção executiva do lobo frontal, sendo que Barkley (2002) refere à falta de controle inibitório das condutas nestas pessoas. Esse conceito de disfunção é fundamental quando se pensa em diagnóstico (Barkley, 2002; Mattos, 2003).

As alterações das FE se fazem presentes no TDAH. Conforme Travella (2004) as principais funções executivas cuja alteração se vincula ao TDAH são:

- *Organização, hierarquização e ativação da informação:* o sujeito requer pressão para começar e cumprir a tarefa em tempo, tem dificuldade para estabelecer prioridades na atividade, troca de tarefas continuamente.

- Focalização e sustentação da atenção: distração fácil por estímulos internos e externos; dificuldade de filtrar estímulos; perde o foco quando lê; necessita de lembretes para manter em sua tarefa habitual.
- Alerta e velocidade de processamento: Ausência de motivação e cansaço constante; esgotamento fácil do esforço; pouca velocidade de processamento.
- Manejo da frustração e modulação do afeto: o paciente apresenta baixa tolerância à frustração e baixa autoestima; hipersensibilidade a críticas; irritabilidade.
- Utilização e evocação da memória de trabalho: a pessoa apresenta capacidade limitada da cognição como o raciocínio, compreensão, resolução de problemas.

Em síntese, organização, antecipação, planejamento, controle inibitório, memória de trabalho, flexibilidade, autorregulação e controle da conduta constituem requisitos importantes para resolver problemas de maneira eficaz e eficiente (Lopes, Nascimento & Bandeira, 2005). As FE são processos de controle que envolvem a capacidade inibitória, demora no tempo de resposta que possibilite o indivíduo a iniciar, manter, deter e trocar seus processos mentais para o qual deve estabelecer prioridades, organizar-se e pôr em prática uma estratégia. Devido à multiplicidade de variáveis envolvidas no TDAH, o estudo do déficit das funções cognitivas promove um ponto de unificação e de compreensão renovados.

Atualmente os estudiosos do TDAH tendem a ver o transtorno como um déficit de controle inibitório, mais que como um simples problema de atenção (Barkley, 2002; Malloy-Diniz, 2010; Mattos, 2003; Saboya, Franco, & Mattos, 2002). Somente por volta dos 20 anos de idade se completa o processo de maturação da área pré-frontal do córtex cerebral, área essa responsável pelas funções executivas. Crianças e adolescentes necessitam lançar uso de um lobo frontal auxiliar sendo essa função exercida por seus pais ou responsáveis. Crianças na primeira infância não terão tantos problemas em termos de função executiva pois é de seu cotidiano a supervisão e cuidados de adultos responsáveis. Há que se ter atenção especial na segunda infância e adolescência, para que quando apresentem sintomas característicos de TDAH não sejam vistos como desinteresse ou agitação dos mesmos, ao apresentar dificuldades no processo do aprendizado e relações interpessoais.

As alterações neuroquímicas, psíquicas e emocionais presentes no TDAH, são passíveis de tratamento, devemos incluir cuidados para evitar a distração, é recomendado que a pessoa com TDAH tenha um ambiente silencioso e sem distrações para estudar. Na escola, pode se concentrar melhor sentando na primeira fileira e longe das janelas, além de que aulas de apoio são bem-vindas, recebendo assim, atenção e apoio com maior foco podendo ajudar na melhora do seu desempenho. É importante que os pais e professores se focalizem em recompensar onde seu desempenho é bom, valorizando suas qualidades, mais do que punindo suas falhas (Mattos, 2003). Do ponto de vista ontogenético, as FE apresentam um longo percurso do desenvolvimento terminando sua maturação ao final da adolescência. Isso acontece devido à dependência que as FE apresentam em relação aos circuitos fronto-estriatais, os últimos a atingirem a maturidade no ciclo vital. Essa trajetória do desenvolvimento, por ser longa, propicia um período extenso para que eventos biológicos de vários tipos interrompam a trajetória normal de maturação das funções cerebrais. Porta. Portanto, é comum observarmos disfunções executivas em sujeitos acometidos pelo Transtorno do Déficit de Atenção e Hiperatividade (Mattos, 2003).

Instrumentos para avaliação das funções executivas

Sabemos que a avaliação das funções executivas engloba muitas habilidades e componentes. Na tabela abaixo estão alguns instrumentos recomendados a serem utilizados na avaliação das mesmas.

Quadro 1 – Principais componentes das FE e respectivas Provas.

Funções	Provas/Testes
Capacidade cognitiva estimada	Vocabulário (WAIS,WISC,WASI) Cubos (WAIS,WISC,WASI)
Atenção alternada	Tavis-IV Trail Making Test (TMT) A e B Teste Stroop de cores e palavras Teste de trilhas coloridas (TTC)
Velocidade de processamento	Códigos (WAIS, WISC) Procurar símbolos (WAIS, WISC) Stroop de palavras e cores Teste de trilhas coloridas (TTC) Forma x A e B Teste dos Cinco Dígitos (FDT)
Processos executivos	
Memória de trabalho Alça (Bucle) fonológica	Dígitos ordem indireta (WAIS, WISC) Rey Auditory – Verbal Learning Test (RAVLT)
Codificação/manutenção	Paradigma Sternberg
Manutenção/atualização	Dígitos (WAIS, WISC) Sequência de Letras-Números (SNL, WAIS, WISC) Fluência verbal FAS e animais)
Manutenção /manipulação	Sequência de letras-números SNL (WAIS, WISC) Dígitos Ordem Indireta (WAIS, WISC)
Acesso a semântico/ fonológico Fluidez verbal	Palavras com letras F, A e S (FAS) Fluência verbal categoria animal animais em l
Inibição de respostas, controle de interferência de automatismos, modulação	Stroop de cores e palavras Tarefas Go-No Go Teste dos Cinco Dígitos (FDT)
Flexibilidade cognitiva Alternância de sets cognitivos	Wisconsin Card Sorting Test (WCST) Raciocínio complexo de testes de raciocínio lógico
Planejamento e resolução de problemas	Figuras complexas de Rey (FCR) qualitativo

Adaptado de Lopes *et al.* (2018).

Caso Fictício

Sobre o encaminhamento e instrumentos:

Dados sociodemográficos: Gabriela, 8 anos, sexo feminino, frequenta o 3º ano das séries iniciais do ensino fundamental. Mora com os pais e duas irmãs. Foi encaminhada pela escola que frequenta por apresentar baixo rendimento escolar. Faz uso de medicação (Ritalina), prescrito por neurologista.

Fontes fundamentais: A avaliação neuropsicológica foi constituída de uso de entrevista; Inteligência (WISC IV), funções executivas (Figuras Complexas de Rey), Atenção D2-R; HTP

Fontes complementares: SNAP–IV, com a mãe e a professora de Gabriela.

Análise dos principais resultados:

Apresentou um desempenho médio em QIT, porém apresentou discrepâncias com diferenças significativas nos índices ICV (101), IMO (59), IOP (106), IMO (59), IVP (95), IMO (59); nos subtestes Dígitos e SNL houve discrepância significativa comparado com os outros subteste. O fator Gsm (DG/SNL) indica baixa capacidade associada a manutenção de informação na consciência por um curto espaço de tempo para poder recuperá-la em seguida, baixa memória auditiva de curto prazo, atenção, concentração e agilidade mental, bem como indica baixa capacidade na memória de trabalho.

Desempenho em Figuras Complexas de Rey indica desempenho inferior à média para crianças de sua idade em atividades perceptivas e memória visual e imediata, significando prejuízo nas mesmas.

Desempenho em D2-R, atenção sustentada e concentrada aponta para desempenho inferior a sujeitos de sua faixa etária.

SNAP-IV apresenta indicadores de desatenção e hiperatividade no contexto escolar e também no contexto familiar.

No HTP traços de insegurança, imaturidade e inadequação.

Como indicação terapêutica para o caso: Reabilitação Neuropsicológica.

Tabela 1 - Estratégias de intervenção das funções executivas

Estratégias de intervenção das funções executivas	
Função	**Estratégias**
Organização e planejamento	Manter rotina e discutir agenda diária.
	Brincar de forma planejada.
	Dividir as atividades grandes em partes, usar representações mentais.
	Organizadores gráficos: mapa mental, mapa conceitual e mapas pensantes.
Flexibilidade Cognitiva	Jogando com o significado das palavras: explorar frase e palavras ambíguas.
	Utilizar resolução de problemas- pensar em mais de uma forma de responder, ver o todo e ver as partes de um problema.
	Categorizar palavras e figuras.
	Em um texto, alternar ideia principal e detalhes.
	Alternar abordagens ao resolver problemas de matemática que exigem trocar entre uma regra e outra.
Atenção Concentrada	Uso de jogos que exigem atenção geral e aos detalhes de uma história: mímica, jogo dos sete erros, siga o mestre, labirinto.
	Utilizar mediadores externos para sinalizar o que deve ser feito (bastão da fala, ouvindo para ouvir).
	Recompensar esforços para manter a atenção.
	Ambiente adequado para realizar as atividades escolares.
	Sentar a aluna na frente da professora, para que não possam distrair sua atenção, se possível longe de colegas mais ativos.
Monitoramento do Tempo	Apresentar representações visuais e verbais.
	O tempo é abstrato, usar pistas visuais, cores diferentes, relógio ou cronômetro.
	Estimular a menina conforme o tempo que leve uma atividade.
Automonitoramento e auto checagem	Usar agendas e revisão do que deve ser feito.
	Usar recursos como lembretes e agendas para lembrar sobre prazos e cumprimento de atividades futuras.
	Estimular a menina a organizar os procedimentos para realizar tarefas e refletir sobre o que foi planejado.
	Prestar atenção em seus próprios sentimentos.
	Usar fala privada, ensinar a fazer perguntas que guiem o comportamento.

Estratégias de intervenção das funções executivas	
Função	**Estratégias**
Autorregulação Emocional	Identificar e expressar emoções (desenhar, imitar, modelar e observar) Usar o Baralho das Emoções como ferramenta para essa atividade.
	Falar sobre situações em sala de aula e identificar em qual ação é gerada. Narrar uma história sobre o tema.
	Desenvolver comportamentos adaptativos, colaborativos e de empatia.
COMPONENTE DAS FUNÇÕES EXECUTIVAS: CONTROLE INIBITÓRIO	
ESTRATÉGIAS	
Mudando o olhar/visão de determinada situação: levar a menina a encontrar formas de resolver seus problemas (tristeza, choro, dificuldade em resolver problemas) através de relatos de outra criança que passa pela mesma situação conflituosa que ela. Fazer um paralelo do outro e de si mesma, ao tentar buscar uma solução para o que seria bom ao outro diante da situação específica. E por meio de questionamentos a menina mudará seu olhar, mudando a perspectiva.	
Pare e Pense: ***Parar*** - respirar fundo e contar até 10. ***Pensar*** - Pense em "parar". ***Agir*** - Escolha o que fazer para resolver o problema.	

Fonte: Elaboração própria

Considerações Finais

O estudo das funções executivas presentes na área pré-frontal do córtex cerebral, tornou-se uma das áreas de pesquisa das mais relevantes na neuropsicologia. Considerando que, disfunções no córtex pré-frontal estão presentes no TDAH e o fato de que houve avanços significativos em pesquisas nessa área, este estudo teve como objetivo realizar um levantamento bibliográfico acerca da relação entre as Funções executivas e o Transtorno de Déficit de Atenção e Hiperatividade.

Dentro do que foi proposto neste estudo, que foi de investigar alguns modelos teóricos, dentre tantos, que tentam explicar o funcionamento neurocerebral do comportamento humano e as FE no Transtorno de Déficit de Atenção e Hiperatividade (TDAH). Os achados mostraram que é incontestável a importância das FE no processo de desenvolvimento do ser humano, não somente no processo de aprendizagem, mas especialmente em suas relações interpessoais. Quanto aos atuais tratamentos, estes oscilam, desde a utilização de fármacos, terapia cognitiva comportamental, ou a combinação de ambos. Cada caso deverá ser avaliado, de forma particular, para posterior orientação quanto ao tratamento mais adequado.

O TDAH é uma disfunção executiva, portanto constitui-se em um importante alvo terapêutico para intervenções adequadas que capacitem o sujeito portador da referida disfunção a melhor adaptação em diferentes contextos, permitindo solucionar problemas levando em consideração as consequências de curto, médio e longo prazo das soluções por ele escolhidas.

Conclui-se que o aprendizado de Neurociências é extremamente importante e que os profissionais em educação sejam capacitados em formação sobre os processos cerebrais, especialmente as Funções executivas, para um melhor entendimento das mesmas e sua correlação com o transtorno, para que assim possam trabalhar com aqueles alunos portadores de TDAH e que os mesmos passem a apresentar resultados mais satisfatórios no processo de ensino-aprendizagem. Cita-se também a importância do trabalho de equipe multidisciplinar no tratamento do TDAH, em parceria com os educadores, para que o portador de TDAH tenha melhor desempenho e satisfação em sua vida escolar e social.

Sugere-se que é de extrema importância a continuidade de estudos nessa área, a fim de auxiliar os profissionais envolvidos no diagnóstico e manejo desse distúrbio, visando melhor qualidade de vida do paciente. Apesar deste estudo explicar que é incontestável a relação entre FE e o TDAH, há ainda reduzidos estudos brasileiros com o tema pesquisado.

Referências

American Psychiatric Association - APA. (2014). *Manual diagnóstico e estatístico de transtornos mentais.* DSM-5. Porto Alegre, RS: Artmed.

American Psychiatric Association – APA. (2023). *Manual diagnóstico e estatístico de transtornos mentais. DSM-5-TR*. Porto Alegre: Artmed.

Baddeley, A. (1996). O fracionamento da memória de trabalho. *Proceedings of the National Academy of Sciences*, 93 (24), 13468-13472.

Barkley, R. A. (1997). *ADHD and the nature of self-control.* New York, NY: The Guilford Press.

Barkley, R. A. (2002). *Transtorno de déficit de atenção/ hiperatividade (TDAH)*: guia completo e autorizado para os pais, professores e profissionais da saúde. Trad. Luís Sérgio Roizman. Porto Alegre, RS: Artmed.

Barkley, R. A. (2008). *Transtorno de déficit de atenção/ hiperatividade (TDAH)*: manual para diagnóstico e tratamento. Trad. Ronaldo Cataldo Costa. 3. ed. Porto Alegre, RS: Artmed.

Bechara, A., Damasio, A., & Damasio, H. (2000). Emotion, decision making and the orbitofrontal cortex. *Cerebral Cortex Mar*, 10, 295-307. [Links]

Castellanos, F. X., & Tannock. R. (2002). Neuroscience of Attention-deficit/ Hyperactivity Disorder: the Search for Endophenotypes. *Nat Rev Neurosci*, *3*, 617-628.

Damasio, A. (1994). *Descartes' error: emotion, reason, and the human* brain. New York: Grosset/Putnam. [Links]

Duncan, J., Burgess, P. W., & Emslie, H. (1995). Fluid intelligence after frontal lobe lesions. *Neuropsychologia*, 33, 261–268.

Fuster, J. M. (2008). *The prefrontal cortex (4th ed.).* London: Academic Press.

Goldman-Rakic, P.S. (1996) Regional and Cellular Fractionation of Working Memory. **PNAS,** 93, 13473-13480. http://www.pnas.org/content/93/24/13473.full.pdf

Goldberg, E. (2001). *The executive brain.* Oxford University Press.

Hoogman, M. *et al.* (2017). Subcortical brain volume differences in participants with attention deficit hyperactivity disorder in children and adults: a cross-sectional mega-analysis. *Lancet Psychiatry, 4* (4), 310-319.

Lezak, M.D. (2004). Avaliação neuropsicológica. Oxford University Press, EUA.

Lopes, R. M. F., Nascimento, R. F. L., & Bandeira, D. R. (2005). Avaliação do transtorno de déficit de atenção/ hiperatividade em adultos (TDAH): uma revisão de literatura. *Avaliação Psicológica, 4*(1), 65-74.

Lopes, R. M. F., Nascimento, R. F. L., Lopes, F. F., & Lopes, P. R. O. (2018). *Funções executivas, avaliação neuropsicológica, neuropsicologia, reabilitação neuropsicológica.* (Ebook no prelo).

Luria, A. R. (1981). *Fundamentos da Neuropsicologia.* São Paulo: Ed. Da Universidade de São Paulo.

Malloy-Diniz, L. F. (2010). *Avaliação Neuropsicológica.* Porto Alegre: Artmed.

Mattos, P. (2003). No mundo da lua: Perguntas e respostas sobre transtorno do déficit de atenção com hiperatividade em crianças, adolescentes e adultos. São Paulo, SP: Lemos Editorial.

Miyake, A., Emerson, M. J., & Friedman, N.P. (2000). Avaliação das funções executivas em ambientes clínicos: problemas e recomendações. In *Seminários de fala e linguagem* (Vol. 21, nº 02, pp. 0169-0183). Copyright© 2000 por Thieme Medical Publishers, Inc., 333 Seventh Avenue, Nova York, NY 10001, EUA. Tel.:+1 (212) 584-4663.

National Scientific Council on The Developing Child National Forum on Early Childhood Program Evaluation – NSCDC. (2014). *Construindo o sistema de Controle de Tráfego Aéreo do cérebro*: como as primeiras experiências moldam o desenvolvimento das funções executivas. Estudo 11 da Universidade Harvard. Trad. Fundação Maria Cecília Souto Vidigal.

Rey, A. (2017). *Figuras complexas de Rey*: teste de cópia e de reprodução de memória de figuras geométricas complexas. São Paulo: Pearson.

Rohde, L. A., Barbosa, G., Tramontina, S., & Polanczyk, G. Transtorno de déficit de atenção / hiperatividade. *Rev. Bras. Psiquiatr.* São Paulo, v. 22, supl. 2, p. 07-11, Dezembro de 2000.

Saboya, E., Franco, C. A., & Mattos, P. (2002). Relações entre processos cognitivos nas funções executivas. *Jornal Brasileiro de Psiquiatria, 51*(2), 91-100.

Sedó, M. (2015). O teste dos cinco dígitos. São Paulo: Hogrefe.

Shaffer, D. R. (2005). Psicologia do Desenvolvimento. São Paulo: Thomson Pioneira.

Shallice T. Specific impairments of planning. Philos Trans R. *Soc London B Biol Sci* 1982; 298: 199-209.

Stuss, D. T., & Benson, D. F. (1986). *The frontal lobes.* New York: Raven Press.

Travella, J. (2004). *Sindrome da Atención Dispersa, Hiperactividaden pacientes adultos (ADHD).* Recuperado de: http://www.adhd.com.ar.

Reabilitação neuropsicológica em pacientes diagnosticados com Transtorno de Déficit de Atenção e Hiperatividade (TDAH)

15

Juliane Xavier da Silva
Roberta Fernandes Lopes do Nascimento

Introdução

A investigação neuropsicológica se dá pela a interação entre estruturas cerebrais preservadas e prejudicadas e as funções cognitivas. Neste sentido, a Neuropsicologia vem realizando grandes contribuições para a evolução efetiva das neurociências (Santos, 2005). Já a reabilitação neuropsicológica visa uma melhor qualidade de vida e otimiza o aproveitamento das funções totais ou parcialmente preservadas do paciente em reabilitação (Pontes & Hübner, 2008).

A reabilitação é uma técnica que vem sendo aplicada em muitos casos de distúrbios que afetam aspectos cerebrais, como o Transtorno do Déficit de Atenção e Hiperatividade (TDAH) (Cantiere *et al.*, 2018). O TDAH é caracterizado por padrões de desatenção e hiperatividade/impulsividade severos e frequentes, que causam comprometimento no desenvolvimento do indivíduo portador, sendo que os sintomas podem aparecer antes dos 7 anos de idade, embora muitas pessoas venham a ser diagnosticadas tardiamente, após a presença dos sintomas por alguns anos. Este comprometimento pode se estender em diferentes situações, tais como nas esferas de relacionamento familiar e educacional e social (Cantiere *et al.*, 2018). Cabe salientar que, nesse sentido, o diagnóstico para TDAH é fundamentalmente clínico, baseado em critérios diagnósticos de sistemas classificatórios como o DSM-V (APA, 2014), devendo ser determinado ainda de acordo o subtipo que podem ser: predominantemente desatenta, predominantemente hiperativa/impulsiva ou combinada. Considerando que o jovem com TDAH apresenta prejuízos claros no seu funcionamento do aprendizado escolar e no desenvolvimento social e emocional, podendo apresentar funcionamento mental acelerado, inquieto, capaz de produzir (Bolfer, 2009; Silva, 2014).

Dessa forma, esse capítulo buscou identificar as principais características do TDAH, bem como verificar possibilidades de intervenção por meio da reabilitação neuropsicológica.

TDAH

O TDAH é considerado um transtorno neurobiológico de causas genéticas, comum, surgido na infância e que pode ser apresentado por toda a vida do indivíduo portador, prejudicando o desenvolvimento emocional e acadêmico (Silva, 2005). De acordo com Araújo (2002), o TDAH está relacionado ao baixo desempenho escolar/acadêmico, também podendo estar associado aos comportamentos de ricos, como uso de drogas e atitudes antissociais.

A importância do entendimento familiar após a descoberta da desordem crônica permite que o tratamento seja mais bem efetivado; isso ajudará na qualidade de vida emocional do sujeito acometido pelo problema. De acordo com Araújo (2002), o reconhecimento precoce de situações que necessitem de suporte irá favorecer um melhor prognóstico no desempenho escular e laboral do indivíduo ao longo de sua vida. Ainda referente aos sintomas de desatenção, Toledo (2006) nos elenca uma lista de características abaixo que frequentemente ocorrem com indivíduos com TDAH:

- Deixa de prestar atenção a detalhes, cometendo erros por descuido em atividades escolares, de trabalho ou outras;
- dificuldade para manter atenção em atividades lúdicas;
- demonstra não ouvir quando lhe dirigem a palavra;
- não segue instruções e não termina seus deveres escolares, tarefas domésticas ou deveres profissionais (não devido ao comportamento de oposição ou incapacidade de compreender instruções);

- apresenta dificuldade para organizar tarefas e atividades;
- evita, antipatiza ou reluta em se envolver em tarefas que exijam esforço mental constante (como tarefas escolares e deveres de casa);
- perde coisas necessárias para tarefas ou atividades (por ex.: brinquedos, tarefas, livros, lápis ou outros materiais);
- distraído por estímulos alheios à tarefa;
- frequentemente é esquecido em atividades diárias.

O diagnóstico deste transtorno, de acordo com Breinis (2014), pode ser realizado por volta de 5/6 anos de idade. No entanto, alguns sintomas já se apresentam desde a fase lactente como: insaciedade, inquietude e cólica/choro em demasia. Durante a primeira infância, podem também apresentar atividade psicomotora extremamente aumentada, agitabilidade, dificuldade em manter-se interessado e engajado em algum jogo/brincadeira, dificuldade em respeitar normas/regras.

Na fase pré-escolar, as queixas são mais facilmente reconhecidas, pois os sintomas ficam muito mais evidentes, pois há dificuldade em se manter sentado na cadeira (para estudo ou alimentação), facilmente se distrai, fala em demasia, anda pela sala de aula e tem atividade motora exacerbada. Estima-se que no Brasil, 13% das crianças de 6 aos 12 anos tenham TDAH e os sintomas permaneçam na vida adulta cerca de 67% dos casos (Sousa & Fontoura, 2018).

O diagnóstico de TDAH é pautado em características observáveis, como esquecimento em atividades diárias com frequência; agitação psicomotora, além de sensação de não conseguir ficar quieto, como se estivesse a todo elétrico; e fala em demasia (APA, 2014, 2023; Signor, 2016). O indivíduo também pode apresentar dificuldade de se manter fazendo uma mesma tarefa, demorando em iniciá-la (Dorneles *et al.*, 2014). Dessa forma, cabe ressaltar que se deve ser cauteloso ao diagnosticar um indivíduo com TDAH, pois a mídia tem, por sua vez, realizado e divulgado excessivamente o TDAH, no entanto, tais comportamentos podem ser naturais ao jovem, não sendo necessariamente uma psicopatologia (Silva, 2005). Observou-se, por meio de pesquisas neuropsicológicas, que há comprometimento de funções do córtex pré-frontal nos portadores de TDAH, ressaltando a importância dessa região em relação aos sintomas apresentados pelos indivíduos portadores (Bolfer, 2009).

Conforme o DSM-V (APA, 2014, p. 59) os principais critérios diagnósticos são:

- **Desatenção**: Seis ou (mais) dos seguintes sintomas persistem pelo menos por seis meses em um grau que é inconsistente com o nível do desenvolvimento e têm impacto negativo diretamente nas atividades sociais, acadêmicas/profissionais:
  a. Frequentemente não presta atenção em detalhes ou comete erros por descuido em tarefas escolares, no trabalho ou durante outras atividades.
  b. Frequentemente tem dificuldade de manter a atenção em tarefas ou atividades lúdicas.
  c. Frequentemente parece não escutar quando alguém lhe dirige a palavra diretamente.
  d. Frequentemente não segue instruções até o fim e não consegue terminar trabalhos escolares, tarefas ou deveres no local de trabalho.
  e. Frequentemente tem dificuldade para organizar tarefas ou atividades.
  f. Frequentemente evita, não gosta ou reluta em revolver tarefas que exijam esforços mentais prolongados.
  g. Frequentemente perde coisas necessárias para tarefas ou atividades.
  h. Com frequência, é facilmente distraído por estímulos externos.
  i. Com frequência, é esquecido em relação a atividades cotidianas.

- **Hiperatividade/impulsividade**: seis ou (mais) dos seguintes sintomas persistem pelo menos por seis meses em um grau que é inconsistente com o nível do desenvolvimento e têm impacto negativo diretamente nas atividades sociais, acadêmicas/profissionais:
  a. Frequentemente remexe ou batuca as mãos ou os pés ou se contorce na cadeira.
  b. Frequentemente levanta da cadeira em situações em que se espera que permaneça sentado.
  c. Frequentemente corre ou sobe nas coisas em situações em que isso é inapropriado.

d. Com frequência, é incapaz de brincar ou se envolver em atividades de lazer calmamente.
e. Com frequência "não para", agindo como se estivesse "com o motor ligado".
f. Frequentemente fala demais.
g. Frequentemente deixa escapar uma resposta antes que a pergunta tenha sido concluída.
h. Frequentemente tem dificuldade de esperar a sua vez.
i. Frequentemente interrompe ou se intromete.

A presença de outras dificuldades associadas aos sintomas do TDAH pode representar apenas problemas secundários ao quadro, ou mesmo, pode indicar a presença de comorbidades, como os transtornos de aprendizagem, de conduta, de personalidade, depressão, transtornos invasivos do desenvolvimento, abuso de substâncias psicoativas, entre outros (Andrade, 2013).

Reabilitação neuropsicológica

Estudos sobre reabilitação iniciaram, provavelmente, na Alemanha, durante a Primeira Guerra Mundial, como resultado da sobrevivência de militares com traumatismo craniano. A neuropsicologia atual estuda os temas clássicos da Psicologia, como funções cognitivas (atenção, aprendizagem, percepção, memória), ao se utilizar da Psicologia experimental e do campo da Psicometria para a construção dos testes (Hamdan *et al.*, 2011). Pesquisas envolvendo reabilitação neuropsicológica têm se preocupado em contribuir para o desenvolvimento mais adequado das funções que mostram prejuízos em sua evolução, como é o caso de sua aplicação no TDAH. (Cantiere, 2014). A reabilitação neuropsicológica é um dos componentes do tratamento de pacientes com lesões cerebrais e/ou distúrbios neurológicos e neuropsiquiátricos.

Os programas de reabilitação podem ser constituídos por técnicas comportamentais, tendo em vistas valiosas técnicas da ciência da análise do comportamento para modificação de comportamento e na promoção do processo de aprendizagem (Pontes & Hübner, 2008). Outra questão referente à reabilitação neuropsicológica se dá em função de que ela só é possível devido à plasticidade cerebral, bem como a estratégias compensatórias, as quais são muito utilizadas nesse contexto, tendo em vista os prejuízos de memória e de outras funções cognitivas como atenção e funções executivas, mas sempre levando em consideração as necessidades do indivíduo (Rodrigues, 2015).Em um serviço de reabilitação, o trabalho realizado deve ser feito juntamente aos familiares do indivíduo portadores, tendo em vista que é um longo processo dividido em quatro principais etapas: entrevista inicial/triagem; avaliação neurológica; avaliação neuropsicológica; e construção do plano de reabilitação; tratamento; alta e acompanhamento (Gouvea *et al*, 2001).

Reabilitação neuropsicológica nos casos de TDAH

As funções cognitivas afetadas ao TDAH, muitas vezes, estão relacionadas ao funcionamento executivo do indivíduo, ou seja, na de se engajar a determinada tarefa, tomar decisão, etc. Assim, reabilitar o indivíduo a traçar metas, realizar ações voluntárias, promover maior autonomia será importante (Capovilla *et al.*, 2007). Apesar da grande importância que o estudo das funções executivas vem recebendo na literatura, há um número ainda limitado referente a programas de intervenção para crianças no contexto escolar (Cardoso, 2017).

Entre as modalidades existentes de intervenção que podem ser usadas tanto individuais quanto em grupo e que podem ser desenvolvidas com crianças diagnósticas com TDAH, destacam-se: o Treino Cognitivo Computadorizado, a Adaptação Curricular e a Instrução de Estratégia Cognitivas/Abordagem Metacognitiva (Cardoso, 2017). A seguir, será aprofundado cada uma dessas 3 principais estratégias.

Dentre a abordagem do Treino Cognitivo Computadorizado, o programa mais conhecido e utilizado é o Cogmed, desenvolvido para estimular a memória de trabalho. Tal programa consiste em três *softwares* com diversas atividades destinadas a crianças pré-escolares (Cogmed JM), crianças em idade escolar (Cogmed RM) e adultos (Cogmed OM), geralmente são 25 sessões de 30-40 minutos cada, realizadas durante 5 semanas (Cardoso, 2017). No âmbito escolar, esses programas são atraentes, uma vez que diminuem a necessidade de recursos adicionais, geram motivação por parte dos participantes e de forma automática já adaptam o nível de dificuldade das tarefas.

Já a modalidade da Adaptação Curricular, as atividades dos programas de intervenção são inseridas diretamente no currículo escolar, ao longo do ano letivo. Geralmente, o programa é mediado pelo professor, realizado com toda a turma e inclui a estimulação de múltiplos componentes cognitivos. Por fim, na modalidade de Instrução de Estratégias Cognitivas/Abordagem Metacognitiva o objetivo é ensinar as crianças a observar, avaliar, monitorar e gerenciar suas habilidades cognitivas. Essa abordagem envolve o ensino direto do processo sistemático de organização, a resolução de problemas e como se monitorar e regular o comportamento. Muitas vezes, envolve o uso de dispositivos externos, lembretes, pista por escrito (Cardoso, 2017).

A identificação das áreas afetadas auxilia na compreensão de possíveis atividades compensatórias executadas pelo cérebro, por exemplo: crianças com altas habilidades mnêmicas e baixo raciocínio abstrato podem ter bons desempenhos em algumas avaliações matemáticas. Assim, como também facilita na elaboração dos programas de reabilitação neuropsicológica (Hamdan, 2011).

Referente às dificuldades encontradas em desenvolver estratégias de intervenção para cada distúrbio neuropsicológico, Wilson (1991, como citado em Hamdan, 2011) aponta que essas dificuldades se relacionam a diversos fatores como a diversidade da população atingida, os diferentes tipos de lesões e as características particulares dos déficits observados fazem com que a avaliação dos programas de reabilitação seja um tópico complexo. O planejamento e a realização de tarefas estimulantes cognitivamente contribui para a plasticidade cognitiva, permitindo ao indivíduo se organizar adequadamente, bem como a realização de treino cognitivo, utilização de jogos eletrônicos, vídeo games e de tabuleiro (Oliveira, 2013; Rivero *et al.*, 2012).

Considerações finais

Esse capítulo apresentou a importância de um diagnóstico bem elaborado, evidenciado na teoria, composto pelas especificidades da doença. O tema reabilitação neuropsicológica ainda se encontra pouco referenciado pela teoria, porém encontramos no resultado da pesquisa várias intervenções que podem ser efetuadas com sucesso, inclusive aplicado no TDAH.

Apesar do TDAH não ser uma disfunção executiva propriamente, é um transtorno psicopatológico que apresenta características semelhantes a outros que possuem déficits cerebrais (Oliveira, 2013). Assim, evidenciou-se que a aplicação de tarefas e treinos cognitivos melhora o desempenho dos pacientes, estimulando o desenvolvimento de suas habilidades. A identificação das áreas afetadas torna-se imprescindível já na avaliação, pois posteriormente auxiliam na compreensão das áreas que precisam ser reabilitadas. Reabilitar um paciente com déficits atencionais requer estabelecer uma ponte sutil e dinâmica com o mesmo, visto que cada caso nos é apresentado de maneira peculiar.

Referências

American Psychiatric Association. (2014). *DSM-5: Manual diagnóstico e estatístico de transtornos mentais*. Porto Alegre, RS: Artmed Editora.

Andrade, A. M. (2013). *Adaptação e implementação do programa de intervenção precoce sobre o funcionamento executivo para crianças e adolescentes com TDAH*. Recuperado de http://tede.mackenzie.com.br/jspui/handle/tede/1772.

Araújo, A. P. Q. C. (2002). Avaliação e manejo da criança com dificuldade escolar e distúrbio de atenção. *Jornal de Pediatria*, *78*(1), 104-110.

Associação Psiquiátrica Americana – APA (2023). *Manual diagnóstico e estatístico de transtornos mentais*. *DSM-V-TR*. Porto Alegre, RS: Artmed.

Bolfer, C. P. M. (2009). *Avaliação neuropsicológica das funções executivas e da atenção em crianças com transtorno do déficit de atenção/hiperatividade (TDAH)* (Tese de Doutorado). Universidade de São Paulo, São Paulo, Brasil. Recuperado dehttp://www.teses.usp.br/teses/disponiveis/5/5138/tde-09022010-171726/en.php

Breinis, P. (2014). Transtorno do déficit de atenção na infância. *Pediatria Moderna*, *50*(9), 388-396.

Cantiere, C. N. (2014). *Intervenção neuropsicológica para desenvolvimento de habilidades de atenção e flexibilidade cognitiva em crianças com TDAH*. Recuperado de http://tede.mackenzie.com.br/jspui/handle/tede/1634

Cantiere, C. N., de Fátima Ribeiro, A., Khoury, L. P., Seraceni, M. F. F., & Macedo, L. F. R. (2018). Treino cognitivo em crianças e adolescentes com sinais de desatenção e hiperatividade: proposta de protocolo de intervenção neuropsicológica nos domínios verbal e executivo. *Cadernos de Pós-Graduação em Distúrbios do Desenvolvimento, 12*(1).

Capovilla, A. G. S., Assef, E. C. D. S., & Cozza, H. F. P. (2007). Avaliação neuropsicológica das funções executivas e relação com desatenção e hiperatividade. *Avaliação psicológica, 6*(1), 51-60.

Cardoso, C. D. O. (2017). *Programas de intervenção neuropsicológica precoce-preventiva: estimulação das funções executivas em escolares.* Recuperado de http://repositorio.pucrs.br/dspace/handle/10923/10131

Dorneles, B. V., Corso, L. V., Costa, A. C., Pisacco, N. M. T., Sperafico, Y. L. S., & Rohde, L. A. P. (2014). Impacto do DSM-5 no diagnóstico de transtornos de aprendizagem em crianças e adolescentes com TDAH: um estudo de prevalência. *Psicologia: reflexão e crítica. 27*(4). 1-9.

Dorneles, B. Recuperado em 14 de novembro de 2018 de: https://dx.doi.org/10.1590/1678-7153.2014274167

Gouveia, P., Bolognani, S., Brucki, S., Fabrício, A., & Bueno, O. (2001). Metodologia em reabilitação neuropsicológica de pacientes com lesão cerebral adquirida. *Revista de Psiquiatria Clínica, 28*(6), 295-299.

Hamdan, A. C., de Pereira, A. P. A., & de Sá Riechi, T. I. J. (2011). Avaliação e reabilitação neuropsicológica: desenvolvimento histórico e perspectivas atuais. *Interação em Psicologia, 15.*

Oliveira, L. B., Ishitani, L., & Cardoso, A. M. (2013). Jogos computacionais e transtorno de déficit de atenção e hiperatividade: Revisão sistemática de literatura. *Nuevas Ideas en Informática Educativa TISE.* Recuperado de https://www.researchgate.net/profile/Lucila_Ishitani/publication/277709149_Jogos_Computacionais_e_Transtorno_de_Deficit_de_Atencao_e_Hiperatividade_Revisao_Sistematica_de_Literatura/links/561fbd3c08ae70315b550ff2/Jogos-Computacionais-e-Transtorno-de-Deficit-de-Atencao-e-Hiperatividade-Revisao-Sistematica-de-Literatura.pdf

Pontes, L. M. M., & Hübner, M. M. C. (2008). A reabilitação neuropsicológica sob a ótica da psicologia comportamental. *Revista de Psiquiatria Clínica, 35*(1), 6-12.

Rivero, T. S., Querino, E. H., & Starling-Alves, I. (2012). Videogame: seu impacto na atenção, percepção e funções executivas. *Revista Neuropsicologia Latinoamericana, 1*(1), 38-52.

Rodrigues, C. (2015). *Reabilitação neurológica: enquadramento histórico, abordagens metodológicas e técnicas de reabilitação neuropsicológica.* Recuperado de http://www.psicologia.pt/artigos/textos/TL0338.pdf

Santos, F. H. (2005). Reabilitação neuropsicológica pediátrica. *Psicologia: ciência e profissão, 25*(3), 450-461.

Signor, R. C. F. (2016). Transtorno de Déficit de Atenção e Hiperatividade: implicações para a constituição leitora do aprendiz. *Revista Brasileira de Linguística Aplicada, 16*(3), 309-334.

Silva, E. J. C. (2005). Transtornos do déficit de atenção com hiperatividade em adolescentes. *Adolescência e Saude, 2*(2), 25-29.

Sousa, M. C., & de Sousa Fontoura, H. (2018, April). Aspectos biopsicossocias de portadores de TDAH: revisão de literatura. In *Anais do Congresso de Ensino, Pesquisa e Extensão da UEG (CEPE)(ISSN 2447-8687).*Recuperado de http://www.anais.ueg.br/index.php/cepe/article/view/10618/7839

Silva, A. B. B. (2014). *Mentes Inquietas: TDAH-desatenção, hiperatividade e impulsividade.* Principium.

Toledo, M. M. (2006). *Comparação do diagnóstico e resposta a um treino de atenção em crianças com os subtipos de transtorno e déficit de atenção/hiperatividade.* Recuperado de http://repositorio.unicamp.br/handle/REPOSIP/312178

Avaliação neuropsicológica do Transtorno do Espectro Autista (TEA)

16

Jéssica Katerine Endruwe
Regina Maria Fernandes Lopes

Introdução

Historicamente, a tentativa de definição do autismo teve início na década de quarenta por Leo Kanner, psiquiatria austríaco, que por meio de suas observações clínicas com crianças que não se enquadravam em nenhuma classificação psiquiátrica propôs uma nova síndrome na psiquiatria infantil, denominou-a de "distúrbio autístico do contato afetivo" e logo após de "autismo".

Kanner foi o primeiro autor a descrever e nomear o autismo, tendo observado que estas crianças eram inteligentes e possuíam uma excepcional capacidade de memorização, mas apresentavam uma incapacidade inata para estabelecer contatos afetivos e sua linguagem, quando presente, era ecolálica e sem sentido (Cavalcanti & Rocha, 2007).

Nesse contexto, Kanner ressaltava que o principal sintoma era "o isolamento autístico" que poderia estar presente na criança desde o início da vida. O autor sugeria ainda que se tratasse de um distúrbio inato, acreditando que as crianças autistas eram desprovidas de qualquer sentimento e da capacidade de sentir algo. A ideia fez com que qualquer tipo de sentimento externalizado pelas crianças fosse interpretado pelos pais, professores e outros como um mal-estar físico, não conseguindo se implicar nem reconhecer as demonstrações de afeto dessas crianças (Cavalcanti & Rocha, 2007).

Com relação à classificação do transtorno, ao analisar diferenças trazidas pelo DSM-V, observou-se que anteriormente ele era classificado pelo DSM-IV como: transtorno autista, transtorno de Rett, transtorno desintegrativo da infância, transtorno de Asperger e transtorno global do desenvolvimento sem outra especificação. Com as novas mudanças, o termo Transtorno do Espectro Autista vem sendo utilizado de forma a abranger todos esses transtornos autistas (Backes, Zanon, & Bosa, 2013). Pode-se dizer que as novas mudanças ampliaram questões relativas ao diagnóstico e favoreceram no preenchimento de critérios para o diagnóstico.

Nota-se, deste modo, a importância de se investigar as características do Transtorno do Espectro Autista, a fim de realizar um diagnóstico correto. Por isso, quando houver a Supeita, a realização da avaliação neuropsicológica é necessária para fechar o diagnóstico. Nesse sentido, a Neuropsicologia é considerada como a ciência aplicada para manifestações do comportamento e disfunções cerebrais, tendo como foco o estudo da relação entre cognição e comportamento, tanto condições normais quanto patológicas.

Deste modo, por meio de uma revisão bibliográfica, esse capítulo teve como objetivo geral investigar as possibilidades de diagnóstico do Transtorno do Espectro Autista (TEA), bem como analisar o papel da avaliação neuropsicológica nesse quadro, visando identificar possíveis instrumentos que podem ser aplicados em crianças com esse diagnóstico.

A revisão bibliográfica, não sistemática, para o levantamento das publicações científicas brasileiras, com as que continham as seguintes palavras-chaves: Autismo, Avaliação Neuropsicológica, Teste Psicológico e Psicodiagnóstico de TEA. As principais bases de dados revisadas foram *Scielo* e Portal Periódicos CAPES. A partir deste levantamento, foram selecionados todos os resumos que envolvem especificamente o tema "Autismo e Avaliação Neuropsicológica", incluindo artigos, dissertações e teses. Foram excluídas aquelas referenciais repetidas entre as bases de dados. Em um segundo momento, foram procurados todos os estudos na íntegra para leitura e análise.

O Transtorno do Espectro Autista (TEA)

O Transtorno do Espectro Autista vem sendo extensamente descrito na literatura. Estima-se que o TEA afeta 1% da população e seja mais prevalente em meninos do que em meninas. Embora acredite que fatores ambientais, como infecções ou o uso de medicamentos indevidos durante a gestação, tenham um papel fundamental no desenvolvimento do transtorno, estima-se ainda que 50% a 90% dos casos sejam hereditários (Oliveira & Sertié, 2017). Nesse contexto, para o CID 10 (WHO, 2010), os transtornos invasivos do desenvolvimento estão codificados como F84 (Autismo infantil – F84.0 e Autismo atípico – F84.1). Essa codificação deve ser utilizada quando existe um prejuízo severo e invasivo no desenvolvimento da interação social e de habilidades de comunicação verbal e não verbal.

Já segundo o Manual Diagnóstico e Estatístico de Transtornos Mentais (5ª edição, American Psychiatric Association, 2014), o Transtorno do Espectro Autista caracteriza-se por prejuízos persistentes na comunicação social reciproca, na interação social, nos padrões restritos e repetitivos de comportamento, nos interesses ou atividades. Esses sintomas estão presentes desde o início da infância, prejudicando a qualidade de vida diária do indivíduo. As primeiras manifestações do TEA podem ser reconhecidas durante o segundo ano de vida, embora possam ser vistos antes de 12 meses de idade (APA, 2014).

Os primeiros sintomas do TEA evidenciam-se principalmente no período do desenvolvimento da linguagem, em geral também acompanhado por ausência de interesse social. É considerado como um transtorno degenerativo, sendo comum que aprendizagem e compensação continuem ao longo da vida. A ênfase dos sintomas prevalece no início da vida escolar das crianças onde costumam apresentar dificuldade de aprendizagem e interação com os colegas. Manifestações de prejuízos sociais, comunicação e comportamentos restritos/repetitivos definem o Transtorno do Espectro Autista, ficando claro durante o período do desenvolvimento. Mais tarde, intervenções, compensação e apoios podem mascarar essas dificuldades. Os sintomas, entretanto, permanecem suficientes para causar prejuízo no funcionamento social, profissional e em outras áreas importante da vida (APA, 2014), conforme o quadro abaixo mostra, com critérios diagnósticos do TEA, conforme o DSM-5 (APA, 2014).

Além disso, Teixeira (citado em Bosa & Teixeira, 2017) aprofunda o entendimento de cada uma destas características integrantes do TEA. De acordo com o autor, essa dificuldade de interação social é a impressão de que a criança está fechada dentro de seu mundo particular e não consegue ter acesso a pessoas ou objetos. Na maioria dos pacientes não há fala, entretanto, algumas crianças podem aprender a falar pequenas frases e ser capaz de seguir instruções simples. Com relação à área da imaginação, Teixeira (citado em Bosa & 2017), relaciona com a teoria da mente, que é a capacidade de todos nós nos colocarmos no lugar do outro, isto é, de entendermos que outras pessoas são capazes de pensar diferentemente de você, com desejos e pensamentos distintos, sendo capaz de entender as emoções e o comportamento do outro. O autor cita que a inteligência fica comprometida em grande parte das crianças, sendo que cerca de 70% costumam apresentar dificuldade intelectual. Contudo, algumas dessas crianças podem frequentar escolas e terem um desempenho acadêmico regular. Inclusive, algumas crianças chegam a ter interesses peculiares como movimentos circular da roda de um carrinho ou do barulho executado nele. Pode ocorrer também fascinação por luzes, sons e movimentos. A textura, o cheiro, o gosto, a forma ou a cor de algo também pode desencadear um interesse específico. O paciente com TEA pode se incomodar com pequenas mudanças de rotina diária, o que chega a resultar em violentos ataques de raiva. Há ainda certa resistência em aprender algo novo, como atividades do dia-a-dia, segundo Teixeira (citado em Bosa & Teixeira, 2017). Complementando essas características clínicas do transtorno, listam-se a seguir no quadro 1 os critérios conforme apresentados no DSM-5 (APA, 2014), nos quais devem estar presentes para que seja feito o diagnóstico de Transtorno do Espectro Autista.

Quadro 1 – Critérios do DSM-5-TR para o Transtorno do Espectro Autista

A. Déficits persistentes na comunicação social e na interação social em múltiplos contextos, conforme manifestado pelo que segue, atualmente ou por história prévia.
1. Déficits na reciprocidade sócia emocional, variando, por exemplo, de abordagem social anormal e dificuldade para estabelecer uma conversa normal a compartilhamentos reduzidos de interesses, emoções ou afeto, a dificuldade para iniciar ou responder a interações sociais.
2. Déficits nos comportamentos comunicativos não verbais usados para interação social, variando, por exemplo, de comunicação verbal e não verbal pouco integrada à anormalidade no contato visual e à linguagem corporal ou ao déficit na compreensão e uso de gestos, à ausência total de expressões faciais e à comunicação não verbal.

3. Déficits para desenvolver, manter e compreender relacionamentos, variando, por exemplo, de dificuldade em ajustar o comportamento para se adequar a contextos sociais diversos à dificuldade em compartilhar brincadeiras imaginativas ou em fazer amigos, a ausência de interesse por pares.
B. Padrões restritos e repetitivos de comportamento, interesses ou atividades, conforme manifestado por pelo menos dois dos seguintes, atualmente ou por história prévia.
1. Movimentos motores, uso de objetos ou fala estereotipados ou repetitivos (p. ex., estereotipias motoras simples, alinhar brinquedos ou girar objetos, ecolalia, frases idiossincráticas). 2. Insistência nas mesmas coisas, adesão inflexível à rotina ou a padrões ritualizados de comportamento verbal ou não verbal (p. ex. sofrimento extremo em relação a pequenas mudanças, dificuldade com transições, padrões rígidos de pensamento, rituais de saudação, necessidade de fazer o mesmo caminho ou ingerir os mesmos alimentos diariamente.) 3. Interesses fixos e altamente restritos que são anormais em intensidade ou foco (p. ex. forte aperto ou preocupação com objetos incomuns, interesses excessivamente circunscritos ou perseverativos.) 4. Hiper ou hiporreatividade a estímulos sensoriais ou interesse incomum por aspectos sensoriais do ambiente (p. ex., indiferença aparente a dor/ temperatura, reação contraria a sons ou texturas especificas, cheirar ou tocar objetos de forma excessiva, fascinação visual por luzes ou movimento.)
C. Os sintomas devem estar presentes no período do desenvolvimento (mas podem não se tornar plenamente manifestos até que as demandas sociais excedam as capacidades limitadas ou podem ser mascarados por estratégias aprendidas mais tarde na vida).
D. Os sintomas causam prejuízos clinicamente significativos no funcionamento social, profissional ou em outras áreas importantes da vida do indivíduo no presente.
E. Essas perturbações não são mais bem explicadas por deficiência intelectual (transtorno do desenvolvimento intelectual) ou por atraso global do desenvolvimento. Deficiência intelectual ou transtorno do espectro autista costumam ser comorbidos: para fazer o diagnóstico da comorbidade do transtorno do espectro autista e deficiência intelectual, a comunicação social deve estar abaixo do esperado para o nível geral do desenvolvimento.

Fonte: Adaptado de APA (2014).

A avaliação neuropsicológica do Transtorno do Espectro Autista

A avaliação neuropsicológica consiste em um método para examinar o cérebro por meio do estudo da expressão comportamental das disfunções celebrais. Visa ainda caracterizar de maneira mais compreensiva o status cognitivo emocional. Na área clínica, é utilizada como técnica de avaliação das funções cognitivas na tentativa de correlacionar desvios e possíveis lesões cerebrais. Pode-se dizer também que é um exame neuropsicológico mais aprofundado tendo como ferramentas entrevistas, testes e questionários (Fuentes, Malloy, Camargo, & Consenza, 2014).

Nesse sentido, tem-se se mostrado de valor fundamental no auxílio ao trabalho de vários profissionais, médicos ou não médicos, tendo em vista que propicia um amplo leque de aplicações em diferentes contextos como: auxilio diagnóstico, prognóstico, orientação para tratamento, auxílio para planejamento da reabilitação, seleção de pacientes para técnicas especiais e perícia. É importante ressaltar que a mesma deve ser feita por um profissional psicólogo com experiência e formação na área de Neuropsicologia (Fuentes, *et al.*, 2014).

Conforme Cavaco (2015), a Neuropsicologia está se desenvolvendo em relação ao TEA. Segundo Czermainski (2012), na realização da avaliação neuropsicológica o avaliado pode fazer o uso de diferentes atividades, como testagem, observação e entrevistas com familiares e indivíduos próximos ao paciente podem auxiliar nas informações com relatos quanto ao dia a dia do paciente. Sendo que, para um efetivo diagnóstico, reforça-se a importância de uma avaliação interdisciplinar (Silva & Mulick, 2009). Atualmente, existem vários instrumentos que auxiliam na determinação de sintomas de autismo durante o processo de avaliação. Considera-se de extrema importância que durante o processo prognóstico seja identificado se existe comprometimento intelectual concomitante, para que assim possa serplanejadouma intervenção a partir das dificuldades e facilidades cognitivas identificadas na avaliação da criança (Bosa & Teixeira, 2017).

Entendendo que a testagem é uma situação estruturada que requer interação social e comunicação, dificuldade estas da criança com TEA, devido a sua própria sintomatologia, faz-se necessário, frequentemente, que os procedimentos padronizados sejam alterados para que seja possível avaliar a criança (Bosa & Teixeira, 2017). Segundo os autores, qualquer alteração na administração dos instrumentos precisa ser informada no relatório da avaliação. Além disso, as alterações feitas devem ser consideradas também na interpretação dos resultados, sendo o profissional aquele próprio para julgar clinicamente os possíveis efeitos de tal adaptação nos escores de qualquer teste aplicado.

Apesar da busca de materiais, encontram-se poucos estudos que apresentem um modelo específico de avaliação neuropsicológica em casos de TEA. Uma possível explicação, conforme já citado, é a diversidade de caso para caso, e por isso, concluiu-se que não existe um modelo único de avaliação, nem uma bateria de testes específica, mas sim a importância de adaptar a avaliação caso a caso.

A seguir serão listados alguns testes apontados pela literatura como passíveis de serem aplicados especificamente nos casos de TEA e demais instrumentos comumente aplicados em avaliações neuropsicológicas gerais, mas que podem também ser utilizados nesse contexto.

Principais instrumentos que podem ser utilizados na avaliação neuropsicológica em TEA

- O teste SON-R 2½-7 [a] foi publicado por Laros, Tellegen, Jesus & Karino, 2015, é destinado a crianças de 2 anos e 6 meses a 7 anos e 11 meses. É composto por quatro subtestes, fornecendo pontuações para duas escalas:

  1) Execução: que avalia habilidades espaciais e visomotoras e

  2) Raciocínio: que avalia habilidades de raciocínio abstrato e concreto. O teste avalia diversas habilidades cognitivas e a capacidade de aprendizado, além de permitir *feedback* do aplicador após respostas incorretas da criança. O diferencial do SON-R 2½-7 [a] é que se trata de um teste não verbal da inteligência, ou seja, não é necessário fazer o uso da linguagem oral ou escrita para aplicar e responder o teste. É possível também fornecer as instruções de um modo totalmente não verbal, por meio de gestos, do mesmo modo que o avaliado pode responder por apontamento (Laros *et al.*, 2015).Diante das complicações da criança com TEA, conforme trazido no DSM-5-TR (APA,

2023), destaca-se a dificuldade de comunicação social, o que poderia dificultar na aplicação do teste citado. Entretanto, estudos de Macedo e colaboradores (citado em Bosa & Teixeira, 2017) indicam adequada aplicabilidade do SON-R 2½-7 [a] em crianças com TEA, fornecendo informações relevantes do funcionamento intelectual dessa população. Além disso, o teste é considerado uma opção viável para crianças, pois os estímulos utilizados são atrativos, facilitando o engajamento e interesse dos mesmos, segundo Laros *et al.*, (citado em Bosa & Teixeira, 2017). Segundo Nader, Courchesne, Dawson e Souliéres (citado em Bosa & Teixeira, 2017), um dos testes mais utilizados nacional e internacionalmente para avaliação de crianças com TEA é o Matrizes Progressivas de Raven, o qual avalia a inteligência fluida de crianças entre 5 e 11 anos. O teste é composto por três séries de 12 itens que consiste em uma matriz incompleta e a criança deve escolher, entre as seis opções de resposta, aquela que melhor completará a matriz (Alvez, Duarte, Angeline, Duarte & Custódio, 1999). Os estímulos podem ser apresentados de duas formas: caderno ou tabuleiro. Trata-se de um teste com pouca necessidade de instruções verbais, além de ter um conteúdo compreendido em qualquer cultura e não requerer resposta verbal ou motora complexa.

- Matrizes Progressivas de Raven: avalia a inteligência fluida de crianças entre 5 e 11 anos. O teste é composto por três séries de 12 itens que consiste em uma matriz incompleta e a criança, entre as seis **opções de resposta, deve escolher** aquela que melhor completará a matriz (Raven, Raven, & Court, 2018). Alvez, Duarte, Angeline, Duarte, & Custódio, 1999).
- O Teste Figuras Complexas de Rey tem por objetivo avaliar a atividade perceptiva e a memória visual, verificando o modo como o paciente apreende os dados perceptivos que lhe são apresentados e o que foi conservado espontaneamente pela memória (Oliveira, 2010; Oliveira, Rigoni, Andretta, & Moraes, 2004).
- Escala Wechsler de Inteligência para crianças (Wechsler Intelligence Scale for children WISC-IV) (Wechsler, 2013), destinada à avaliação da inteligência em crianças e adolescentes com faixa

etária entre 6 e 16 anos, fornecendo Q.I geral de inteligência, bem como pontuações dos índices fatoriais: compreensão verbal, organização perceptual, memória operacional e velocidade de processamento.

- Teste Não Verbal de Inteligência – TONI-3 – Forma A: avalia o nível de funcionamento cognitivo de crianças entre 6 a 10 anos de idade. Este instrumento também não requer o uso da linguagem, tanto para instruções, quanto para as respostas. Há pouca demanda de repostas motoras, sendo utilizado até mesmo com crianças com problemas motores (Santos, Noronha, & Sisto, 2006).

Outro instrumento que pode ser utilizado em avaliações neuropsicológicas do quadro é a Escala Wechsler de Inteligência para crianças (Wechsler Intelligence Scale for children WISC-IV) (Wechsler, 2013), que é destinada à avaliação da inteligência em crianças e adolescentes com faixa etária entre 6 e 16 anos. O teste é composto por 15 subtestes, sendo 10 principais e 5 suplementares.

O Wisc-IV fornece o Q.I geral de inteligência, bem como pontuações dos índices fatoriais: compreensão verbal, organização perceptual, memória operacional e velocidade de processamento.

O Índice Compreensão Verbal (ICV) avalia as habilidades verbais por meio de raciocínio, compreensão e formação de conceitos.

O Índice de Organização Perceptual (IOP) indica o raciocínio fluido por meio da organização visuoespacial. Já o Índice de Memória Operacional (IMO) avalia a habilidade das crianças em reter informações verbal na memória e manipulá-la mentalmente ou sustentar essa informação enquanto realiza outra tarefa.

Enfim, o Índice de Velocidade de Processamento (IVP) avalia a habilidade de processar informações rotineiras de forma fluente e automática (Wechsler, 2013). O WISC-IV se mostra útil principalmente em crianças verbais de alto funcionamento. Entretanto, atenta-se para o cuidado com possíveis ecolalias apresentadas pelas crianças, que podem demonstrar que o avaliado não sabe o significado das palavras, mas apenas repete uma fala escutada sem uma real compreensão, especialmente nos subtestes verbais do índice de compreensão verbal. (Oliveiras, Kenworthy, Roberson, Martin & Wall (citado em Bosa & Teixeira, 2017).

Outro instrumento disponível no mercado é o Teste Não Verbal de Inteligência –TONI-3 – Forma A (Santos, Noronha & Sisto, 2006) que avalia o nível de funcionamento cognitivo de crianças entre 6 a 10 anos de idade. Este instrumento também não requer o uso da linguagem, tanto para instruções, quanto para as respostas. Há pouca demanda de repostas motoras, sendo utilizado até mesmo com crianças com problemas motores. A aplicação dura aproximadamente 15 minutos e é solicitado que a criança resolva problemas com figuras abstratas. Entretanto, o teste fornece uma única medida como indicador do funcionamento cognitivo e é composto por uma única tarefa. Os presentes testes citados acima buscam avaliar funções neuropsicológicas especificas, tais como atenção, percepção, memória, linguagem, funções executivas, habilidades aritméticas e seus respectivos componentes. A literatura sobre os aspectos relacionados ao TEA apresenta uma quantidade de estudos muito pequena, quando comparada as pesquisas que investigam os demais aspectos. Além disso, o refinamento da avaliação de alterações e potencialidades em funções neuropsicológicas pode auxiliar no diagnóstico precoce e dar subsídios neurobiológicos e comportamentais, promovendo assim uma melhor intervenção às crianças diagnosticadas (Bosa & Teixeira, 2017). Prevalece, assim, a importância de uma melhor avaliação neuropsicológica sempre que os profissionais relacionados nessa área possam se aprofundar e escolher uma técnica a ser utilizada.

Em suma, é importante ressaltar que em um processo de avaliação, o psicólogo (profissional exclusivamente responsável pelo processo e aplicação dos testes) não necessariamente conseguirá utilizar testes, devido ao perfil apontado do paciente com Transtorno do Espectro Autista. Muitas vezes, o uso dos testes não será possível, sendo a avaliação do próprio profissional o único instrumento disponível (Bosa & Teixeira, 2017).

Considerações finais

O presente trabalho teve como objetivo investigar as possibilidades de diagnóstico do TEA, bem como analisar o papel da avaliação neuropsicológica nesse quadro.

Durante a construção desse capítulo, foi encontrado um número significativo de artigos que abordam a respeito do TEA relacionado especialmente aos seus sintomas e a repercussões. Por outro lado, foi escasso o número de materiais que abordam o tema do diagnóstico do transtorno em si, bem como técnicas específicas utilizadas na avaliação neuropsicológica do TEA. Nas últimas décadas, houve diversas pesquisas quanto a seus aspectos genéticos e moleculares, analisando que em 25% dos casos encontra-se alguma alteração genética, além de apresentar diferentes padrões de herança e variantes genéticas causais (Oliveira & Sertié, 2017).

Nesse capítulo foi possível analisar a importância de uma avaliação neuropsicológica adequada e o quanto de benefício ela acarreta ao paciente com TEA. Uma vez identificados os sintomas, é possível ajudar o paciente na busca por um equilíbrio e melhoria na qualidade de vida. Os resultados apontaram que os testes se mostram eficazes no que diz respeito a identificar mais profundamente as dificuldades, agindo também como um guia para as questões a serem trabalhadas posteriormente em um suposto tratamento interventivo. Por fim, identificou-se que as principais áreas investigadas na avaliação neuropsicológica são atenção, percepção, memória, linguagem, funções executivas e habilidades aritméticas e foram descritos os instrumentos específicos para a avaliação.

Entende-se que ainda há necessidade de serem realizadas mais pesquisas a respeito da avaliação neuropsicológica em casos de suspeita de TEA, com foco especial no diagnóstico e técnicas de avaliação, visto o impacto que trazem na vida da criança. Sabe-se que quanto maior o número de informações, maiores são as chances de assertividade dos profissionais para poderem conduzir corretamente tanto o diagnóstico quanto o tratamento, e assim, contribuir significativamente para a melhor qualidade de vida desses pacientes/crianças.

Referências

Almeida A. (2010). *Avaliação Neuropsicológica de Crianças e Adolescentes com Autismo e outros transtornos Invasivos do desenvolvimento.* (Trabalho de Conclusão de Curso), Universidade Federal do Rio Grande do Sul, Porto Alegre, RS, Brasil.

Alvez, I. C. B., Duarte, J. L. M., Angelini, L., Duarte, W. F., & Custódio, E. M. (1999). *Matrizes Progressivas Coloridas de Raven – Escala Especial.* São Paulo: Centro Editor de Testes e Pesquisas em Psicologia- CETEPP.

American Psychiatric Association. (2014). *Manual diagnóstico e estatístico de transtornos mentais.* DSM-V. Porto Alegre, RS: Artmed.

APA, American Psychiatric Association (2023). *Manual Diagnóstico e Estatístico de Transtornos Mentais – DSM-V-TR* (5a ed. rev.) (Maria Inês Corrêa Nascimento, Trad.). Porto Alegre, Rio Grande do Sul: Artmed.

Backes, B., Zanon, B. R., & Bosa, A. C. (2013). *A relação entre regressão da linguagem e desenvolvimento sócio comunicativo de crianças com transtorno do espectrodo autismo.* CoDAS, *25*(3), 268-73.

Bosa, A. C., & Teixeira, V. T. C. M. (2017). *Autismo: Avaliação psicológica e neuropsicológica.* São Paulo, SP: Hogrefe.

Bosa, C. A. (2001). Cardoso, M. L., Oliveira, C. J., Lopes, X. I. E., & Braga, P. A. (2017). Análise da Produção Científica Brasileira sobre o Teste das Matrizes Progressivas de Raven. *Psicologia: Ciência e Profissão, 37*(1), 62.

Cavaco, N. A. (2015). *Autismo: Uma perspectiva neuropsicológica. Revista Omnia, 3.*

Cavalcanti, A. E., & Rocha, P. S. (2007). *Autismo: construções e desconstruções.* São Paulo, SP: Casa do Psicólogo.

Cunha, A. J. (2008). *Psicodiagnóstico V.* Porto Alegre, RS: Artmed.

Cruz, V. L. P. D., Toni, P. M. D., & Oliveira, D. M. D. (2011). As funções executivas na Figura Complexa de Rey: Relação entre planejamento e memória nas fases do teste. *Boletim de Psicologia, 61*(134), 17-30.

Cruz, P. L. M., Toni, M. P., & Oliveira, M. D. (2011). Czermainski, F.R. (2012). *Avaliação Neuropsicológica das Funções Executivas no Transtorno do Espectro do Autismo.* Recuperado de https://www.lume.ufrgs.br/handle/10183/63201

Dunker, C. I. L. (2014). *Questões entre a psicanálise e o DSM. Jornal de Psicanálise, 47(*87), 79-107.

Fonseca, J. J. S. (2002). *Metodologia da pesquisa científica.* Fortaleza: UEC.

Fuentes, D., Diniz, M. F. L., Camargo, P. H.C., & Conseza, M. R. (2014). *Neuropsicológica teoria e pratica.* Porto Alegre, RS: Artmed.

Golbert, S. K. (2016). Teixeira, G. Rio de Janeiro, RJ:. Hutz, S. C., Bandeira, R. D., & Trentini, M. C. (2018). *Avaliação Psicológica da inteligência e da personalidade.* Porto Alegre, RS: Artmed.

Klein, M., Adda, C. C., Miotto, E. C., Lucia, M. C. S. D., & Scaff, M. (2010). O paradigma stroop em uma amostra de idosos brasileiros. *Psicologia Hospitalar, 8*(1), 93-112.

Laros, J. A., Tellegen, P. L., Jesus, G. D., & Karino, C. A. (2015). *Teste não verbal de inteligência: SON-R 2.* São Paulo, SP: Hogrefe.

Laros, J. A., Tellegen, P. L., Jesus, G., & Karino, C. A. (2015). Linhares, C. D. C. (2012). Neumann, C. M. D., Tariga, R. A., Perez, F. D., Gomes, M. P., & Silveira, S. J. (2016). *Avaliação neuropsicológica do transtorno do espectro autista*. São Paulo, SP: Portal dos Psicólogos.

Oliveira, K. G., & Sertié, A. L. (2017). Transtornos do espectro autista: um guia atualizado para aconselhamento genético. *Einstein (São Paulo), 15*(2), 233-238.

Oliveira, G. K., & Sertié, L. A. (2017). Oliveira, M. (2010). *Figuras Complexas de Rey: Teste de Cópia e de Reprodução de Memória de Figuras Geométricas Complexas*. São Paulo, SP: Casa do Psicólogo.

Oliveira, G. K., & Sertié, L. A. (2017). *Transtorno do espectro autista: um guia atualizado para aconselhamento genético.* São Paulo, SP: Hospital Albert Eintein.

Oliveira, M., Rigoni, M., Andretta, I., & Moraes, F. J. (2004). Validação do teste figuras de Rey na população Brasileira. *Avaliação Psicológica, 3*(1), 38.

Raven, J.; Raven, J.C.; Court, J. H. (2018). *Matrizes Progressivas Avançadas de Raven*. Padronização Brasileira: Paula, J. J. de, Alves, G. A. S., Malloy-Diniz, L. F., Maciel, C. G., & Schlottfelt, F. São Paulo: Pearson Clinical Brasil.

Salles, F. J., Haase, G. V., & Diniz, M. F. L. (2016). Santos, A.A.A., Noronha, A.P.P., & Sisto, F.F. (2006). *TONI-3 – Teste de Inteligência não verbal.* São Paulo, SP: Vetor.

Santos, H. F., Andrade, M. V., & Bueno, A.F.O. (2015). *Neuropsicologia hoje.* Porto Alegre, RS: Artmed.

Silva, M., & Mulick, J.A. (2009). Diagnosticando o transtorno autista: aspectos fundamentais e considerações práticas. *Psicologia Ciência e Profissão, 29*(1), 116.

Strauss, E., Sherman, E. M. S., & Spreen, O. (2006). *A Compendium of Neuropsychological tests – administration, norms, and commentary* (3a ed.). New York, NY: Oxford University Press.

Teixeira, G. (2013). *Manual dos transtornos escolares: entendendo os problemas de crianças e adolescentes na escola.* Rio de Janeiro, RJ: Best Seller.

Wechsler, D. (2013). *Escala Weschsler de inteligência para crianças: WISC-IV. Manual Técnico.* São Paulo, SP: Casa do Psicólogo.

World Health Organization Geneva. (2010). *Classificação de Transtornos Mentais e de Comportamento da CID-10: Descrições clínicas e diretrizes diagnósticas.* Porto Alegre, RS: Artmed.

de expressão diante das pessoas. A linguagem pode apresentar repetição sistemática de palavras e frases sem um contexto aparente (ecolalia). Nesse transtorno, também se observa significativa necessidade de manter os objetos, brinquedos no lugar, seguindo padrões determinados. Como características observadas em algumas crianças autistas, Kanner também aponta capacidade fora de comum em memorizar dados, mesmo sem sentido aparente. Nos seus estudos observou que juntamente com as demais características sinalizadas, no autismo as crianças demonstravam um comportamento reativo intenso a determinados objetos e ruídos. Quanto à alimentação, também observou que seguiam um padrão de preferência próprio, mantendo uma dieta restrita a certos alimentos (Belisário Filho & Cunha, 2010).

Estudo mostra e define o autismo como "uma síndrome definida por alterações presentes desde idades muito precoces, tipicamente antes dos três anos de idade, e que se caracteriza sempre por desvios qualitativos na comunicação, na interação social e no uso da imaginação (Mello, 2003, p.11)". Já Em 1944, foi publicado o artigo "Psicopatologia Autística da Infância", de Hans Asperger. Pode-se citar como diferenças entre esses estudos, que enquanto Kanner descrevia crianças com déficits importantes na cognição e linguagem, já Asperger traçava perfis de crianças com inteligência média e até mesmo acima da média, com habilidades específicas na linguagem, mas com interesses restritos. Ainda que com características peculiares, houve uma concordância que indivíduos com esse funcionamento apresentam "incapacidades sociais precoces que prejudicam sua capacidade de cumprir as demandas da vida cotidiana" (Klin *et al.*, 2005).

Os estudos de Kanner e Asperger contribuíram significativamente na evolução do entendimento do Transtorno do Espectro Autista (TEA), sendo que as primeiras teorias enfatizavam o autismo como resultado de questões emocionais, principalmente na interação com familiares. Isso trazia mais sofrimento à família, pois de certa forma a causa do autismo era atribuída aos pais e na falta de manifestação de afeto na relação vincular com essa criança (Klin *et al.*, 2005).

Nesse contexto, o presente capítulo tem como objetivo identificar instrumentos e técnicas mais significativas na Avaliação Neuropsicológica e Reabilitação Neuropsicológica utilizadas no diagnóstico de TEA (Transtorno do Espectro Autista).

Breve histórico da conceituação sobre o TEA ao longo dos anos

Quando se fala em Transtorno do Espectro Autista (TEA), o entendimento e esclarecimento sobre os aspectos gerais, características, conceitos atuais e possíveis intervenções se tornam necessários. Para o diagnóstico do autismo, utilizava-se anteriormente o Manual Diagnóstico e Estatístico de Transtornos Mentais (DSM-5-TR) e a Classificação Internacional de Doenças (CID-10), sendo denominado como Transtorno Global do Desenvolvimento (TGD) e Transtorno Invasivo do Desenvolvimento (TID). Na CID-10, encontram-se 8 tipos de TGD: autismo infantil, autismo atípico, síndrome de Rett, transtorno desintegrativo da infância, transtorno com hipercenia associada a retardo mental e movimentos estereotipados, síndrome de Asperger, outros transtornos globais do desenvolvimento não especificados. No DSM-IV-TR, encontramos cinco tipos clínicos apontados como TID: transtorno autista, transtorno desintegrativo da infância, transtorno de Asperger e transtorno invasivo do desenvolvimento (Garcia & Lampreia, 2011).

Atualmente, com o uso do Manual de Diagnóstico e Estatístico de Transtornos Mentais DSM-5 (APA, 2014, 2023), criou-se nova conceituação desses casos, sendo referidos como Transtornos do Espectro Autista, juntamente nesse espectro, o Transtorno de Asperger, Transtorno Autista e demais subcategorias. É importante acrescentar que o transtorno desintegrativo da infância e transtorno de Rett também ficaram fora do espectro. Portanto, o termo autismo ao longo dos anos vem recebendo diferentes conceitos e definições, devido à complexidade de suas manifestações. Atualmente, para o diagnóstico do TEA, prevalece a revisão citada no DSM-5:

> [...] indivíduos com um diagnóstico do DSM- IV bem estabelecido de transtorno autista, transtorno diagnóstico de transtorno de Asperger ou transtorno global do desenvolvimento sem outra especificação devem receber o diagnóstico de transtorno do espectro autista. Indivíduos com déficits acentuados na comunicação social, cujos sintomas, porém, não atendam, de outra forma, critérios de transtorno do espectro autista, devem ser avaliados em relação a transtorno da comunicação social (pragmática) [...]. (APA, 2014).

Devido à complexidade de estabelecer um diagnóstico desse transtorno, diversos estudos vêm ao longo do tempo trazendo contribuições importantes nessa difícil tarefa. Sabe-se que os sintomas que sugerem um quadro de autismo podem variar na intensidade, comprometimento e nas diferentes manifestações comportamentais. Ornitz (1983), já descrevia critérios importantes no desenvolvimento e comportamento de crianças com suspeita de autismo. Retratou a evolução da sintomatologia autística durante o desenvolvimento da criança, desde o nascimento até os quatro anos, listando características que apontavam dificuldades na demonstração de afeto, interação, na demonstração de necessidades, nas brincadeiras com uso de imaginação, no atraso da linguagem, entre outras peculiaridades.

O TEA manifesta características básicas que podem ser entendidas como déficits significativos nas áreas de interação social, da comunicação e do comportamento. Ainda não é possível apontar uma causa única responsável pelo quadro, o qual se caracteriza, portanto, como multifatorial, pois se sabe que há interação de fatores biológicos e ambientais envolvidos. O conhecimento dessa relação de sintomas pode favorecer de maneira significativa na observação de crianças com suspeita de autismo. Dessa maneira, familiares e cuidadores logo nos primeiros anos podem detectar alguns dos sintomas mencionados, procurando assim um diagnóstico precoce, pois quanto mais precoce for o diagnóstico do TEA, maiores chances de tratamento e reabilitação dessa criança (Schwartzmann & Araujo, 2011).

Sinais de alerta do TEA no desenvolvimento da criança

Sabendo da importância do diagnóstico o mais precoce possível, foi criado um manual com o intuito de ajudar as equipes da saúde no esclarecimento dos possíveis sintomas e critérios diagnósticos do TEA. Essas orientações apresentam-se em forma de inventário, que se baseia no desenvolvimento infantil, com critérios de observação nas seguintes áreas: interação social, linguagem, brincadeiras e alimentação, podendo ser utilizado como um importante instrumento de observação. Abaixo se apresentam os indicadores e sinais de alerta para o TEA de 0 aos 36 meses de idade (Brasil, 2014).

Indicadores do desenvolvimento e sinais de alerta (de zero a 6 meses)

Idade		Indicadores do desenvolvimento infantil	Sinais de alerta para TEA
De 0 a 6 meses	**Interação Social**	Em torno dos 3 meses de idade, já se observa que busca e tenta acompanhar o olhar de sua mãe e cuidadores.	Pode não fazer isso ou tentar com frequência menor.
		Mais ou menos com 6 meses, a criança sinaliza que presta mais atenção nas pessoas, com menos ênfase nos objetos ou brinquedos.	Parece prestar mais atenção a objetos e brinquedos.
	Linguagem	Sinaliza atenção à fala e sons da linguagem das pessoas. Depois dos 3 meses, já reconhece a voz e interage corporalmente com seus cuidadores. Diante de estímulos externos, expressa-se com emoções (choro, susto, tremor).	Apresenta pouca reação aos sons da fala, podendo até mesmo ignorar.
		Apresenta desde o início apresenta balbucio intenso, gritos aleatórios, com intensidade e volume variado, tanto na ausência ou presença dos cuidadores. Em torno dos 6 meses, inicia uma diferenciação nestes sons, aparecendo principalmente junto aos cuidadores.	Pode manifestar forte tendência ao silêncio, como a gritos aleatórios.
		No começo o choro apresenta-se de forma indiscriminada, já em torno dos 3 meses, o choro começa a ter distintas formas: fome, birra, manha, etc. Manifestando assim a situação ou expressando um estado de incômodo.	O choro pode ser indistinto nas diferentes situações, podendo apresentar com frequência episódios de choro duradouro, sem causa aparente.
	Brincadeiras	Visualiza o objeto, explora de distintas maneiras: bate, sacode, atira, etc.	Pode não apresentar ou ter pouca frequência nesses comportamentos exploratórios.
	Alimentação	Na amamentação a criança demonstra atenção, gestos, expressões faciais e reações à voz e fala da sua mãe ou cuidador.	Pode apresentar muitas dificuldades nesse momento de interação e alimentação.

Indicadores do desenvolvimento e sinais de alerta (de 6 a 12 meses)

Idade		Indicadores do desenvolvimento infantil	Sinais de alerta para TEA
De 6 a 12 meses	**Interação Social**	Começam a apresentar comportamentos antecipatórios: estender os braços, buscar o olhar, pedir colo, como também a imitar, a aprender gestos, por exemplo, gesto de beijo.	Podem apresentar dificuldades nessas manifestações, interações e comportamentos sociais.
	Linguagem	Nota-se um choro muito diferenciado e os gritos são menos aleatórios.	Podem manter um padrão de choro indistinto, com muitos gritos, dificultando o entendimento de suas necessidades pelos seus cuidadores.
		Seu balbucio se diferencia, apresentando risadas e sorrisos.	Tendência ao silêncio, com poucas manifestações de expressões faciais com significado.
		Demonstra atenção à estímulos, à fala de sua mãe e cuidador; tentativas de comunicar-se, com reações de gritos, movimentos corporais, balbucios além de respostas corporais.	Agem como não se conversassem ou não necessitassem se comunicar.
		Quando chamada pelo nome, começa a atender.	Podem atender somente após muita insistência ou toque, como ignorar o chamado.
		Começa a imitar gestos de acenos e a bater palmas, mostrar a língua, dar beijo, etc.	Pode não repetir gestos manuais e corporais quando solicitada, como também repetir gestos fora do contexto, de forma aleatória.
	Brincadeiras	Com início das brincadeiras sociais (por ex: esconde-esconde), passa a procurar o olhar das pessoas, mantendo a interação	Pode necessitar de muita insistência e motivação para participar de brincadeiras.
	Alimentação	Novas texturas e sabores diferentes serão introduzidos, como sucos e papinhas. É um período importante, pois também terá início do desmame.	Essas mudanças e novidades na alimentação podem trazer resistência e dificuldades de aceitação.

Indicadores do desenvolvimento e sinais de alerta (de 12 a 18 meses)

Idade		Indicadores do desenvolvimento infantil	Sinais de alerta para TEA
De 12 a 18 meses	Interação Social	Aponta com o dedo indicador, geralmente acompanhado por contato visual, as coisas que despertam a sua curiosidade (dos 15 aos 18 meses). Essas manifestações podem ser acompanhadas de sorrisos e sons. Também podem tentar mostrar o que lhes interessa de formas diferentes: colocando no colo ou na frente dos olhos das pessoas.	Um dos principais indicadores de TEA, pode ser justamente a ausência ou a pouca frequência desse gesto e busca de atenção de compartilhamento de um interesse.
	Linguagem	Começa a repetir as primeiras palavras. Em torno dos 18 meses, as primeiras tentativas de repetir frases, imitando a fala de outras pessoas.	Pode apresentar atraso na linguagem e não apresentar as primeiras palavras esperada para essa idade.
		Desenvolve de forma mais ampla a fala, usando aos poucos o vocabulário e gramática. Baseia-se em situações do dia a dia que se repetem mais, para uma diversidade maior e com maior liberdade da fala. A linguagem vai se desenvolvendo progressivamente.	Podem não apresentar este desenvolvimento da fala gradual e contextual. Sua fala parece repetida e sem autonomia.
		Amplia o entendimento das situações além do seu cotidiano. A compreensão sai de vivências repetidas, estendendo por diferentes contextos.	Aparentam dificuldade em ampliar sua compreensão de situações novas.
		As expressões faciais como arregalar os olhos, fixar o olhar no adulto, expressar vergonha, surpresa, constrangimento, em geral acompanham a comunicação, expressando o seu estado emocional.	Apresentam menos variações na expressão facial, com menores recursos de comunicação de suas emoções.

Idade		Indicadores do desenvolvimento infantil	Sinais de alerta para TEA
De 12 a 18 meses	Brincadeiras	Com 12 meses, as brincadeiras são amplas e variadas. Gosta de explorar diferentes texturas e cheiros, as funções dos objetos, brinquedos com sons, luzes, movimentos, etc.	Tende a explorar menos os objetos, fixando-se em algumas de suas partes, ignorando as suas funções, por exemplo: passando mais tempo girando a roda de um carrinho do que o empurrando.
		Por volta dos 15 meses o jogo de "faz de conta" começa, estando presente de forma mais evidente aos 18 meses.	De forma geral, esse jogo de "faz de conta" não ocorre no desenvolvimento de crianças TEA.
	Alimentação	Mesmo resistindo um pouco, gosta de descobrir experimentar as novidades na alimentação.	Pode oferecer muita resistência à introdução de novos alimentos.

Indicadores do desenvolvimento e sinais de alerta (de 18 a 24 meses)

Idade		Indicadores do desenvolvimento infantil	Sinais de alerta para TEA
De 18 a 24 meses	Interação Social	Mostra interesse em segurar objetos oferecidos por seu cuidador, fixando o olhar para o objeto e para quem o oferece, acontecendo uma atenção compartilhada.	Pode não demonstrar interesse e se negar a pegar objetos oferecidos pelos seus cuidadores ou pessoas. Ou necessitar de muita insistência para pegar.
		Em variados contextos, a criança já segue o apontar ou o olhar do seu cuidador e de outras pessoas.	Pode não seguir o apontar ou o olhar dos outros, como não olhar para a direção apontada. Também pode só olhar para o dedo da pessoa que está apontando. Pode alternar o seu olhar (a pessoa que aponta e o objeto que está sendo apontado).
		De maneira geral, a criança demonstra iniciativa espontânea de mostrar ou levar objetos que lhe interessam até o seu cuidador.	Pode só mostrar ou oferecer algo para seu cuidador ou para alguém, se tiver a finalidade de alguma necessidade imediata, como abrir uma caixa, alcançar algo que lhe traga satisfação imediata: uso instrumental do cuidador ou das pessoas.

Idade		Indicadores do desenvolvimento infantil	Sinais de alerta para TEA
De 18 a 24 meses	Linguagem	Em torno dos 24 meses, mostra o descolamento geral do processo de repetição da fala do outro, buscando uma linguagem com maior autonomia, mesmo sem dominar as regras (surgem os "erros").	Tende à repetição de palavras e frases aleatórias (ecolalia).
		Começa a usar de forma mais ampla gestos na comunicação.	Costuma usar poucos gestos ou utilizá-los de forma aleatória. Acenos para "sim ou "não, respostas gestuais também podem não aparecer.
	Brincadeiras	Reproduzem o cotidiano por meio de um brinquedo ou uma brincadeira. Os bebês com 18 meses descobrem a função social dos brinquedos, como por exemplo, fazer o "animalzinho "andar" e produzir sons, empurrar o carrinho e imitar o barulho do motor, etc.	Pode fixar-se em determinada parte do objeto (roda que gira), não associando com a função. Tem dificuldade em usar o brinquedo na sua representação, de maneira apropriada.
		Usam brinquedos para imitar o que os adultos fazem: preparar "comidinha", dar "mamadeira" para as bonecas, "falar ao telefone", entre outras. Observa-se o uso da imaginação de maneira variada e muito frequente.	O uso da imaginação e fantasia nas brincadeiras, a imitação dos adultos e reproduzir contextos mostra-se ausente ou até mesmo rara.
	Alimentação	Período importante porque em geral: Nesse período ocorrem mudanças importantes, como: desmame, transição dos alimentos líquidos para pastosos, além de diferentes temperaturas, texturas, sabores, variação na quantidade como também a introdução de objetos (mesa, cadeira, utensílios). Configura-se a cena alimentar, reforçando a interação familiar e social nesse importante processo.	Pode apresentar resistência às mudanças e se recusar a alimentar-se. Também pode insistir em determinado tipo de alimento, ou querer manter a textura, a cor, a consistência. Também pode se negar a participar da cena alimentar.

Indicadores do desenvolvimento e sinais de alerta (de 24 a 36 meses)

Idade		Indicadores do desenvolvimento infantil	Sinais de alerta para TEA
De 24 a 36 meses	Interação Social	A iniciativa de apontar, mostrar e ofertar os brinquedos ou objetos para o cuidador e as pessoas do seu contexto aumenta, bem como a necessidade de compartilhamento desses objetos. Também aumenta as expressões gestuais e do olhar, bem como a etc. Os gestos (o olhar, o apontar etc.) são acompanhados pelo intenso aumento na capacidade de comentar e/ou fazer perguntas sobre os objetos e as situações que estão sendo compartilhadas. A iniciativa da criança em apontar, mostrar e dar objetos para compartilhá-los com o adulto aumenta em frequência.	Os gestos e comentários em resposta ao adulto tendem a aparecer isoladamente ou após muita insistência. As iniciativas são raras. Tal ausência é um dos principais sinais de alerta para TEA.
	Linguagem	A fala está mais desenvolvida, mas ainda há repetição da fala do adulto em várias ocasiões, com utilização no contexto da situação de comunicação.	A criança com TEA pode apresentar repetição de fala da outra pessoa sem relação com a situação de comunicação.
		Relata pequenas estórias, conta sobre eventos próximos vivenciados, como também comentando sobre o que poderá acontecer, interagindo com o adulto que tem como referência.	Pode apresentar dificuldades ou não se interessar em vivências do dia a dia. Pode ocorrer repetição de partes de relatos, narrativas e diálogos, mas em forma de repetição, sem ocorrer a participação de um adulto.
		Canta, pode repetir versinhos, recitar. Consegue diferenciar do tempo presente, o passado e futuro, os gêneros masculino e feminino, número, na maioria das vezes de forma adequada, mas sempre em contexto de diálogo, interagindo com as pessoas. De maneira geral a voz é mais aguda e a fala apresenta uma melodia ainda bem infantil.	Tem forte tendência à ecolalia, com dificuldades de "conversar" com o adulto. Pode tender à ecolalia. Não acontece a distinção de gênero, tempo e número. Pode recitar versos e cantos usando a repetição aleatoriamente.

Idade		Indicadores do desenvolvimento infantil	Sinais de alerta para TEA
De 24 a 36 meses	Brincadeiras	Usa muito faz de conta nas brincadeiras, usando objetos para representar outro, por exemplo: um bloco de madeira pode ser um carrinho, uma caneta pode ser um avião, etc. Procura imitar as vivências dos adultos, tipo brincadeiras de "casinha", de "médico", como também construir cenas e estórias. Consegue usar seus bonecos ou ela mesma nas suas estórias imaginárias.	De maneira geral, são raras as manifestações dessas brincadeiras. Se fizer, faz de maneira repetitiva, sem espontaneidade e criatividade.
		Tem preferência em brincar com outras crianças e da proximidade delas. Tem interesse de interagir com as outras crianças, do toque, se deixar tocar, etc.	Podem ficar observando as crianças à distância, se afastar ou ignorar. A ausência da necessidade de interagir com outras crianças pode indicar sinais de TEA.
		Em torno dos 36 meses, gosta de propor brincadeiras com outras crianças da mesma faixa de idade. Mostra preferência pela interação.	Mesmo quando aceita participar das brincadeiras com outras crianças, pode ter dificuldades no entendimento do contexto.
	Alimentação	Participa das cenas alimentares do dia a dia (café da manhã, almoço e jantar). Tem capacidade de estabelecer separação dos alimentos pelo tipo de refeição ou situação: comida de lanche, festa, almoço de domingo etc. Começa a manusear adequadamente os talheres. Também começa a retirada das mamadeiras noturnas, pois a alimentação está organizada ao longo do dia.	Pode apresentar dificuldades no seguimento deste esquema de alimentação (seguir com mamadeira, recusar os alimentos, resistir em participar das cenas alimentares e seus horários). Pode mostrar instabilidades nos hábitos alimentares: comer a qualquer hora, passar longos períodos sem comer, querer comida na boca, comer muito, etc.

Fonte: Adaptado de Brasil (2014).

Características e critérios diagnósticos do TEA

São considerados como critérios diagnósticos do TEA, segundo versão adaptada do DSM-V, as dificuldades persistentes na interação social, padrões repetitivos, restritos no que se refere aos comportamentos e interesses, também se estendendo as atividades diárias. São caracterizados como prejuízos importantes que limitam a vida do indivíduo, sendo que esses sintomas devem estar estejam presentes desde o início da infância. As manifestações do transtorno podem variar de acordo com o grau de gravidade da sintomatologia autista, da idade cronológica, nível de desenvolvimento, justificando assim o termo espectro. Quando se baseiam em variadas fontes de informação, a validade e confiabilidade do diagnóstico são mais determinantes. Esses dados informativos podem incluir observação clínica, entrevista com cuidador e, quando possível, relatos do próprio paciente (APA, 2014, 2023).

Os manuais de classificação internacionais servem como base para o diagnóstico de TEA, pois ajudam a uniformizar as definições, por ser um transtorno sem um marcador biológico, o diagnóstico é basicamente clínico. O DSM-5 e CID são os manuais mais utilizados e apresentam semelhanças nos critérios diagnósticos do TEA, porém, podem ser observadas diferenças sutis aos títulos de cada condição, não especificamente aos critérios de classificação. Está prevista para 2018 a 11ª revisão do CID, que deverá adotar a terminologia de TEA, que deverá considerar um olhar mais descritivo, com menor ênfase na contagem de sintomas (Bosa, 2017). Esse novo conceito na abordagem diagnóstica do TEA, com as novas versões dos manuais classificatórios, cada vez mais se evidencia a importância do diagnóstico precoce do TEA. Para auxiliar a detectar precocemente sinais do TEA, a observação do comportamento da criança nos domínios da Interação Social, Comunicação e Padrões restritos e repetitivos de comportamento, como consta no DSM 5, servem como referência para o diagnóstico do TEA (Klin, 2006, APA, 2023).

Considerações sobre a neuropsicologia e avaliação neuropsicológica

A neuropsicologia estuda as relações entre o cérebro e o comportamento, ou seja, as alterações na cognição e comportamento que podem estar ligadas às disfunções cerebrais. É uma área que utiliza conhecimentos das áreas das neurociências e da psicologia em diversas áreas, sendo na clínica, psicopatologia, psicologia experimental, psicometria e psicologia cognitiva (Hamdam *et al.*, 2011).

A avaliação neuropsicológica é um tipo bastante complexo de avaliação psicológica, pois exige do profissional não apenas uma sólida fundamentação em psicologia clínica e familiaridade com a psicometria, mas também especialização e treinamento em contexto em que seja fundamental o conhecimento do sistema nervoso central (Lezak, Howieson & Loring, 2004). Pode ter como objetivo auxílio diagnóstico, diagnóstico diferencial (ex.: retardo mental e transtornos do desenvolvimento), prognóstico, orientação para intervenção, auxílio para planejamento de reabilitação, prevenção (transtornos do desenvolvimento), pesquisa, entre outros.

Almeida (2010) coloca como sendo um dos principais objetivos da avaliação neuropsicológica a análise das funções executivas (a capacidade de desenvolver e planejar estratégias para alcançar objetivos). A avaliação neuropsicológica serve para avaliar lesões e disfunções cerebrais em vasta diversidade de casos, bem como no auxílio de um diagnóstico mais específico das dificuldades apresentadas. Como faz uso de instrumentos padronizados e validados, ajuda na confirmação ou não a suspeita de um diagnóstico, sendo fundamental para o tratamento e reabilitação. Possibilita ainda indicações terapêuticas que podem promover o desenvolvimento de habilidades e no reconhecimento das funções cerebrais preservadas (Silva & Mulick, 2009).

Para realizar uma avaliação neuropsicológica, utilizam-se testes, questionários, escalas, entrevista clínica. O avaliador também pode recorrer a informações de familiares e pessoas próximas ao examinado, para a coleta de informações que podem ser muito importantes sobre o grau de dificuldades e prejuízos no dia a dia do paciente (Czermainski, 2012).

Avaliação neuropsicológica no TEA

A avaliação neuropsicológica no TEA se configura como um processo complexo e multifacetado, tornando necessário o uso de práticas avaliativas multidisciplinares, multimodais e multimétodos. Para contemplar todas essas práticas, uma equipe composta por profissionais da psicologia, psiquiatria infantil e adolescente, pedagogia, pediatria, neuropsicologia, neurologia, fonoaudiologia e terapia ocupacional seria necessária, pensando de forma ideal (Montgomery *et al.*, 2008).

Um processo avaliativo das habilidades intelectuais no TEA necessita de um conhecimento amplo das características e peculiaridades das habilidades dos indivíduos com esse transtorno. Devido a essa complexidade de manifestações, capacidade intelectual e de adaptação, também é de crucial importância que os profissionais tenham a formação e conhecimentos necessários para realizar uma avaliação adequada (Montgomery, Dyke & Schwean, 2016).

Nas últimas décadas a neuropsicologia do Transtorno do Espectro Autista tem se fortalecido, pois esse transtorno, muitas vezes, demonstra importantes prejuízos neuropsicológicos e cognitivos, além dessa avaliação propor investigação das funções preservadas do indivíduo com TEA. Devido à constatação de semelhanças entre o comportamento de indivíduos com disfunção cortical pré-frontal e aqueles com Transtorno do Espectro Autista, surgiu à hipótese de comprometimento das funções executivas de indivíduos nessa condição (Bosa, 2001).

Assim, a avaliação neuropsicológica configura-se como um importante instrumento no diagnóstico e tratamento no TEA. A avaliação neuropsicológica ajuda na constatação, como também para descartar a suspeita do TEA. Dependendo da confirmação ou não do diagnóstico de autismo, determinam-se os encaminhamentos necessários. Portanto, a avaliação neuropsicológica no Transtorno do espectro autista é uma importante ferramenta, pois esse diagnóstico é muito complexo, podendo necessitar de encaminhamentos de profissionais de áreas diversificadas, conforme as dificuldades apresentadas (Bosa, 2001).

Atualmente a neuropsicologia como ciência, referindo-se ao TEA, vem promovendo importantes contribuições nos resultados obtidos quanto aos prejuízos cognitivos, competências e funções preservadas. Esses dados possibilitam direcionar um tratamento mais específico às dificuldades apresentadas. Portanto, com a avaliação neuropsicológica pode-se identificar de maneira mais assertiva quais as funções e as disfunções desenvolvidas pelo indivíduo com autismo, possibilitando promover uma intervenção e tratamento de forma mais abrangente as demandas nesse transtorno (Cavaco, 2015).

> Para a construção e desenvolvimento das habilidades intelectuais, que são processos básicos, ou seja, para que elas surjam

> harmoniosamente, as baterias neuropsicológicas possibilitam uma avaliação tanto no que concerne ao desempenho cognitivo geral e global como também, no que diz respeito à determinação das funções específicas da atenção, da linguagem, da memória e das funções executivas. Estas funções podem ser avaliadas segundo o modelo luriano, havendo a explorar funções através de tarefas específicas ou avaliadas através de testes, escalas e baterias de avaliação neuropsicológicas estruturadas. (Cavaco, 2015, p. 25)

Em suma, a avaliação para estabelecer um diagnóstico de TEA, preferencialmente deve ser feita por uma equipe interdisciplinar. Podemos contar atualmente com vários instrumentos para auxiliar na detecção de sintomas de autismo (Silva & Mulick, 2009). Apesar de existir vários instrumentos para avaliação e testagem de crianças e adolescentes com TEA, ainda encontramos dificuldades significativas para realização da mesma. O processo de avaliação necessita de interação social e comunicação entre os envolvidos, sendo essas principais dificuldades dos indivíduos com TEA (Carreiro *et al.*, 2016).

Instrumentos e testes mais utilizados na avaliação neuropsicológica

Atualmente podemos utilizar vários instrumentos avaliativos para ajudar no diagnóstico do TEA. São escalas e testes que auxiliam na detecção de sintomas e comportamentos desse transtorno. Existem testes validados e adaptados no Brasil para serem utilizados para a avaliação da inteligência destinados ao público infantil. Para escolha dos instrumentos avaliativos é necessário consultar ao Sistema de Avaliação de Testes Psicológicos (SATEPSI), que foi criado pelo Conselho Federal de Psicologia (CFP) para confirmar se os instrumentos psicológicos estão favoráveis para uso. Existem diversos testes psicológicos para avaliar diferentes aptidões, abaixo estão relacionados testes de inteligência que foram adaptados e são mais utilizados no contexto brasileiro (Carreiro, *et al.*, 2017):

Teste Não Verbal de Inteligência- TONI - forma A

O Teste Não Verbal de Inteligência - TONI-3 - forma A é um teste de fácil aplicação, que não exige uso da linguagem, favorecendo o uso com crianças com TEA. Como também não exige muitas respostas motoras, também pode ser usado por crianças com dificuldades motoras. Com tempo de aplicação curto, em torno de 15 minutos, a criança é solicitada a resolver problemas utilizando figuras abstratas (Santos, Noronha & Sisto, 2006).

SON-R 6-40 Teste Não verbal de Inteligência e SON-R- 2½-7 [a]

O SON-R 6-40 é um instrumento não-verbal de inteligência direcionado para pessoas na faixa etária entre 6 e 40 anos (Tellegen & Laros, 2014). Trata-se da quinta versão dos testes SON (Snijders-Oomen Non-verbal) e normatização brasileira do SON-R 6-40, já estão disponíveis. Já o teste não verbal de Inteligência e SON-R- 2½-7 [a], inclui as normas voltada para crianças com idades entre 2 e seis meses e 7 anos e 11 meses (Laros *et al.*, 2015). Os instrumentos de avaliação da inteligência não- verbal, são os mais indicados para avaliação do TEA, já que não envolvem aspectos verbais na sua aplicação.

Matrizes Progressivas Coloridas de Raven

O teste Matrizes Progressivas Coloridas de Raven, também conhecido no Brasil como Raven – Escala Especial, é um dos testes mais utilizados na literatura nacional e internacional para avaliação de crianças com TEA (Nader, Courchesne, Dawson & Soulières, 2016). É um teste que avalia a inteligência fluída de crianças entre 5 e 11 anos, composto por três séries de 12 itens – A, Ab, onde a criança deve escolher o item que completa de forma adequada a matriz apresentada. O Raven – Escala Especial, não requer muitas instruções não verbais e as respostas verbais e motoras não apresentam maiores dificuldades.

Escala Weschsler Abreviada de Inteligência (WASI)

A Escala Weschsler Abreviada de Inteligência (WASI) é um instrumento breve de avaliação da inteligência, muito utilizado na clínica e pesquisas. Abrange indivíduos na faixa etária de 6 a 89 anos. A WASI é composta por quatro subtestes: Vocabulário, Cubos, Semelhanças e Raciocínio Matricial, informando o Q.I. Total, de Execução e Verbal. É aplicado de forma individual, possibilitando assim uma avaliação em curto espaço de tempo o funcionamento cognitivo geral, verbal e não verbal do indivíduo (Trentini, Yates & Bates, 2014 citado em Carreiro *et al.*, 2017). Esse teste mostra ser adequado para indivíduos com TEA, pois sua forma abreviada pode favorecer a avaliação do funcionamento intelectivo, pois diminui a incidência de comportamentos disruptivos clássicos (não envolvimento com as tarefas, fuga, autoestimulação), que são característicos do transtorno. Sabe-se que com a aplicação completa do WISC–V, pode ocorrer com mais frequência esses tipos de comportamentos.

Escala Wechsler de Inteligência para Crianças (WISC–IV)

A Escala Wechsler de Inteligência para Crianças – 4ª Edição (WISC–IV), é um instrumento que avalia a capacidade intelectiva e o processo de resolução de problemas de crianças e adolescentes com faixa etária entre 6 anos e 0 meses a 16 anos e 11 anos. O WISC – IV é composto por 15 subtestes, desses 10 são principais e 5 suplementares, de aplicação individual. Três dos subtestes principais (Semelhanças, Vocabulário e Compreensão) formam o Índice de Compreensão Verbal (ICV). O Índice de Organização Perceptual é composto pelos subtestes principais: Cubos, Conceitos Figurativos e Raciocínio Matricial. O Índice de Memória Operacional tem os dois subtestes Dígitos e Sequência de Números e Letras como principais e o Índice de Velocidade de Processamento é composto pelos subtestes principais Código e Procurar símbolos (Weschsler, 2016).

O que é reabilitação neuropsicológica?

A reabilitação teve um início provável na Alemanha, durante a Primeira Guerra Mundial, tendo surgido com o objetivo de auxiliar a recuperação de solda. dos sobreviventes de lesões cerebrais. Durante a Segunda Guerra Mundial, na União Soviética, Luria teve papel importante na reabilitação neuropsicológica, pois foi o responsável pela organização de um hospital para soldados com lesões cerebrais (Nomura *et al.*, 2000). A reabilitação objetiva melhorar a qualidade de vida dos pacientes e familiares, otimizando o aproveitamento das funções total ou parcialmente preservadas por meio do ensino de estratégias compensatórias, aquisição de novas habilidades e a adaptação às perdas permanentes. O processo de reabilitação proporciona uma conscientização do paciente a respeito de suas capacidades remanescentes, o que leva a uma mudança na auto-observação e, possivelmente, uma aceitação de sua nova realidade (D'Almeida *et al.*, 2004).

> "A reabilitação é um processo dinâmico e global orientado para a recuperação física e psicológica do indivíduo com deficiência, tendo como objetivo a sua reintegração social" (Batista, 2012, p.3).

Wilson (1996) diferencia a reabilitação cognitiva da reabilitação neuropsicológica. A reabilitação cognitiva visa capacitar pacientes e familiares a conviver, lidar, contornar, reduzir ou superar as deficiências cognitivas resultantes de lesão neurológica, mas foca-se principalmente na melhora das funções cognitivas por meio dos treinos cognitivos. A reabilitação cognitiva pode ser entendida como processo terapêutico do desenvolvimento, que visa melhorar as capacidades no processo de utilizar os conhecimentos recebidos diante das demandas do dia a dia (Sohlberg *et al.*, 2001).

A reabilitação neuropsicológica é mais ampla, pois, além de almejar tratar os déficits cognitivos, objetiva também tratar as alterações de comportamento e emocionais, melhorando a qualidade de vida do paciente. Prigatano (1999) afirma que a reabilitação cognitiva é apenas um componente da reabilitação neuropsicológica, que ainda pode englobar a psicoterapia e estabelecimento de objetivos e estratégias a serem alcançados durante o tratamento.

Reabilitação neuropsicológica no Transtorno do Espectro Autista (TEA)

Com a constatação do diagnóstico do TEA e a revelação para a família, deve-se iniciar logo o planejamento da reabilitação, que se constitui de muita importância, pois os comprometimentos de linguagem e sociabilidade podem trazer, mesmo variando na intensidade, significativos prejuízos e limitações no dia a dia desses indivíduos (Brasil, 2014).

A reabilitação deve ser individualizada e procurar atender às necessidades do indivíduo e sua família, com informações adequadas quantos aos benefícios do tratamento. Esse envolvimento dos familiares favorece a implicação e responsabilidade na realização das propostas. O acompanhamento da reabilitação no TEA deve considerar a linguagem, a forma como o paciente se relaciona com as pessoas e o contexto vivenciado, suas dificuldades, sentimentos e pensamentos.

Encontramos uma metodologia variada de propostas que visam a reabilitação neuropsicológica no TEA. Bosa (2006) coloca que crianças com TEA podem se beneficiar também de formas alternativas de comunicação. Considerando que um dos sintomas no TEA é a dificuldade de linguagem, recomenda-se o PECS (Picture Exchange Communication System), programa que foi desenvolvido em 1993, que utiliza palavras impressas, objetos, placas de comunicação, exibição de materiais visuais, combinações criadas entre as partes que possam auxiliar a interação social. Essas formas alternativas de comunicação, utilizando a associação entre símbolos e atividades ajudam na compreensão e na comunicação.

Também a linguagem de sinais pode ser utilizada na comunicação com crianças autistas, podendo incluir os familiares, beneficiando o seu contexto social. No Transtorno do Espectro Autista pode-se utilizar a musicoterapia como proposta de reabilitação e tratamento nos comportamentos que dificultam a vida do indivíduo com essa condição, sendo que essas orientações devem ser estendidas à família. Também pode ser usado na reabilitação neuropsicológica a Análise Aplicada do Comportamento, conhecido como ABA, que utiliza o ensino de habilidades específicas a crianças autistas, com etapas associadas a indicações ou instruções. De maneira lúdica e prazerosa, a criança aprende a identificar diferentes estímulos, melhorando os déficits motores e sensoriais (Whitman, 2015).

Ainda utilizando atividades lúdicas, jogos e brincadeiras, podemos salientar as Terapias de Integração Sensorial (TIS), que estimulam as sensações. Através de uma proposta lúdica, as atividades vão aos poucos se tornando mais difíceis, desenvolvendo nas crianças com o transtorno do espectro autista um nível crescente de alerta, frente a estímulos diferenciados (Araújo *et al.*, 2022). Para especificar mais detalhadamente atividades que possam ser desenvolvidas, segue sugestões de jogos, brinquedos e materiais lúdicos que podem ser usados na reabilitação neuropsicológica no TEA, conforme tabela a seguir:

Atividades lúdicas específicas na intervenção junto a crianças com TEA

Sugestões de jogos, brinquedos e materiais lúdicos como intervenção em grupo de crianças com TEA	
Atividades	**Desenvolvimento e materiais utilizados**
Recursos de integração sensorial	Possibilitar vivências e experiências sensoriais, conforme suas demandas específicas. As atividades com malhas, tecidos, diferentes texturas como areia, argila, massinha, espuma de barbear, alguns alimentos crus ou cozidos, estimulação sensorial (com creme hidratante), são exemplos de propostas lúdicas, com a essência do brincar, que podem responder positivamente a modulação sensória de crianças com TEA, que integra os sistemas de audição, tátil, vestibular, proprioceptivo, olfato e visão. Essas propostas também se beneficiam da utilização de músicas, que propiciam um ambiente acolhedor e lúdico para o desenvolvimento dessas atividades.
Jogo simbólico e brincadeiras	Sugere-se iniciar brincadeiras propostas ou de preferência da criança, como também de jogos ou brinquedos estruturados e disponibilizados para ela. Pode-se propor atividades significativas (considerando a atenção e interesse da criança), com utilização do faz de conta, jogo de imitação, procurando estimular bastante a linguagem. Podem-se utilizar materiais diversificados, não estruturados, de maneira que a cena lúdica do jogo simbólico envolva a criança, estimulando a imaginação e criatividade. Jogos teatrais, representação e dramatização com utilização de utensílios de plásticos como alimentos de plástico, pratinhos, garfinhos, colheres, copos, móveis de casa em miniatura, entre outros materiais podem auxiliar muito.
Jogos e brinquedos de encaixes e construção	Material diverso de encaixe como blocos, peças, que favoreçam diversas construções, contribuem no desenvolvimento da concentração, atenção, na coordenação viso motora, bem como na paciência, perseverança, independência, do sentimento de realização que estimula a autoimagem, pensamento abstrato, identificação de diferenças e semelhanças. Também estimula o encorajamento nas soluções de problemas, formulação de projetos, satisfação de inventar, construir, destruir e transformar (Almeida, 2010).
Músicas, som, linguagem e movimento	Utilizar instrumentos musicais e explorar os sons de cada um, favorece o desenvolvimento da atenção, interesse e potencial exploratório (tambor, teclado, maracas, pandeiro/pandeirola, xilofone, entre outros). Com crianças mais resistentes, sugere-se cantar uma música que marque o início e o final do atendimento, para enfatizar bem esses momentos. Friedmann (2011) coloca: "A música é uma linguagem muito importante na comunicação e expressão humana". As brincadeiras com canto e movimento oportunizam a exploração do corpo e diferentes sensações. Deve-se valorizar as brincadeiras de mãos, com olho no olho, detendo a atenção da criança, além de estimular a repetir os sons e imitar os movimentos do adulto. É importante salientar que esses tipos de brincadeiras criam e reforçam vínculos, como também a comunicação com os envolvidos (Friedmann, 2011).

Fonte: Adaptado de Cipriano & Almeida (2016).

Considerações finais

O presente capítulo teve como objetivo identificar os principais instrumentos e técnicas utilizadas na Avaliação Neuropsicológica e Reabilitação Neuropsicológica nos casos do diagnóstico de TEA. Através da pesquisa, constatou-se que atualmente encontramos diversos estudos sobre o autismo e suas manifestações. Apesar da existência dessa diversidade de material informativo, as dificuldades de um diagnóstico preciso e confiável desse transtorno permanece.

As pesquisas realizadas através do presente trabalho indicam que a origem do autismo ainda não é conhecida, sendo que as causas podem ser biológicas devido a possíveis disfunções cerebrais. Justamente por não possuir marcadores biológicos e diversidade na sintomatologia, há muitas dificuldades em estabelecer um diagnóstico adequado. Quando se fala em autismo, ainda se consolida como complexa a sua comprovação, seja pela diversidade de sintomas como o nível de comprometimento apresentado pelos indivíduos com esse transtorno. O grau da gravidade é avaliado pelos prejuízos acarretados no dia a dia dos indivíduos com TEA.

Para auxiliar no diagnóstico, as disfunções, grau de comprometimento, entre outras demandas, a avaliação neuropsicológica se configura relevante ferramenta nesse processo. Conforme dados obtidos com o presente trabalho, atualmente podemos contar com diversos instrumentos avaliativos que podem auxiliar na constatação ou não do TEA. Contudo, deve-se salientar ainda a importância da observação clínica e entrevistas investigativas consistentes para servir de base para o processo avaliativo.

Após a comprovação do diagnóstico do TEA, se torna necessário planejar um programa de reabilitação neuropsicológica, com o objetivo da melhoria das dificuldades e disfunções constatadas no processo avaliativo. Devido à complexidade de sintomas e graus de comprometimento, a reabilitação deve ser individual, respeitando as singularidades e procurando ressaltar as potencialidades do indivíduo com esse transtorno. Encontramos muitos métodos de reabilitação, sendo escolhido o que melhor pode favorecer a melhoria da qualidade de vida, estimular suas capacidades funcionais e adaptativas na sua convivência social e familiar.

Referências

Alexandrino, N., & Ambrosi, P. B. (1998). O autismo infantil, um desofio para neurociência no próximo milênio. *Psiquiatria Biológica, 6*(4), 185-194.

Almeida, A. D. (2010). *Avaliação neuropsicológica de crianças e adolescentes com autismo e outros transtornos invasivos do desenvolvimento.* Trabalho de Conclusão de Curso. UFRGS.

American Psychiatric Association - APA. (2014). *Manual diagnóstico e estatístico de transtornos mentais.* DSM-5. Porto Alegre, RS: Artmed.

American Psychiatric Association – APA. (2023). *Manual diagnóstico e estatístico de transtornos mentais.* DSM-5-TR. Porto Alegre, RS: Artmed.

Araujo, D. L. S., & Klauss, J. (2022). Os benefícios da terapia de integração sensorial no tratamento de crianças com Transtorno do Espectro Autista: revisão integrativa de literatura.Editora Cientifica digital

Bosa, C. A. (2006). Autismo: intervenções psicoeducacionais. *Brazilian Journal of Psychiatry,* 28, s47-s53.

Bosa, C. A., & Teixeira, M. C. T. V. (2017). *Autismo: Avaliação psicológica e neuropsicológica* (1 ed). São Paulo: Hogrefe.

Criança, C. A. (2014). Cartilha da Inclusão Escolar: inclusão baseada em evidências científicas. *Editora Instituto Glia.*

Batista, C. A. M. (2012). Deficiência, autismo e psicanálise. A peste: Revista de Psicanálise e Sociedade e Filosofia. *Revista Ciência Psicológica, 4*(2).

Belisário Filho, J. F., & Cunha, P. (2010). A educação especial na perspectiva da inclusão escolar. Transtornos globais do desenvolvimento. Brasília*, DF: MEC, 2010. v.9. (Coleção a Educação Especial na Perspectiva da Inclusão Escolar).*

Bosa, C. A. (2001). As relações entre autismo, comportamento social e função executiva. *Psicologia: reflexão e crítica,* 14, 281-287.

Bosa, C. A., & Teixeira, M. C. T. V. (2017). *Autismo: avaliação psicológica e neuropsicológica.* São Paulo: Hogrefe-Cetepp.

Bosa, C. A., Czermainski, F. R., & Brandão, L. (2016). *A relação entre as funções executivas e a sintomatologia dos transtornos do espectro do autismo: caso clínico.* In. J. F. Salles, V. G. Haase, L. F. Malloy – Diniz (orgs.), Neuropsicologia do desenvolvimento: infância e adolescência. Porto Alegre: Artmed.

Brasil. Ministério da Saúde. (2014). *Secretaria de Atenção à Saúde. Departamento de Ações Programáticas Estratégicas. Diretrizes de Atenção à Reabilitação da Pessoa com Transtornos do Espectro do Autismo (TEA).*

Carreiro R. R. L., Marino F. L. R., Siqueira C., R. A., Ribeiro F.A. (2016): *Avaliação da Inteligência em crianças com Transtorno do Espectro Autista.*

Cavaco, N. A. (2015). *Autismo*: uma perspectiva neuropsicológica. *Rev. Omnia*, v. 3, p. 21-31.

Cipriano, M. S. ; Almeida, M. T. P. (2016). O brincar como intervenção no transtorno do espectro do autismo. *Extensão em Ação, Fortaleza,* v. 2, n. 11, p. 78-91, jul./out. 2016.

Costa, D. I., Azambuja, L. S., Portuguez M. W., & Costa, J. D. (2004). Avaliação neuropsicológica da criança e áreas de intervenção. J. Pediatria.

Czermainski, F. R. (2012). *Avaliação Neuropsicológica das Funções executivas no Transtorno do Espectro do Autismo.* Dissertação (Mestrado,) UFRGS, Porto Alegre, Rio Grande do Sul.

D'Almeida, A., Pinna, D., Martins, F., Siebra, G., & Moura, I. (2004). Reabilitação cognitiva de pacientes com lesão cerebral adquirida. *CienteFico*; IV (I).

Garcia, M. L., & Lampreia, C. (2011). Limites e possibilidades da identificação de risco de autismo no primeiro ano de vida. *Psicologia: Reflexão E Crítica,* 24(2), 300–308. https://doi.org/10.1590/S0102-79722011000200011

Hamdan, A. C., de Pereira, A. P. A., & de Sá Riechi, T. I. J. (2011). Avaliação e reabilitação neuropsicológica: desenvolvimento histórico e perspectivas atuais. *Interação em Psicologia*, 15.

Klin, A. (2006). Autismo e síndrome de Asperger: uma visão geral. *Brazilian Journal of Psychiatry*, *28*, s3-s11.

Klin, A., Pauls, D., Schultz, R., & Volkmar, F. (2005). Three diagnostic approaches to Asperger syndrome: implications for research. *Journal of autism and developmental disorders*, *35*, 221-234.

Laros, J. A., Tellegen, P. J., Jesus, G.R., & Karino, C. A. (2015). SON-R 2½-7[a]. Manual. Teste não-verbal de inteligência. São Paulo, SP: Hogrefe CETEPP.

Lezak, M. D., Howieson, D. B., & Loring, D. W. (2004). *Neuropsychological Assessment.* (4 ed.). New York: Oxford University Press.

Mello, A. M. S. R. (2007): *Autismo: guia prático.* (7 ed). São Paulo: AMA; Brasília: CORDE.

Montgomery, J. M., Dyke, D. I., & Schwean, V. L. (2008). Autism spectrum disorders: WISC-IV applications for clinical assessment and intervention. In Prifitera A., Saklofske D. H., Weiss L. G. (Eds.), *WISC-IV clinical assessment and intervention–second edition* (pp. 299-338). San Diego, CA: Elsevier.

Nader, A. M., Courchesne, V., Dawson, M., & Soulières, I. (2016). Does WISC-IV underestimate the intelligence of autistic children? *Journal of autism and developmental disorders*, 46, 1582-1589.

Ornitz, E. M. (1983). The functional neuroanatomy of infantile autism. *International Journal of Neuroscience, 19*(1-4), 85-124.

Paula, C. S., Cunha, G. R., Silva, L. C., Teixeira, M. C. T. V., Bosa, C., & Teixeira, M. C. T. V. (2017). Autismo: Avaliação psicológica e neuropsicológica.

Prigatano, G.P. (1999). *Princípios da reabilitação neuropsico*lógica. Imprensa da Universidade de Oxford.

Santos, A. A. A., Noronha, A. P. P., & Sisto, F. F. (2006). *Teste Não-Verbal de Inteligência (TONI-3, Forma A).* São Paulo: Vetor Editora Psicopedagógica Ltda.

São Paulo. Defensoria Pública do Estado, (2011). Cartilha Direitos das Pessoas com Autismo.

Schwartzman, J. S., & Araújo, C. A. (2011). *Transtorno do Espectro do Autismo.* São Paulo: Memnon, 2011. Cap. 04. p.43 -54.

Silva, M., & Mulick, J.A. (2009). Diagnosticando o transtorno autista: aspectos fundamentais e considerações práticas. *Psicologia: ciência e profissão*, 29, 116-131.

Sohlberg, M.M., & Mateer, C.A. (Eds.). (2001). *Reabilitação cognitiva: uma abordagem neuropsicológica integrativa.* Guilford Press.

Tellegen, P. J., & Laros, J. A. (2014). SON-R 6-40. *Non-verbal Intelligence Test*: Research Report. Göttingen, Germany: Hogrefe Verlag.

Wechsler, D. (2016). Escala Weschsler de Inteligência para crianças: WISC-IV: manual de instruções para aplicação e avaliação. Trad. Maria de Lourdes Duprat. São Paulo: Casa do Psicólogo.

Whitman, T. L. (2015). *O desenvolvimento do autismo: social, cognitivo, linguístico, sensório-motor e perspectivas biológicas.* São Paulo: M. Books.

Avaliação e reabilitação neuropsicológica de adolescente com paralisia cerebral

18

Natália dos Santos Aydos Rodrigues
Regina Maria Fernandes Lopes

Introdução

Este capítulo tem por objetivo discorrer sobre adaptação de um caso de um jovem no final da adolescência que ao nascer teve paralisia cerebral e que, em decorrência disso, possui diagnóstico de Diparesia Espástica e Deficiência do Desenvolvimento Intelectual. Esse jovem realiza tratamento em uma instituição do Sul do país e passou por uma avaliação neuropsicológica para verificar suas potencialidades e dificuldades para se pensar em um plano de ação para o caso.

Desta forma, será a nomenclatura mais atual para a paralisia cerebral, que é encefalopatia crônica. Nesse caso em especifico, o paciente possui diagnóstico de Encefalopatia Crônica (CID G 80.9), Diparesia Espástica (CID G 80.1) e Retardo Mental (CID F70), este último segundo relato da mãe e de profissionais do centro de reabilitação no qual realiza seu tratamento.

Encefalopatia crônica

A paralisia cerebral, de acordo com Bobath (1969), é o resultado de uma lesão ou mau desenvolvimento do cérebro, de caráter não progressivo, que existe desde a infância. E essa lesão atinge o cérebro ainda imaturo, interferindo assim no desenvolvimento normal da criança.

Para Nelson e para Schwartzman (1996, 1993 citados por Thiers, 2000), a paralisia cerebral é um grupo de distúrbios neurológicos crônicos que se manifestam por um controle anormal de movimentos na criança e que não se devem a uma doença progressiva latente. Origina-se de uma lesão estática e não progressiva no cérebro ainda em desenvolvimento, que acarreta como resultado um atraso motor significativo, uma evolução neuromotora anormal, além de outros distúrbios centrais no sistema nervoso nas áreas cognitiva e neurocomportamental (Capute & Accardo, 1996 citados por Thiers, 2000).

Em números, a paralisia cerebral não interfere apenas no motor da criança, mas estão relacionados a outras anormalidades cerebrais. Mais da metade dos casos relatos apresentam comorbidade com o antigamente chamado retardo metal, hoje Deficiência Intelectual. Em um terço ou mais, epilepsia, e cerca de um quinto, distúrbios de visão e audição (Nelson, 1996 citado por Thiers, 2000).

A Encefalopatia Crônica Não Progressiva é uma lesão encefálica estática. Sua origem pode ser no período pré-natal, perinatal e ou pós-natal, e como consequência ocorrem anormalidades do desenvolvimento motor por alterações na maturação do Sistema Nervoso Central (SNC). Pode ser associada a disfunções da postura e do movimento permanentes, mas não imutáveis. As mudanças da biomecânica corporal podem estar relacionadas a distúrbios cognitivos, sensitivos, visuais, auditivos, entre outros, que repercutem de diferentes âmbitos do desempenho funcional da criança (Santos & Golin, 2013).

Diparesia espástica

Bobath (1969), dentro da fisioterapia, ainda diferencia os tipos de paralisia cerebral, neste caso, a espástica, caracterizada por uma hipertonia de caráter permanente, com grau que varia de acordo com a condição geral da criança, ou seja, sua excitabilidade e a força de estímulo a que ela está sujeita a qualquer momento. Entretanto, para o caso que será apresentado, não serão abordados aspectos da área da fisioterapia.

A diparesia espástica (termo usado pela fisioterapia) é um tipo frequente de Encefalopatia Crônica Não Progressiva, possui uma incidência de 10 a 30% das crianças diagnosticadas. O exame clínico revela fraqueza muscular, déficit de controle motor e hipertonia de predomínio em membros inferiores, com restrições nas habilidades motoras finas. Há diferentes graus de intensidade do distúrbio, sendo que na maior parte dos casos o prognóstico funcional é bom, entretanto em alguns casos a evolução possui graves limitações funcionais (Santos & Golin, 2013).

Deficiência Intelectual

Para a psicologia, que utiliza comumente o DSM-5-TR (APA, 2023) para diagnósticos, a nomenclatura utilizada é Deficiência Intelectual. Na área da medicina, que ainda segue a CID 10, usa-se o termo retardo mental.

Conforme o DSM-5-TR (APA, 2023), o diagnóstico de Deficiência Intelectual é baseado em avaliação clínica e testes padronizados das funções adaptativa e intelectual e engloba três critérios diagnósticos.

A – Déficits em capacidades mentais genéricas;

B – Prejuízo na função adaptativa diária na comparação com indivíduos pareados para idade, gênero e aspectos socioculturais;

C – O início ocorre durante o período do desenvolvimento.

Segundo a Associação Americana de Retardo Mental (2002), designa-se retardo mental como uma incapacidade caracterizada por importantes limitações, tanto nas funções intelectuais quanto no comportamento adaptativo e está expresso nas habilidades adaptativas conceituais, sociais e práticas, tendo iniciado antes dos dezoito anos. Levando em consideração que para ser diagnosticado o retardo mental deve haver limitações nas funções intelectuais e no comportamento adaptativo, a Associação Americana de Retardo Mental (2002) classifica inteligência e comportamento adaptativo como:

- A inteligência é uma habilidade mental geral que inclui raciocínio lógico, planejamento, resolução de problemas, pensamento abstrato, compreensão de ideias complexas, aprendizagem rápida e aprendizagem a partir de experiência. Quando nos referimos a limitações de inteligência, devemos considerar quatro dimensões:

Comportamento Adaptativo, Participação, Interações e Papéis Sociais, Saúde e Contexto.

- O comportamento adaptativo é o conjunto das habilidades conceituais, sociais e práticas que foram aprendidas pelas pessoas para elas funcionarem no seu dia a dia. Além do dia a dia, pode afetar as respostas para as mudanças de vida e das demandas do ambiente. No caso do comportamento adaptativo, consideram-se quatro dimensões: Habilidade Intelectuais, Participação e Papéis Sociais, Saúde e Contexto.

Dentro dos conceitos e sistemas abordados pela Associação Americana de Retardo Mental (2002), existem os apoios, que dizem respeito a recursos e estratégias que focam a promoção do desenvolvimento, da educação, dos interesses e do bem-estar pessoal de uma pessoa e que melhoram o funcionamento do indivíduo. E é a relação entre os apoios e as dimensões das Habilidade Intelectuais, Comportamento Adaptativo, Participação e Papéis Sociais, Saúde e Contexto que resulta no funcionamento individual.

Descrição do caso

AB (Iniciais fictícias), natural de uma cidade do interior do Rio Grande do Sul, nasceu pré-termo, com 29 semanas, e permaneceu por 47 dias na UTI neonatal, sendo que por 24 horas ficou com ventilação mecânica. Ao completar 2 anos de idade, a família foi percebendo que o menino não engatinhava, não ficava sentado e não possuía equilíbrio. Hoje, o menino usa muletas para caminhar e, nos dias em que está sem muita força muscular, faz uso da cadeira de rodas. Desde os 3 anos realiza tratamento em instituição de reabilitação em Porto Alegre. Aos 10 anos foi transferido de instituição e permanece no local até hoje. É atendido no local pelo setor de fisioterapia e psicologia, com frequência semanal.

Possui diagnóstico de Encefalopatia Crônica (CID G 80.9) e Diparesia Espástica (CID G 80.1). Em 2018, foi diagnosticado com Epilepsia (CID G40), mas os médicos acreditam que possa ser algo de fundo psicológico, e não neurológico, o que poderia ser caracterizado como Transtorno de Ansiedade.

AB, atualmente curso a 3ª série do Ensino Médio em uma escola de sua cidade. Está ansioso pelo término dos estudos. Em todo seu histórico escolar, apresentou maiores dificuldades em matemática.

A mãe relata que o menino tem as "crises" (epilepsia ou ansiedade) antes de sair para a escola, pela manhã, dizendo de crises mais frequentes do que as relatadas pelo paciente, mas não é possível fazer essa relação entre as crises e a escola. De toda forma, é possível uma relação das "crises" com os dias em que AB dorme tarde e tem aula no outro dia, ou nas voltas de férias, pois já não está mais acostumado com a rotina de acordar cedo e ir para a escola, bem como com momentos nos quais a mãe apresenta sintomas de ansiedade e os transfere para o filho. A mãe de AB realiza todas as atividades de vida diária de AB por ele. O adolescente não possui independência em nenhuma área de sua vida. Entretanto, quando está apenas com o pai, este deixa que o filho faça suas atividades de forma mais independente.

AB no momento da avaliação tinha 18 anos e estava em atendimento no setor de psicologia de um centro de reabilitação em Porto Alegre. A psicóloga que o atendia sentiu a necessidade de realizar uma avaliação neuropsicológica com o adolescente, que nunca havia passado por uma.

Descrição da avaliação e instrumentos utilizados

Para essa avaliação, a psicóloga utilizou uma bateria de instrumentos psicológicos que abrangia diversas áreas cognitivas e comportamentais, pelos quais também era possível observar o motor.

Tabela 1 – Instrumentos e breve descrição

Instrumento	Breve descrição
WAIS-III: Escala de Inteligência Wechsler para Adultos (14 subtestes) (Wechsler, 2013)	Objetiva avaliar a capacidade intelectual de adultos e o processo de resolução de problemas. A capacidade intelectiva total é obtida através da aplicação dos subtestes, que são divididos em quatro índices: Compreensão verbal, Organização perceptual, Memória operacional e Velocidade de processamento. E também em três subtipos de QI: QI Total, QI Verbal e QI de Execução.
FDT – Teste dos Cinco Dígitos (Sedó, 2015)	Tem como objetivo medir a velocidade de processamento, atenção e as funções executivas.
BPA – Bateria Psicológica para Avaliação da Atenção (Rueda, 2016)	Tem objetivo de mensurar a capacidade geral de atenção, e também avaliar individualmente três tipos de atenção específicos: Atenção Concentrada (AC), Atenção Dividida (AD) e Atenção Alternada (AA).
RAVLT – Teste de Aprendizagem Auditivo – Verbal de Rey (De Paula & Malloy-Diniz, 2018)	Avalia os processos de memória declarativa episódica utilizando a repetição de uma lista de palavras. O teste tem maior aplicabilidade em pacientes com transtornos mentais e doenças neurológicas, em especial os transtornos neurocognitivos (demência e comprometimento cognitivo leve).
Teste Palográfico na avaliação da personalidade	Considerado um teste que avalia a personalidade por meio do comportamento expressivo.
IFP-II – Inventário Fatorial da Personalidade II (Leme, Rabelo & Alves, 2013)	Tem por objetivo traçar o perfil de personalidade do indivíduo, com base em 13 necessidades ou motivos psicológicos: Assistência, Intracepção, Afago, Autonomia, Deferência, Afiliação, Dominância, Desempenho, Exibição, Agressão, Ordem, Persistência e Mudança.

Fonte: Elaboração própria

Resultados

Tabela 2 – Síntese dos resultados de cada teste

Instrumento	Síntese do resultado
WAIS-III: Escala de Inteligência Wechsler para Adultos (14 subtestes) (Wechsler, 2013)	PC / Percentil / Classificação QIT 92 29 Médio QIV 99 47 Médio QIE 83 13 Médio Inferior ICV 102 55 Médio IMO 83 12 Médio Inferior IOP 29 21 Médio Inferior IVP 92 27 Médio
TIG-NV – Teste de Inteligência Geral Não Verbal (Tosi, 2008)	QI / Percentil / Classificação 94 35,1 Média
FDT – Teste dos Cinco Dígitos (Sedó, 2015)	Perfil cognitivo que necessita de mais tempo para aprender. Ou seja, pode demorar a desenvolver suas habilidades cognitivas, mas as aprende com qualidade e êxito. Entretanto com boa capacidade atencinal.
BPA – Bateria Psicológica para Avaliação da Atenção (Rueda, 2016)	Atenção / Pontos / Percentil / Classificação Concentrada 66 10 Inferior Dividida 43 1 Inferior Alternada 55 1 Inferior Geral 154 Inferior
RAVLT – Teste de Aprendizagem Auditivo – Verbal de Rey (De Paula & Malloy-Diniz, 2018)	Pode apresentar déficits em certas etapas da memória auditiva-verbal.
Teste Palográfico na avaliação da Personalidade. (Alves & Esteves, 2019)	Perfil introspectivo, com certo receio ao iniciar novos relacionamento interpessoais. Pode denotar temor nas tomadas de decisões, receio em relação ao futuro, falta de ânimo e disposição e motivação deficiente. Não possui indicativos para depressão, mas é uma pessoa muito emotiva e impulsiva. Podendo ter momentos de explosões, mas que depois reflete sobre suas atitudes.

Instrumento	Síntese do resultado
IFP-II – Inventário Fatorial da Personalidade II (Leme, Rabelo & Alves, 2013)	Indica grandes desejos e sentimentos de piedade, compaixão e ternura, pelos quais o sujeito deseja dar simpatia e gratificar as necessidades de um sujeito indefeso, defendê-lo no perigo, dar-lhe suporte emocional e consolo na tristeza, doença e outros infortúnios. Sugere falta de autoconfiança e de influência, persuasão ou comando sobre outras pessoas. Indica forte tendência a apresentar percepções desfavoráveis a respeito de sua capacidade, bem como a agir de maneira mais passiva na busca de seus objetivos pessoais e profissionais, apresentando baixa ambição e empenho. Indica tendência a negligenciar detalhes na execução de atividades e baixa confiança em sua capacidade ou nível de exigência pessoal, sugerindo dificuldades em levar a cabo trabalhos iniciados ou a iniciar outras atividades antes de concluir as que já estão em andamento.

Fonte: Elaboração própria

Análise dos resultados

AB apresenta funções intelectivas dentro do esperado para a população de sua idade, entretanto, no que diz respeito a atividades que que envolvem Memória Operacional, Organização Perceptual, indica classificação média inferior. Tal resultado pode estar correlacionado com o fato de suas dificuldades motoras e por precisar mais tempo para aprender. Também denota prejuízos de atenção e memória verbal. Tais resultados não são compatíveis com o relato da mãe, que afirma que o filho tem diagnóstico de Deficiência Intelectual Leve. Entretanto, AB pode apresentar Transtorno de Aprendizagem Específica com prejuízo na Matemática (DSM-5-TR: F81.2) e Transtorno de Déficit de Atenção e Hiperatividade com Apresentação Combinada (DSM-5-TR: F90.2). Além de indicar uma dependência da mãe, que parece criar situações para mantê-lo como "incapaz". Outros aspectos que podem colaborar com a dependência criada pela mãe são os resultados levantados pelos instrumentos que avaliam a personalidade (vide Tabela 2). A hipótese de Transtorno de Ansiedade não foi confirmada.

A encefalopatia crônica de AB causou prejuízos mais significativos em suas funções motoras do que em suas funções cognitivas. Esta última ainda pode ser impactada pela questão motora, como, por exemplo, sua organização perceptual, que, de acordo com as Escalas Wechsler, apresenta estar abaixo da média da população de sua idade. Tal índice avalia formação de conceitos não verbais, percepção e organização visual, processamento simultâneo, coordenação visuomotora, aprendizagem e a habilidade de separar figura e fundo de um estímulo visual (Wechsler, 2004).

No que diz respeito ao Índice de Memória Operacional, os resultados expostos colaboram com os demais instrumentos utilizados para avaliar as habilidades do examinando de sustentar atenção, concentração e exercer controle mental (Wechsler, 2004). O subtipo de QI que reúne o Índice de Memória Operacional e Organização Perceptual é o QI de Execução, que, assim como seus índices, apresenta classificação abaixo da média.

Qual o planejamento para reabilitação neuropsicológica para o caso?

No caso de AB, se faz necessária uma reabilitação neuropsicológica, que deve ser colocada em prática o quanto antes para que possa haver uma evolução positiva de seu desenvolvimento e aproveitar de sua capacidade de neuroplasticidade. A reabilitação neuropsicológica deve ter foco em suas dificuldades de atenção e memória (sendo que este será em um segundo momento, se necessário), assim como a parte motora de AB.

Para tanto, os pais de AB precisam de orientação quanto à realização da reabilitação neuropsicológica. A etapa da avaliação neuropsicológica será realizada no consultório, no entanto etapas posteriores sobre de reabilitação neuropsicológica, será necessária a continuação das atividades em casa para melhores resultados.

Uma possibilidade para a reabilitação de AB seria a Realidade Virtual. Segundo Perez *et al.* (2018), jogos de computadores que utilizam a Realidade Virtual têm tido destaque nas abordagens lúdicas para reabilitação e foram utilizados apenas nos últimos dez anos como processo de reabilitação. Essas abordagens simulam tarefas funcionais, em complemento às intervenções reabilitatórias convencionais. Esses sistemas são projetados originalmente para recreação, mas têm sido adaptados para fins terapêuticos.

Pensando no contexto de AB e no uso de Realidade Virtual, jogos de videogame que possam possibilitar melhorias em sua coordenação motora seriam a melhor opção para fazer uso dessa tecnologia. Nas pesquisas de Arnoni, Verdério, Pinto, & Rocha (2018), o treinamento com videogame ativo foi capaz de modificar os domínios autoconceito, equilíbrio, desempenho motor global e sucesso adaptativo. Para tal treinamento, alguns profissionais vêm utilizando a Wii Balance Board (WBB), que, para (Tavares *et al.* (2013), é um acessório do NW semelhante a uma PF, que exige do indivíduo uma mudança constante do seu desempenho em uma postura em pé, Também mensura a capacidade de controlar a estimulação ambiental, utilizando as mudanças corporais desta postura.

No que diz respeito à motricidade fina, pensou-se em atividades de encaixe, para trabalhar apreensão, força e coordenação, para encaixar as peças em seus devidos espaços e treino cognitivo para distinguir formas e cores. Mendes, Barros, & Nohana (2018) utilizam instrumentos como argolas para trabalhar a preensão, parafusos para rosquear as porcas, bolinhas de gude para passar por uma canaleta e ao final derrubar em um orifício circular, além de elementos geométricos para encaixar nos locais apropriados para suas formas.

Para desenvolver esses exercícios requer-se atenção, então, ao realizar esse trabalho lúdico da reabilitação, AB já estará treinando sua atenção. Mas pode-se pensar em outras atividades, como: tarefas de cancelamento, jogo da memória, quebra-cabeças, montar blocos, tarefas artísticas como pintura, trabalho com argila, entre outras práticas lúdicas.

Plano de reabilitação

Levando em consideração a seção anterior, foi elaborado o seguinte plano de reabilitação para AB:

Tabela 3 – Plano de reabilitação neuropsicológica

Plano de reabilitação neuropsicológica		
Sessão número	Objetivo	Atividade
1	Orientação aos pais de AB	Psicoeducação sobre todos aspectos a serem desenvolvidos em AB, suas facilidades e dificuldades.
2	Trabalhar o equilíbrio com o Nintendo Wii	*Wii Balance Board*.
3	Trabalhar motricidade fina	Tarefas com argolas e elementos geométricos. Atividades de desenhos.
4	Trabalhar motricidade fina	Tarefas com parafusos e bolinhas de gude
5	Reavaliar equilíbrio e motricidade fina	Realizada avaliação clínica qualitativa.
6	Trabalhar atenção	Tarefas de cancelamento. Jogo da Memória, Quebra-Cabeças
7	Trabalhar atenção	Tarefas de cancelamento. Tarefas de Montar Blocos
8	Trabalhar atenção	Tarefas de cancelamento. Tarefas com argila
9	Reavaliar atenção	Aplicação de testes de atenção
10	Orientação aos pais de AB	Psicoeducação sobre os resultados da reabilitação neuropsicológica. Atingimento das metas propostas.

Fonte: Elaboração própria

Considerações finais

No caso de AB, foi possível verificar seus diagnósticos e, assim, buscar mudanças em seu tratamento para que seja possível realizar melhorias em sua evolução. Sua avaliação neuropsicológica foi de grande importância em razão dos diagnósticos equivocados que o marcaram durante toda vida. A partir desses novos achados, o tratamento de AB será mais adequado com a sua realidade e, caso sejam colocadas em prática as orientações dadas, o prognóstico de AB é de significativas melhorias.

Referências

Associação Americana de Retardo Mental – AAMR. (2002). *Retardo Mental:* definição, classificação e sistemas de apoio. 10. ed. Porto Alegre: Artes Médicas.

Alves, I. C. B. & Esteves, C. (2019). *O Teste Palográfico na avaliação da personalidade.* 3. ed. São Paulo: Vetor Editora.

American Psychological Association – APA. (2023). *Manual Diagnóstico e Estatístico de Transtornos Mentais DSM-5-TR.* 5.ed. Porto Alegre, Artes Médicas.

Arnoni, J. L. B., Verdério, B. N., Pinto, A. M. A., &; Rocha, N. A. C. F. (2018). *Efeito da intervenção com videogame ativo sobre o autoconceito, equilíbrio, desempenho motor e sucesso adaptativo de crianças com paralisia cerebral*: estudo preliminar. Recuperado de: http://www.scielo.br/pdf/fp/v25n3/2316-9117-fp-25-03-294.pdf

Bobath, K. (1969). *A deficiência motora em pacientes com paralisia cerebral.* Petrópolis: Ed. Vozes.

De Paula, J. J., & Malloy-Diniz, L. F. (2018). *Teste de aprendizagem auditivo--verbal de Rey (RAVLT).* 1. ed. São Paulo: Vetor. (Coleção RAVLT; V.1).

Leme, I. F. A. de S., Rabelo, I. S., & Alves, G. A. S. (2013). *IFP-II – Inventário Fatorial de Personalidade.* São Paulo: Casa do Psicólogo.

Mendes, G. C., Barros, F. S., & Nohama, P. (2018). Tecnologia assistida lúdica para ganho de funcionalidade. *Revista da Universidade Vale do Rio Verde, 16*(2). Recuperado de: periodicos.unincor.br › revistaunincor › article › download › pdf_850

Perez, L. W. (2018). Estratégias lúdicas na reabilitação motora de crianças com paralisia cerebral: revisão integrativa. *Rev. Eletr. Enf., 20.* Recuperado de: https://doi.org/10.5216/ree.v20.50936.

Rueda, F. J. M. (2016). *Bateria Psicológica de Atenção (BPA).* São Paulo: Vetor Editora.

Santos, L. P. D. dos & Golin, N. O. Evolução motora de crianças com Paralisia Cerebral Diparesia Espástica. *Rev. Neurocienc.*, *21*(2), 184-192. Recuperado de: http://www.revistaneurociencias.com.br/edicoes/2013/RN2102/original%202102/808%20original.pdf

Sedó, M., de Paula, J. J., & Malloy-Diniz, L. F. (2017). *O Teste dos Cinco Dígitos.* São Paulo: Hogrefe.

Tavares, C. N. *et al.* (2013). Uso do Nintendo Wii para reabilitação de crianças com paralisia cerebral: estudo de caso. *Rev. Neurocienc.*, *21*(2), 286-293.

Recuperado de: http://revistaneurociencias.com.br/edicoes/2013/RN2102/relato%20de%20caso%202102/763%20rc.pdf

Thiers, V. de O. (2000). *Sistemas computadorizados de Avaliação Psicométrica de Habilidades Escolásticas e de Ensino de Símbolos Bliss em paralisia cerebral*. Tese (Doutorado) - Universidade de São Paulo, São Paulo.

Tosi, S. M. D. (2008). *TIG-NV: Teste de Inteligência Geral Não-Verbal*: Instrumento para avaliação psicológica e neuropsicológica: Manual. São Paulo: Casa do Psicólogo.

Wechsler, D. (2004). *WAIS-III: Escala de Inteligência Wechsler para Adultos*: Manual. Adaptação e padronização de uma amostra brasileira: Elizabeth do Nascimento. São Paulo: Casa do Psicólogo.

WHO (1993). *Classificação Internacional das Doenças*. Porto Alegre: Artes Médicas.

Avaliação e reabilitação neuropsicológica de adolescentes com comportamento antissocial precoce

19

Rosimar Heleno de Almeida
Roberta Fernandes Lopes do Nascimento

Introdução

Atualmente, e ao longo dos anos, ocorrem questionamentos acerca da natureza normativa e atípica do desenvolvimento na adolescência. Observa-se um crescente interesse científico na pesquisa com adolescentes e jovens envolvidos em situações de violência, considerando que os comportamentos desviantes, antissociais e criminosos têm sido cada vez mais observados nessa população (Gauer, Davoglio, & Vasconcelos, 2012).

Essa fase é marcada por intensa excitação, vulnerabilidade a problemas na regulação das emoções e comportamento, o que pode ajudar a explicar o potencial aumento na adolescência para a assunção de riscos, imprudência, e o aparecimento de problemas emocionais e comportamentais, podendo ser esses decorrentes do processo normal da maturação cerebral.

Del Pino e Werlang (2008) descrevem que o desenvolvimento cerebral, comportamental e os sistemas cognitivos amadurecem em ritmos diferentes e, para tanto, tal processo carece de controle e regulação, tanto no que tange à esfera biológica, quanto à emocional. Tal desenvolvimento pode ser normativo e visto lucrativamente no que diz respeito ao reforço de habilidades referentes à coordenação das emocões, do intelecto e das inclinações comportamentais, por outro lado, pode refletir uma série de complicações, denotando psicopatologias desde tenra idade na infância e adolescência.

Tomadas em conjunto, as modificações emergentes nesse processo de desenvolvimento humano podem contribuir para a compreensão da adolescência como um período crítico e sensível, com riscos e oportunidades.

Nesse contexto, depara-se com um exacerbado aumento da violência e criminalidade no cenário brasileiro atual, com envolvimento direto de adolescentes e jovens como um fenômeno que vem atingindo todas as camadas socioeconômicas do país. Pesquisas que estudam o comportamento humano sinalizam que comportamentos antissociais graves e violentos (homicídios, estupro, agressões, roubo, furto, vandalismo, fraude, etc.), que geralmente são associados a questões de vulnerabilidade social, são consequências não somente de fatores socioeconômicos, mas da interação de fatores sociais, psicológicos e biológicos (Davidson, Putnam, & Larson, 2000; Gauer, Davoglio, & Vasconcelos, 2012).

Para tanto, esse capítulo teve o intuito de investigar a relação entre possíveis influências do processo de maturação cerebral com o comportamento violento, bem como apresentar um plano de avaliação e reabilitação neuropsicológica para adolescentes com comportamento antissocial precoce, por meio de uma revisão assistemática da literatura.

A normal anormalidade do adolescente

Os resultados indicam que a adolescência é uma etapa do desenvolvimento humano, intermediária entre a infância e a fase adulta, e se caracteriza por mudanças fisiológicas e psíquicas que se refletem significativamente no comportamento do sujeito. Esta etapa dá-se cronologicamente em todos os povos e é considerado um fenômeno universal. No Brasil, o ECA – Estatuto da Criança e do Adolescente define que a adolescência está compreendida entre faixas etárias dos 12 aos 18 anos de idade (ECA, 2013). Os limites que demarcam o fim da infância e o início da idade adulta divergem segundo as teorias sociais e convenções culturais.

Questões intrínsecas relacionadas à personalidade do adolescente são determinantes para a compreensão e tratamento dos problemas psicológicos, psiquiátricos e sociais que o adolescente poderá ter nessa fase da vida. Aberastury e Knobel (1981), ao referir Ana Freud, ressaltam a dificuldade da diferenciação entre o normal e o patológico na adolescência. Considera normal toda a comoção, desequilíbrios e instabilidades extremas deste período da vida, além disso, refere que seria anormal a presença de um equilíbrio estável durante essa fase do desenvolvimento.

A adolescência configura-se como uma entidade semipatológica que, com frequência, é perturbada e perturbadora para o mundo adulto, porém necessária, visto que o mesmo irá estabelecer sua identidade nesta fase da vida, destacando como características da Síndrome Normal da Adolescência: profunda busca de si mesmo; (Aberastury & Knobel, 1981; Maakaroun, 2001).

Conduta antissocial precoce

O início das manifestações antissociais pode ocorrer de forma precoce ainda na infância e adolescência e se instaurar no decorrer da vida adulta. Tais traços evidenciam-se por meio de comportamentos agressivos e conduta desadaptativa (Davoglio & Argimon; 2010, Kaplan, Sadock, & Greeb, 1997).

Segundo dados da Pesquisa Nacional por amostragem de domicílios, o Brasil conta com aproximadamente 195 milhões de habitantes, sendo que 49 milhões são de pessoas com idade entre 15 e 29 anos. Isso revela que 25% da população brasileira é formada por jovens, sendo que, nesse contexto, os mesmos têm sido mencionados como foco dos problemas sociais e responsáveis pelo elevado índice de atos infracionais (Lépore, Ramidoff, & Rossato, 2014).

Embora estudos apontem um percentual de 2% de adolescentes envolvidos em atos infracionais comparando com os adultos, a mídia nacional relaciona de forma direta a violência com a ação de adolescentes, potencializando a adesão a meios punitivos cada vez mais rigorosos (Gonçalves, 2015). Dessa forma, a presença de comportamentos antissociais na adolescência e o aumento da violência têm estimulado a procura por fatores que sinalizem o aparecimento e a gravidade de comportamentos agressivos e disfuncionais. Embora aspectos socioeconômicos e políticos sejam reforçadores incontestáveis para o desencadeamento de tais condutas, compreender a violência patológica pode auxiliar na identificação de sua base biológica (Davidson, Putnam, & Larson, 2000).

O DSM-5-TR aponta um diagnóstico específico para crianças e adolescentes que adotam comportamentos que violam as normas sociais: transtorno de conduta, sendo apresentado no quadro no quadro abaixo. Sendo importante considerar que há a presença de um padrão de comportamento repetitivo e persistente no qual são violados direitos básicos de outras pessoas ou normas ou regras sociais relevantes e apropriadas para idade. Presença de ao menos 3 dos 15 critérios seguintes, nos últimos 12 meses, mas com ao menos 1 critério presente nos últimos 6 meses (APA, 2014).

Quadro1

<table>
<tr><th colspan="2">Critérios diagnósticos para Transtorno de Conduta
Um padrão de comportamento repetitivo e persistente no qual são violados direitos básicos de outras pessoas ou normas ou regras sociais relevantes e apropriadas para idade. Presença de ao menos 3 dos 15 critérios seguintes, nos últimos 12 meses, mas com ao menos 1 critério presente nos últimos 6 meses.</th></tr>
<tr><td rowspan="3">A</td><td>Agressão a pessoas e animais
1) Frequentemente provoca, ameaça ou intimida outros.
2) Frequentemente inicia brigas físicas.
3) Usou alguma arma que pode causar danos físicos graves a outros (ex. bastão, tijolo, garrafa quebrada, faca, arama de fogo).
4) Causou sofrimento físico a pessoas.
5) Foi fisicamente cruel com animais.
6) Roubou durante o confronto com uma vítima (ex. assalto, roubo de bolsa, extorsão, roubo à mão armada).
7) Forçou alguém a manter atividade sexual consigo.</td></tr>
<tr><td>Destruição de propriedade
8) Envolveu-se deliberadamente na provocação de incêndios com a intenção de causar danos graves.
9) Destruiu deliberadamente propriedade de outras pessoas (excluindo provocação de incêndios).</td></tr>
<tr><td>Falsidade ou roubo
10) Invadiu a casa, o edifício ou o carro de outra pessoa.
11) Frequentemente mente para obter bens materiais ou favores ou para evitar obrigações ("trapaceia").
12) Furtou itens de valores consideráveis sem confrontar a vítima (ex: furto em lojas, mas sem invadir ou forçar a entrada; falsificação).</td></tr>
</table>

A	**Violações Graves de Regras** 13) Frequentemente fica fora de casa à noite, apesar da proibição dos pais, com início antes dos 13 anos de idade. 14) Fugiu de casa, passando a noite fora, pelo menos duas vezes enquanto morando com os pais ou em lar substituto, ou uma vez sem retornar por um longo período. 15) Com frequência falta às aulas, com início antes dos 13 anos de idade
B	A perturbação comportamental causa prejuízos clinicamente significativos no funcionamento social, acadêmico ou profissional.
C	Se o indivíduo tem 18 anos ou mais, os critérios para transtornos de personalidade antissocial não são preenchidos.

Fonte: Adaptado do DSM-5 (APA, 2014).

Cabe considerar que alguns traços de condutas violentas e antissociais se assemelham à psicopatia, sendo esta um transtorno de personalidade. A psicopatia caracteriza-se por déficits afetivos como insensibilidade emocional, remorso, ausência de empatia, bem como características comportamentais, de impulsividade, grandiosidade, manipulação para ganhos pessoais, mentira patológica, irresponsabilidade, comportamentos antissociais, desprezo em relação às regras sociais, etc. (Mathieu, Hare, Jones, Babiak, & Neumann, 2013).

Dentre o conjunto de traços que caracterizam a psicopatia, vale ressaltar dois aspectos centrais: insensibilidade-frieza e o componente impulsivo-antissocial.

Ao se tratar dos traços de insensibilidade-frieza, percebemos que eles se referem ao componente afetivo deficitário nuclear da psicopatia, que a difere dos demais transtornos, tendo como características a insensibilidade emocional, falta de empatia, falta de culpa ou remorso. Por outro lado, o componente impulsivo-antissocial refere-se ao baixo controle inibitório, bem como a comportamentos antissociais que compreendem características como agressividade, mentira e, frequentemente, violação de regras sociais. Diferentemente dos traços insensibilidade-frieza, o componente impulsivo-antissocial é compartilhado por outros transtornos, como Transtorno de Conduta, Transtorno Bipolar, Transtorno da Personalidade Antissocial (Frick, 1989).

Estudos têm demonstrado que os traços insensibilidade-frieza se constituem como os mais significativos preditores de psicopatia na vida adulta e estão relacionados ao surgimento de comportamentos disfuncionais no decorrer da infância (Seagrave & Grisso, 2002). Tais traços constituem um padrão que prediz condutas antissociais particularmente graves e violentos, que são persistentes a diversos modelos de intervenção (Porter & Woodworth, 2006), evidenciando, dessa forma, a relevância da identificação precoce dos traços insensibilidade-frieza antes da consolidação de transtornos ou manifestação de comportamentos antissociais mais graves (Bartoli & Wendt, 2015).

Pesquisas sobre a presença de insensibilidade-frieza na infância têm demonstrado que crianças com comportamentos desviantes e com presença de traços de insensibilidade-frieza diferem em muitos aspectos de crianças com comportamento disfuncional sem a presença de tais traços (Bartoli & Wendt, 2015). Em termos etiológicos o Transtorno de Conduta sem a presença de tais traços parece estar mais associado a fatores ambientais, como por exemplo, negligência e maus tratos na infância. Com isso, esses autores assinalam que os traços insensibilidade-frieza correspondem, na infância, ao componente nuclear da psicopatia na fase adulta, ou seja, os déficits afetivos. A compreensão desses déficits é fundamental para que haja diferenciação entre crianças e adolescentes com Transtorno de Conduta com e sem a presença de traços insensibilidade-frieza e na identificação da trajetória desses traços da infância até a idade adulta.

Comportamentos agressivos e antissociais possuem associação ao diagnóstico de Transtorno de Conduta, porém nem todos os adolescentes que são diagnosticados com Transtorno de Conduta evidenciam a sintomatologia da psicopatia. O Transtorno de Conduta que se apresenta com manifestações de traços insensibilidade-frieza pode ser observado desde a infância e está relacionado a um pior prognóstico na vida adulta, por estar associado à manifestação da psicopatia. Indivíduos com esse quadro apresentam risco aumentado para desenvolver condutas antissociais relacionadas a crimes graves e persistentes, agressão instrumental, elevada taxa de violência e reincidência (Kazdin, Whitley, & Marciano, 2006).

Cuidados parentais errôneos, disciplina incongruente e história de violência física e sexual, podem aumentar significativamente as chances de que o Transtorno da Conduta evolua para o Transtorno da Personalidade

Antissocial e Psicopatia. Por esses motivos, o diagnóstico e a intervenção precoce é a melhor forma de abordar o problema (Lovallo, 2013).

De acordo com o DSM-5 (APA, 2014), para receber o diagnóstico de Transtorno de Personalidade Antissocial, o indivíduo deve ter 18 anos (de acordo com o CID-10, no mínimo 17 anos) e ter manifestado sintomas de Transtorno de Conduta antes dos 15 anos. Para possuir tal especificação, o indivíduo deverá preencher dois dos quatro itens apresentados, em diferentes contextos e com presença de no mínimo 12 meses:

1) ausência de culpa e remorso;
2) insensibilidade e ausência de empatia;
3) ausência de preocupação com o desempenho e
4) emoções superficiais.

Assim como adultos psicopatas, crianças e adolescentes com Transtorno de Conduta ocasionam dez vezes mais prejuízos do que aqueles que não apresentam problemas de conduta. Do mesmo modo, as associações encontradas entre traços de personalidade psicopática, comportamentos antissociais e violência em adultos mostram que as manifestações dos traços já se encontram presentes na infância e adolescência (Bartoli & Wendt 2015). Apesar da grande quantidade de pesquisas que demonstram os graves prejuízos acarretados pela presença da Psicopatia e do TPA em adultos, estudos realizados com amostras de crianças com problemas de conduta, e em adolescentes em conflito com a lei ainda são escassos.

Whitbourne e Halgin (2015) aduzem que há diferença entre transtorno da personalidade antissocial e comportamento antissocial. A mentira, o roubo e trapaças são comportamentos antissociais. Há também uma diferença entre esse e o comportamento criminoso, visto que o termo criminoso se refere ao sistema legal e não a um conceito psicológico. Contudo, nem todos os indivíduos com o transtorno antissocial se envolvem em comportamento explicitamente criminoso; ao contrário disso, sua condição pode se manifestar em comportamentos como problemas no trabalho, promiscuidade e agressividade.

O comportamento antissocial pode se manifestar ainda na infância tanto por meio de traços desviantes quanto em taxas de violação da lei. Segundo o autor, podemos considerar certo grau de comportamento antissocial normativo na adolescência, no entanto, caso ele abandone a escola, acumule atos infracionais, torne-se usuário de drogas e acumule fichas criminais, esse comportamento pode gerar consequências por toda a vida (Salekim, 2008).

No que se refere à perspectiva biológica, estudos sinalizam grandes evidências a favor das explicações genéticas referentes às condutas desviantes, bem como do comportamento antissocial de até 80%. Essa variação genética concentra-se nos genes relacionados à atividade da serotonina, norepinefrina e dopamina. Altos níveis desses neurotransmissores estão associados à impulsividade. Além disso, a dependência química da mãe durante a gravidez e a subnutrição no início da vida são fatores de risco para o desenvolvimento de personalidade antissocial.

Quanto à perspectiva psicológica, esses autores enfatizam a hipótese de que o comportamento disfuncional e violento cause déficits neuropsicológicos refletidos em padrões anormais de aprendizagem e atenção. Um dado altamente relevante é a demonstração de que indivíduos com traços de psicopatia, quando expostos a estímulos aversivos, realmente, fracassam em demonstrar a resposta de medo normal. Portanto, eles não aprendem com suas experiências negativas. Tal déficit é chamado de evitação passiva do condicionamento clássico, em que as respostas corretas envolvem aprender a evitar responder a um estímulo anteriormente punido. Tal deficiência pode estar relacionada a déficits na ativação dos circuitos do sistema límbico responsáveis pelo processamento emocional (Whitbourne & Halgin, 2015).

Funções cerebrais e comportamento violento

A conduta violenta não pode ser compreendida e explicada a partir de único agente causal. Gradativamente vem-se avolumando um corpo de conhecimento relativo a alterações no funcionamento cerebral de indivíduos violentos. Sua complexidade exige busca de compreensão, resolução e prevenção a partir de diversas vertentes de estudos, tais como as ciências antropológicas, psicológicas, neurológicas, psiquiátricas, religiosa, biológicas e sociais (Del Pino & Werlang, 2006).

Na fase da adolescência ocorrem significativas alterações em áreas cerebrais referentes ao autocontrole, à organização comportamental, capacidade de julgamento e à emoção. Estudos revelam distinto processamento de informações no cérebro do adolescente e jovem ao comparar com cérebro de pessoas já na idade adulta. Ainda, nesta fase, notam-se mudanças na amplitude da memória de trabalho, bem como na quantidade de informações, que é mantida na memória de longo prazo. Com isso, no decorrer dos anos, as pessoas vão conseguindo tomar decisões relacionadas a questões complexas com maior facilidade, denotando evidente melhora em funções cognitivas como raciocínio, aprendizagem, lembrança e controle de impulsos (Bonilla & Guinea, 2006).

Em relação à etiologia e manutenção do comportamento agressivo, antissocial, suicida, estudiosos observam a presença de variáveis genéticas, neurológicas e neuropsicológicas estão diretamente relacionadas. Tendo em vista que déficits funcionais em determinadas regiões cerebrais, sobretudo no sistema límbico e nos lobos temporais e frontais, estão diretamente relacionados ao comportamento violento e criminal (Barlow & Durand, 2008; Del Pino & Werlang, 2006; Dolan & Park, 2002).

Pesquisas com técnicas de neuroimagem (Ressonância Magnética, Tomografia Computadorizada, Tomografia, Eletroencefalografia), avaliações neuropsicológicas e neuroquímicas identificam a anatomia e o funcionamento das áreas cerebrais evidenciando a associação de lesões morfológicas e déficits funcionais de áreas cerebrais na gênese do comportamento violento. Por exemplo, lesões a partir de traumatismo craniano, de tumor cerebral, infecções podem produzir alteração neurológica e interferir significativamente na capacidade de julgamento da pessoa (Filley, Price, Nell, Antoinette, & Morgan, 2001; Giancola & Zeichner, 1994).

Ainda, dentre as alterações neuropsicológicas mais relacionadas ao comportamento antissocial destacam-se a aptidão para tomada de decisão, os processos atencionais, regulação dos impulsos, planejamento e o monitoramento das ações, assim como o ajuste e regulação de uma resposta previamente estipulada diante do *feedback* interno e/ou externo e a capacidade de flexibilidade mental. A seguir, refletiremos sobre possíveis implicações das funções cerebrais mais implicadas no processamento do comportamento violento.

Funções executivas e o comportamento antissocial

Toda atividade humana inicia com a determinação de metas a serem alcançadas e seguem com o planejamento de meios para que tais objetivos sejam atingidos. Para que tal ação seja desempenhada e concluída com êxito, é preciso que ela tenha sido devidamente planejada, os objetivos traçados e as prioridades estabelecidas. A execução da mesma exige um constante monitoramento do plano estipulado, bem como autocontrole e regulação das emoções envolvidas. Este conjunto de habilidades cognitivas que regulam o comportamento humano é denominado Funções Executivas (Luria, 1984).

As funções executivas são classificadas de acordo com quatro componentes fundamentais: volição, planejamento, ação voltada para um propósito e o desempenho efetivo da ação, cada qual corresponde a um comportamento específico e são imprescindíveis para a realização da tarefa e incluem capacidade de antecipação, a escolha de objetivos, planejamento e seleção de comportamento na autorregulação, autocontrole e uso de *feedback* (Lezak, Howieson, & Loring, 2004; Tirapú-Ustárroz & Munoz-Céspedes, 2002). Indivíduos com déficits nas funções executivas geralmente apresentam um comportamento rígido, perseverativo, com falhas no controle inibitório, no planejamento, na organização e no controle do comportamento, uma dificuldade de adaptação do afeto, prejuízos na volição e iniciativa, falhas no comportamento moral e social, bem como em déficits relacionados à tomada de decisão e impulsividade (Gil, 2002; Lezac *et al.*, 2004).

Fuster (2002) aduz uma estreita associação entre a conduta violenta com o comprometimento em tarefas relacionadas às funções executivas. Déficits nas funções executivas podem configurar-se como um significativo fator de risco para o desenvolvimento de condutas antissociais. Para tanto, as funções executivas envolvem a organização temporal das ações com um fim direcionado nos domínios do comportamento/cognição/linguagem. Essa integração temporal é exercida por funções cognitivas conhecidas como memória de trabalho ou operacional, planejamento e controle inibitório.

O comportamento desviante de adolescentes e juvenis tem sido relacionados à presença de déficits nas Funções Executivas, com prejuízos nas funções cognitivas, particularmente em relação a falhas na inibição do controle de impulso, na avaliação das consequências e na regulação do afeto. Da mesma forma, esses estudos indicaram a presença de outras variáveis (genéticas, temperamentais e ambientais) no desenvolvimento do Transtorno de Conduta, bem como sugerem um *continuum* desses déficits ao longo do desenvolvimento (Kelly, Richardson, Hunter, & Knapp 2002; Veneziano, Veneziano, LeGrand, & Richards, 2004).

Lobo frontal e conduta desviante

Dentre as regiões cerebrais, a área que se destaca em termos de compreensão da conduta violenta e agressiva é o lobo frontal. Na década de 90, os estudos tenderam, de forma crescente, a se voltar para lobo frontal e hemisfério cerebral esquerdo, bem como para a correlação de suas disfunções com comportamento violento (Filley, Price, Nell, Antoinette, & Morgan, 2001; Foster, Hillbrand, & Silverstein 1993).

De acordo com Gauer e Guilhermano (2001), o córtex frontal, neuroanatomicamente, subdivide-se em três áreas: córtex motor primário (motricidade voluntária), córtex pré-motor (integração dos atos motores e sequências de ações aprendidas) e córtex pré-frontal (planejamento e análise das consequências de ações futuras, estando relacionado com comportamento).

Segundo Pontius e Yudowitz (1980), são funções cognitivas diretamente coordenadas pelo córtex frontal o controle e a regulação do comportamento, o controle atencional, o planejamento de ações futuras, aptidão para formar e manter um plano de ação ou, ainda, alterá-lo de forma adequada quando já em execução, o estabelecimento de metas e a regulação de condutas sociais. Ainda, os indivíduos que apresentam lesões nessa área cerebral podem ter afetada sua capacidade de alterar ações já iniciadas, o que os levaria inabilidade em adequar ou modificar suas estratégias para solucionar problemas, indicando escassa flexibilidade cognitiva, potencializando envolvimento em situações de risco no tocante à violência. Para tanto, pelo fato do lobo frontal reger o comportamento consciente e desempenhar grande parte das habilidades arroladas às funções executivas, tal região é tida como principal região associada às condutas antissociais (Del Pino & Werlang, 2008).

Diante da complexidade do fenômeno, alterações do córtex pré-frontal não deve ser interpretada como um fator isoladamente determinante da violência, mas pode ser considerada como atalho para este tipo de comportamento agressivo (Gauer & Guilhermano, 2001). Em suma, a maior parte do desempenho do córtex frontal está reunida sob o termo funções executivas. Tal denominação designa o lobo frontal como encarregado pela regulação e controle da ação, da escolha dos objetivos a serem alcançados, do planejamento, da seleção da resposta mais adequada e da inibição de outras, da atenção no acompanhamento enquanto a ação se desenrola, bem como da checagem dos resultados (Gil, 2002; Oliveira-Souza, Ignácio, Cunha, Oliveira, & Moll, 2001).

Avaliação e reabilitação neuropsicológica

Estudiosos referem que jovens que apresentam comportamentos desviantes têm demonstrado uma ampla gama de déficits cognitivos, bem como "sinais leves" de dano neurológico, com isso, avaliações neuropsicológicas têm sido utilizadas para conceitualizar tais condutas violentas recorrentes (Del Pino & Werlang, 2008).

Neste sentido, pode-se observar que diferentes áreas cerebrais têm sido implicadas, sendo a disfunção do funcionamento executivo um importante fator na expressão do comportamento violento. Pesquisadores observaram baixo desempenho neuropsicológico em indivíduos que apresentam distúrbios psiquiátricos com alguns aspectos caracterizados pelo comportamento violento e agressão, tais como o Transtorno de Personalidade Antissocial e o Transtorno de Conduta, dentre outros. (Pennington & Ozonoff, 1996; Raine, Buchsbaum, & LaCasse, 1997). Dessa forma, no processo de avaliação e reabilitação de adolescentes que apresentam traços antissociais faz-se necessáriaa distinção e a contextualização da realidade que os mesmos se encontram (Gauer, Davoglio, & Vasconcelos 2012).

O fato de que a presença de comportamentos antissociais pode se manifestar desde tenra idade tem estimulado a procura por fatores que sinalizem o aparecimento e a gravidade de comportamentos agressivos e desviantes, bem como intervenções e tratamento precoces (Davidson, Putnam, & Larson, 2000). Para tanto, a avaliação e reabilitação neuropsicológica na infância e adolescência tem sido uma demanda recorrente nos últimos tempos. Essa é considerada um recurso necessário no intuito de se realizar diagnósticos precoces para a prevenção de diagnósticos futuros, os quais podem causar prejuízos significativos. Ou seja, sua intencionalidade é a de prevenir e tratar sintomas disfuncionais, bem como propor um programa de reabilitação das funções implicadas, evitando que tais sintomas se cristalizem ao longo dos anos (Borsa, 2010).

Pode-se perceber intrínseca relação entre funções cognitivas e algumas psicopatologias. No que tange a adolescentes que sinalizam comportamentos antissociais, é recomendada tal avaliação neuropsicológica sempre que se perceber sintomas que configurem uma suspeita ou desconfiança de que está ocorrendo alguma dificuldade que envolva cognição ou comportamento, os quais podem ter origem neurológica. Dessa forma, ela será um auxílio tanto no diagnóstico quanto no tratamento de patologias neurológicas, psiquiátricas, psicopatológicas e de conduta.

A avaliação e reabilitação neuropsicológica possuemespecificidades que a difere da avaliação psicológica comobusca examinar com precisão as funções cognitivas – memória, atenção, orientação, linguagem, raciocínio, atenção e inteligência – compreendendo as relações que ocorrem entre o processamento cerebral, a cognição e o comportamento do indivíduo, no intuito de ampliar o entendimento dos possíveis danos cognitivos. Tal procedimento serve como auxílio tanto no diagnóstico quanto no tratamento de patologias (Schlindwein-Zanini, 2009; Lezac *et al*, 2004).

Primeiramente, para a realização da avaliação, é de suma importância que o avaliador conheça a dinâmica do adolescente, assim como realize devida triagem a fim de compreender o contexto e o motivo pelo qual o mesmo foi encaminhado para a avaliação neuropsicológica. Desse modo, orienta-se que sejam utilizadas entrevistas semiestruturadas, além de uma bateria com testes (Carrasco & Sá, 2009; Cunha, 2003).

As técnicas de avaliação neurológicas e neuropsicológicas podem ser utilizadas para investigar o todo das funções cerebrais em termos de alterações anatômicas e funcionais. No caso da avaliação neuropsicológica de adolescentes e jovens que denotam comportamentos antissociais, merece especial atenção à região frontal, investigando as funções em associação com as áreas temporal (incluindo amígdala e hipocampo), parietal e subcortical (tálamo).

Estudiosos que realizaram testagens neuropsicológicas com adolescentes e jovens com comportamentos violentos concluíram que os preditores de recidividade violenta foram à insuficiência de freios morais, falta de flexibilidade cognitiva, bem como de conceitualização visoespacial e coordenação visomotora inadequadas sendo, essas últimas, deficiências neurológicas ligadas à disfunção da área pré-frontal (Delpino & Werlang, 2008).

Assim, além da avaliação e realibitação neuropsicológica, em alguns casos, orienta-se que o adolescente ou jovem realize exames neurológicos, como Eletroencéfalografia, Imagem por Ressonância Magnética, Tomografia Computadorizada, Tomografia por Emissão de Pósitron, a fim de que seja realizada uma investigação neurológica precisa (Delpino & Werlang, 2008; Pontius & Yudowitz, 1980).

Quadro 2 – Instrumentos e objetivos da aplicação

Testes	Objetivos
Inventário de Habilidades Sociais para Adolescentes Autores: Almir Del Prette e Zilda Del Prette.	Avaliar as habilidades sociais dos adolescentes.
Escalas Wechsler de Inteligência para Adultos/Crianças (WAIS E WISC) Autor: David Wechsler (2004;2013)	Avaliar as funções cognitivas e identificar as áreas que se encontram preservadas e as que estão comprometidas.
Teste Wisconsin de Classificação de Cartas (WCST) Autores: Argimon, Margareth Oliveira, Blanca Guevara e Rita Prieb.	Avaliar possível disfunção cerebral frontal. Verificar as funções executivas e a flexibilidade mental.
Inventário de Percepção de Suporte Familiar Autor: Makilim Nunes Baptista	Investigar as relações familiares e o suporte familiar que o individuo possui.
Atenção Concentrada – (AC) Autor: Suzy Vijande Cambraia	Investigar a capacidade de concentração em alguma atividade ou estímulo.
Atenção Concentrada - (D2-R) Autor: Rolf Brickenkamp	Avaliar a atenção concentrada visual e a capacidade de concentração.

Testes	Objetivos
Atenção Concentrada – (Teaco-FF) Autor: Fabián Javier Marín Rueda	Avaliar a capacidade de uma pessoa em selecionar apenas uma fonte de informação diante de vários estímulos distratores.
Instrumento de Avaliação Neuropsicológica breve NEUPSILIN Autores: Rochele Paz Fonseca, Gerusa Fumagalli	Avaliar as diversas funções neuropsicológicas – a existência ou não de déficits cognitivos.
Bateria Fatorial da Personalidade (BFP) Autores: Nunes, Hutz, e Nunes (2013).	Verificar traços de personalidade por meio dos Cinco Grandes Fatores (CGF).
The House-Tree-Person (HTP) Autores: Irai Cristina e Renato Tardivo	Investigar a individualidade e a capacidade de interação social.
Escala de Autoconceito Infanto juvenil (EAC-IJ) Autores: Fermino Sisto e Selma Martinelli	Investigar o autoconceito e avaliar a autoestima.
Teste Stroop de Cores e Palavras – Stroop Autores: Golden e Freshwater (2002)	Detectar problemas neurológicos e cerebrais, avaliando os efeitos de interferência entre os dois hemisférios cerebrais.
Inventário de Psicopatia de Hare – Versão Jovem (PCL: YV) Autor: Robert Hare	Identificar traços de psicopatia na personalidade de adolescentes infratores.
Escala de Inteligencia Wechsler para crianças 4 ed (WISC – IV) Autores: Fabián Jabier, Ana Paula Noronha	Avaliar a compreensão verbal, a organização perceptual, o raciocínio abstrato, o raciocínio quantitativo, a memória e a velocidade de processamento.

Testes	Objetivos
Bateria Geral de Funções Mentais [teste de memória de reconhecimento] (BGFM – 4) Autor: Emilio Carlos Tonglet	Avaliar a memória a curto e a longo prazo.
Escala de Transtorno de Deficit de Atenção e Hiperatividade Autor: Edyleine Bellini Peroni Benczik	Avaliar sintomas de déficit de atenção e hiperatividade, sendo o educador a fonte de informações.

Fonte: Elaboração própria.

Para Pontes e Hubner (2008), a investigação e análise comportamental proporcionam, perante seus diversos procedimentos, a promoção de aprendizagem e alterações comportamentais no processo de reabilitação neuropsicológica. Ainda, dificuldades em manter os níveis necessários de atenção, impulsividade e inquietude motora e psíquica podem acarretar os comprometimentos acadêmicos, psicossociais, familiares, bem como elevar a probabilidade de uso de substâncias psicoativas na adolescência, taxas de desemprego e divórcio na vida adulta (Marcilio, 2004).

Tais achados vêm a corroborar com a importância das intervenções precoces no tratamento de adolescentes com comportamentos desviantes, por meio de um Programa de Reabilitação Neuropsicológica. O Programa deverá ser montado de acordo com as necessidades específicas apresentadas pelo adolescente, evidenciadas na Avaliação Neuropsicológica. Para tanto, foi desenvolvidauma proposta de reabilitação neuropsicológica para adolescentes com comportamento antissocial precoce com sinais de desatenção, impulsividade, comportamento desafiador e antissocial adjunto a orientações envolvendo a família e escola, com tarefas devidamente selecionadas.

Planejamento de metas do programa de reabilitação neuropsicológica

No que tange à Família:

1 Meta de Longo Prazo: Oferecer informações à família referente ao resultado.
1.1 Metas de Curto Prazo: Conscientização da família sobre as dificuldades apresentadas pelo adolescente. Devolução dos resultados da avaliação neuropsicológica. Tratamento psicológico. Psicoeducação com a família para esclarecimentos detalhados sobre a avaliação e programa de reabilitação neuropsicológica.
1.2 Técnicas: Psicoeducação, textos sobre o tema comportamento antissocial, transtorno de conduta, estratégias para treino de habilidades sociais, feedback.
1.3 Rever em __/__/____ – 2 meses
1.4 Resultado: Alcançada ( ) / Parcialmente alcançada ( ) / Não alcançada ( )

No que tange à Escola:

2 Meta de Longo Prazo: Orientar a escola em relação ao quadro apresentado pelo adolescente.
2.1 Metas de Curto Prazo: Ampliar a informação da escola relacionada ao comportamento desviante apresentado pelo adolescente. Estabelecer estratégias que auxiliam no aprendizado.
2.2 Técnicas: propor técnicas de treino de habilidades sociais, limites, controle de impulsos a serem trabalhados didaticamente, jogos de atenção concentrada, práticas educativas de incentivo à interação social e convivência, programas de sensibilização para o respeito às regras sociais.
2.3 Rever em __/__/____ – 2 meses
2.4 Resultado: Alcançada ( ) / Parcialmente alcançada ( ) / Não alcançada ( )

No que tange ao Adolescente:

3 Meta de Longo Prazo: Fazer com que o adolescente se sinta integrado socialmente
3.1 Metas de Curto Prazo: Conhecer seus pares e auxiliar para que crie relações com novos grupos, criar condições favoráveis para que o adolescente se sinta pertencente a ambientes saudáveis, reforçar vínculos entre o adolescente e a família.
3.2 Técnicas: Psicoeducação sobre temas afins, role-play sobre como agir em uma situação social específica, técnicas para desenvolver sua competência social, buscar adequado ajuste interpessoal e bem-estar psicológico em ambientes saudáveis, treino de habilidades sociais apropriadas em determinados contextos por meio de instruções e modelagens.
3.3 Rever em __/__/____– 2 meses
3.4 Resultado: Alcançada ( ) / Parcialmente alcançada ( ) / Não alcançada ( )

4 Meta de Longo Prazo: Reforçamento de Habilidades Sociais contribuindo para o desempenho cognitivo, emocional e social.
4.1 Metas de Curto Prazo: Reforçar a autonomia e autoestima; mudar comportamentos antissociais; manutenção de relacionamentos interpessoais satisfatórios; aumentar a frequência das habilidades sociais.
4.2 Técnicas: psicodrama sobre autocontrole e expressividade emocional, role-play, treino de comportamento em situações distintas, trechos de filmes sobre habilidades sociais, ler pequenos textos e promover discussão sobre assertividade, reestruturação cognitiva: relaxamento, modelagem, resolução de problemas, auto-observação e modelação.
4.3 Rever em __/__/____– 2 meses
4.4 Resultado: Alcançada ( ) / Parcialmente alcançada ( ) / Não alcançada ( )

5 Meta de Longo Prazo: Treinar o domínio executivo verbal - habilidade de atenção, memória, viso construção espacial e flexibilidade cognitiva.
5.1 Metas de Curto Prazo: Desenvolver a atenção concentrada, atenção difusa, memória operacional, flexibilidade cognitiva, compreensão e construção verbal.

5.2 Técnicas: Construção de histórias (contar e organizar história a partir dos recortes das figuras), caça-palavras (encontrar uma série de palavras entre letras distratores), contar e recontar histórias, organizar figuras, desenhos animados (assistir desenhos sem som e construir uma história baseada no que foi visto).
5.3 Rever em __/__/____– 2 meses
5.4 Resultado: Alcançada ( ) / Parcialmente alcançada ( ) / Não alcançada ( )
6 Meta de Longo Prazo: Treinar o domínio executivo – memória operacional, viso construção espacial, atenção, concentração, controle de impulsos.
6.1 Metas de Curto Prazo: Desenvolver a flexibilidade cognitiva, atenção concentrada e difusa, memória operacional.
6.2 Técnicas: Dominó baseado em imagens e contas matemáticas, quebra-cabeças, jogo achando os opostos, sudoku com imagens (achar a sequência que permita com que as imagens não se repitam verticalmente nem horizontalmente), construção de blocos, labirinto, ligar os pontos, jogo dos sete erros, tangram.
6.3 Rever em __/__/____– 2 meses
6.4 Resultado: Alcançada ( ) / Parcialmente alcançada ( ) / Não alcançada ( )

Fonte: Elaboração própria.

Considerações finais

Por meio das informações contidas neste capítulo, pôde-se identificar que a adolescência é tida como uma fase do desenvolvimento humano de profundas mudanças tornando-se, por vezes, reforçadoras de comportamentos disfuncionais e desencadeadoras de transtornos.

Ainda, de acordo com o que foi apresentado, foi possível identificar uma possível correlação entre o processo de maturação cerebral e de disfunções cognitivas com o comportamento violento do adolescente.

Dessa forma, ao se realizar uma revisão bibliográfica e aprofundamento de teorias acerca do tema, foi possível compreender a importância da Avaliação Neuropsicológica do adolescente, visto que a mesma visa examinar as funções cognitivas – a orientação, a memória, a linguagem, o raciocínio, a atenção e a inteligência – propiciando maior clareza das correlações entre o processamento cerebral do adolescente, sua cognição e comportamento desviante.

Além de fundamentar teoricamente sobre a relevância da Avaliação e Reabilitação Neuropsicológica, o capítulo indicou instrumentos para o processo avaliativo, bem como apresentou proposições de Programa de Reabilitação Neuropsicológica para adolescentes com comportamento antissocial precoce, com planejamento de metas a logo e curto prazos, com técnicas apropriadas à familia, escola e ao adolescente em questão.

Em suma, pôde-se constatar, a partir do capítulo realizado, que a Avaliação e Reabilitação Neuropsicológica devem ser indicadas sempre que necessário para adolescentes que apresentam comportamentos antissociais precoces, seja na busca de diagnóstico ou em vista da prevenção, manejo e reabilitação. Consideram-se, então, relevantes pesquisas futuras acerca do tema de maneira que as proposições de instrumentos para Avaliação Neuropsicológica e Programa de Reabilitação Neuropsicológica sejam aprofundadas e difundidas, propiciando intervenções neuropsicológicas mais efetivas no tratamento de adolescentes com comportamentos antissociais precoces.

Referências

Aberastury, A., & Knobel, M. (1981). *Adolescência normal: um enfoque psicanalítico.* Porto Alegre, RS: Artmed.

American Psychiatric Association. (2014). *Diagnostic and statistical manual of mentaldisorders* (5th ed.). Arlington, VA: American Psychiatric Publishing.

APA, American Psychiatric Association (2014). *Manual Diagnóstico e Estatístico de Transtornos Mentais – DSM-V* (5a ed.) (Maria Inês Corrêa Nascimento, Trad.). Porto Alegre, Rio Grande do Sul: Artmed.

APA, American Psychiatric Association (2023). *Manual Diagnóstico e Estatístico de Transtornos Mentais – DSM-V-TR* (5a ed. rev) (Maria Inês Corrêa Nascimento, Trad.). Porto Alegre, Rio Grande do Sul: Artmed.

Barlow, D.H., & Durand, V. M. (2008). *Psicopatologia: uma abordagem integrada* (4 a ed.). São Paulo, SP: Cengage Learning.

Barros, P.B., & Silva, F.B.N. (2006). Origem e Manutenção do Comportamento Agressivo na Infância e na Adolescência. *Revista Brasileira de Terapias Cognitivas, 2*(1), 55-66.

Bartoli, A. P. J., & Wendt, G. W. (2015). Neuropsychology of psychopathic traits in children. In M. DeLisi, & M. Vaughn. *The Routledge International Handbook of Biosocial Criminology* (pp. 218-235). London: Routledge.

Bonilha, J. & Guinea, S.F. (2006). Neurobiologia y Neuropsicologia de lª Conduta Antisocial. *Revista Psicopatologia Clínica, legal y forense, 6:* 67-81.

Borsa, J. C. (2010). Avaliação psicológica e neuropsicológica de crianças e adolescentes. *Avaliação Psicológica, 9(3), 491-494.*

Brickenkamp, R., Schimidt-Atzert, Liepmann, D. (2018). *Teste d2-R: Atenção concentrada.* São Paulo: Hogrefe.

Carrasco, L. K., & Sá, S. D. (2009). O psicodiagnóstico clínico: como e para quê? In M. M. K. Macedo. *Fazer Psicologia* (pp. 141-158). São Paulo, SP: Casa do Psicólogo.

Cunha, J.A. (2003). *Psicodiagnóstico* – V. Porto Alegre, RS: Artmed.

Davidson, R. J., Putnam, K. M., & Larson, C. L. (2000). *Dysfunction in the neuralcircuitry of emotion regulation--a possible prelude to violence.* science, *289*(5479), 591-594.

Davoglio, T. R., & de Lima Argimon, I. I. (2010). Avaliação de comportamentos antissociais e traços psicopatas em psicologia forense. *Avaliação Psicológica: Interamerican Journal of Psychological Assessment*, *9*(1), 111-118.

Davoglio, T. R., Gauer, G. J. C., Vasconcellos, S. J. L., & Lühring, G. (2011). Medida Interpessoal de Psicopatia (IM-P): estudo preliminar no contexto brasileiro. *Trends in psychiatry and psychotherapy*, *33*(3), 147.

Del Pino, V., & Werlang, V. S. G. (2008). *Flexibilidade Mental na Resolução de Problemas em Indivíduos que Cumprem Pena por Homicídio Qualificado. Psicologia: Reflexão e Crítica, 21*(1), 142-150.

Dolan, M., & Park, I. (2002). The Neurosychology of Antisocial Personality Desorder. *Psychological medicine, 32* (3): 417-27.

ECA – *Estatuto da Criança e do Adolescente.* (2013). Recuperado de http://www.criançamppr.mp.br/arquivos/File/publi/caopca/eca_anotado_2013_6ed.pdf

Filley C. M., Price B. H., Nell V., Antoinette T., & Morgan, A. S. (2001). Toward an understanding of violence: Neurobehavioral aspects of unwarranted physical aggression – Aspen Neurobehavioral Conference Consensus Statement. Neuropsychiatry, *Neuropsychology and Behavior Neurology, 14*(1), 1-14.

Foster, H. G., Hillbrand, M., & Silverstein, M. (1993). Neuropsychological deficit and aggressive behavior: A prospective study. *Neuro-Psychopharmacologic & Biological Psychiatric, 17*, 939-946.

Frick, P. J. (1989). Callous-unemotional traits and conduct problems: Applying the twofactor model of psychopathy to children. In *Psychopathy: Theory, research andimplications for society* (pp. 161-187). Springer Netherlands.

Fuster, J. M. (2002). Physiology of executive function: The perception-action cycle. In D. T. Stuss, & R. K. Knight. *Principles of frontal lobe function* (pp. 96-108). New York: Oxford University Press.

Gauer, G. J. C., & Guilhermano, T. F. (2001). Fatores biológicos associados à conduta agressiva. In G. J. C. Gauer. *Agressividade: Uma leitura biopsicossocial* (pp. 11-33). Curitiba, PR: Juruá.

Gauer, J. C., Davoglio, T. R., & Vasconcelos, S. J. L. (2012). Avaliação de traços antissociais em adolescentes: Perspectivas atuais. In J. C. Gauer, S. J. L. Vasconcelos & T. R. Davoglio (Eds.), *Adolescentes em conflito: Violência, funcionamento antissocial e traços de psicopatia* (pp. 35-51). São Paulo: Casa do Psicólogo.

Gauer, J. C., Davoglio, T. R., & Vasconcelos, S. J. L. (2012). Gil, R. (2002). *Neuropsicologia* (2a ed.). São Paulo, SP: Santos.

Gonçalves, V. C. (2015). Adolescentes em conflitos com a lei: o olhar da criminologia. In C. M. Craidy, & K. Z. Szuchman. *Socioeducação: fundamentos e práticas*. Porto Alegre, rs: Evangraf.

Guardia-olmos, J., Jarne Esparcia, A., & Urzua Morales, A. (2012). Kazdin, A. E., Whitley, M., & Marciano, P. L. (2006). Child–therapist and parentthera pist alliance and therapeutic change in the treatment of children referred for oppositional, aggressive, and antisocial behavior. *Journal of Child Psychology and Psychiatry, 47*(5), 436-445.

Kaplan, H. I., Sadock, B. J., & Greeb, J. A. (1997). *Compêndio de psiquiatria - ciências do comportamento e psiquiatria clínica.*Porto Alegre, RS: Artmed.

Kelly, T., Richardson, G., Hunter, R., & Knapp, M. (2004). *Attention and executive function deficits in adolescente sex offenders. Child Neuropsychology, 8*(2), 138-143.

Lépore, P. E., Ramidoff, M. L., & Rossato, L. A. (2014). *Estatuto da Juventude – Comentado. Lei n. 12.852/13.* São Paulo, SP: Saraiva.

Lezak, M. D., Howieson, D. B., & Loring, D. W. (2004). *Neuropsychological assessment* (4th ed.). Oxford: University Press.

Lovallo, W. R. (2013). Early life adversity reduces stress reactivity and enhancesimpulsive behavior: Implications for health behaviors. *International journal of Psychophysiology, 90*(1), 8-16.

Luria, A. R. (1984). *Fundamentos da Neuropsicologia*. Traduzido por Juarez Aranha Ricardo. São Paulo, SP: Editora da Universidade de São Paulo.

Maakaroun, M. F. (2001). *Adolescência e Violência: Estudo das Características de Adolescentes Escolares e os Fatores de Risco e de Proteção para a Violência Praticada e Sofrida*. (Tese de Doutorado). Faculdade de Ciências Médicas da Santa Casa de São Paulo, FCMSCSP, São Paulo, Brasil.

Marcílio, L. F. (2004). Transtorno de Déficit de Atenção e Hiperatividade/Impulsividade: diagnóstico e tratamento farmacológico. In L. E. L. R. Valle, & F. C. Capovilla (Orgs.), *Temas multidisciplinares de neuropsicologia & aprendizagem* (pp. 647-653). Ribeirão Preto.

Mathieu, C., Hare, R. D., Jones, D. N., Babiak, P., & Neumann, C. S. (2013). Factorstructure of the B-Scan 360: A measure of corporate psychopathy. *PsychologicalAssessment, 25*(1), 288.

Mc Lellan, D. L. (1991). Oliveira-Souza, R., Ignácio, F. A., Cunha, F. C., Oliveira, D. G., & Moll, J. (2001). Contribuição a neuropsicologia do comportamento executivo. *Arquivos de Neuro-Psiquiatria, 5*(3), 526-531.

Pennington, B. F., & Ozonoff, S. (1996). Executive functions and psychopathology development. Pontes, L. M. M., & Hubner, M. M. C. A. (2008). Reabilitação neuropsicológica sob a ótica da psicologia comportamental, *Revista de Psiquiatria Clínica, 35*(1), 6-12,

Pontius, A., & Yudowitz, L. B. (1980). Frontal Lobe System Dysfunction in some criminal actions as shown in the Narratives Test. *Journal Nervous Mental Disease, 168*(2), 111-117.

Porter, S., & Woodworth, M. (2006). Psychopathy and aggression. In C. J. Patrick (Ed.), *Handbook of psychopathy* (pp. 481-494). New York, NY: Guilford Press.

Raine, A., Buchsbaum, M., & LaCasse, L. (1997). Brain abnormalities in murderes indicated by positron emission tomography. *Biological Psychiatry, 42*, 495-508

Salekin, R. T. (2008). Psychopathy and recidivism from mid-adolescence to young adulthood: Cumulating legal problems and limiting life opportunities. *Journal of abnormal psychology, 117*(2), 386.

Salekin, R.T. (2008). Schlindwein-Zanini, R. (2009) Avaliação Neuropsicológica de Adultos. In L. F. Malloy-Diniz, D. Fuentes, P. Mattos, & N. Abreu, *Avaliação Neuropsicológica* (pp. 235 – 246). Porto Alegre, RS: Artmed.

Seagrave, D., & Grisso, T. (2002). Adolescent development and the measurement of juvenile psychopathy. *Law and Human Behavior, 26*, 219–239.

Steinberg, L. (2005). Cognitive and affective development in adolescence. *Trends in cognitive sciences*, *9*(2), 69-74.

Tirapu-Ustárroz, J., Muñoz-Céspedes, J. M., & PelegrínValero, C. (2002). Funciones ejecutivas: necessidad de uma integración conceptual. *Revista de Neurología, 34*, 673-85.

Veneziano, C., Veneziano, L., LeGrand, S., & Richards, L. (2004). Neuropsychological executive functions of adolescents' sex offenders and nonsex offenders. *Perceptual and Motor Skills, 98*(2), 661-674.

Whitbourne, S. K., & Halgin, R. P. (2015). *Psicopatologia – perspectivas clínicas dos transtornos psicológicos*. 7 ed. Porto Alegre, RS: Artmed.

Os autores

Organizadoras

Regina Maria Fernandes Lopes

Psicóloga (PUCRS), Neuropsicóloga, Pós-doutorado em Psicologia Clínica (PUCRS), Doutorado em Psicologia Clínica (PUCRS), Mestrado em Psicologia Clínica (PUCRS), Especialista em Psicologia Clínica – Ênfase em Avaliação Psicológica (UFRGS), Especialista em Reabilitação Neuropsicológica, Especialista em Neuropsicologia, Especialista em Terapia Cognitivo Comportamental. Coordenadora, Supervisora dos cursos de pós-graduação e extensão em Avaliação Psicológica/Neuropsicológica e em Reabilitação da Núcleo Médico Psicológico. Coautora dos livros: *Seleção RH*, *Exercícios de Memória*, *Inteligência Emocional*, *Psicologia Positiva*, *Mediação de Conflitos*, *Terapia de Bolso*, *Terapia Infantil*, *Não me Toque*, *Eu na Escola*, *Seleção por Competências*, *Caixinha da Felicidade*, *Meus Pais se Separaram: e agora?*, *Pensar Emagrece*, *Tipo Assim*, *Antiansiedade*, *TDAH*, *Saúde Mental*, *Vamos Falar Sobre Mentira*, *Vamos Falar Sobre Bipolaridade*, *Autoaceitação*, *Ansiedade Infantil*, *Você e Suas Emoções*, *Comportamento Compulsivo*, *Avaliação Psicológica Psicossocial*, *Reabilitação Neuropsicológica: avaliação e intervenção crianças e adolescentes*, *Reabilitação Neuropsicológica: avaliação e intervenção adultos e idosos*, *Como Lidar com Transtorno Obsessivo-Compulsivo (TOC)*. E dos capítulos intitulados: "Avaliação Neuropsicológica Infantil: aspectos históricos, teóricos e técnicos", no livro *Avaliação Neuropsicológica Infantil* (Sinopsys, 2017), "Treinamento cognitivo em idosos", no livro

Envelhecimento e saúde mental (Edipucrs, 2016), "Funções executivas: a regência de uma orquestra", no livro *Ciclo Vital –Perspectivas contemporâneas em avaliação e intervenção* (Edipucrs, 2015), "Reabilitação neuropsicológica para adultos com quadros neurológicos", no livro *Avaliação e intervenção no ciclo vital: da promoção de saúde à prática clínica* (Hogrefe, 2019). *Baralho Família Terapêutica* (Artesã Editora, 2020), *Baralho Autismo - Avaliação e intervenção* (Artesã editora, 2021), *Baralho Orientação Profissional* (Artesã editora, 2022).

Roberta Fernandes Lopes do Nascimento

Diretora Executiva, Psicóloga (PUCRS), Mestre em Psicologia (PUCRS) (Intervenção e Avaliação Psicológica no Ciclo Vital / PUCRS - Colocação: 1º lugar), Especialista em Psicologia Jurídica, Especialista em Avaliação Psicológica e Psicodiagnóstico, Especialista em Psicologia do Trânsito, Especialista em Psicologia e Orientação Profissional. Credenciada a Polícia Federal para Avaliação Psicológica para manuseio de arma de fogo. Supervisora e Professora dos cursos de extensão e pós-graduação da Núcleo Médico Psicológico nas Disciplinas de RH e Avaliação Psicológica. Experiência em avaliação psicológica para concursos; orientação profissional, desenvolvimento de carreira, dinâmica de grupo, coaching, acompanhamento funcional, avaliação de desempenho, pesquisa de clima, treinamento e desenvolvimento de pessoas. Ganhadora do Prêmio Top Of Business 2009. Coautora do capítulo, "Funções Executivas: A Regência de uma Orquestra" no livro *Ciclo Vital – Perspectivas contemporâneas em avaliação e intervenção* (Edipucrs, 2015). Coautora dos livros: *Seleção RH, Exercícios de Memória, Inteligência Emocional, Psicologia Positiva, Mediação de Conflitos, Terapia de Bolso, Terapia Infantil, Não me Toque, Eu na escola, Seleção por competências, Caixinha da felicidade, Meus pais se separaram: e agora?, Pensar emagrece, Tipo Assim, Antiansiedade, TDAH, Saúde Mental, Vamos falar sobre mentira, Vamos falar sobre bipolaridade, Autoaceitação, Ansiedade Infantil, Você e suas emoções, Comportamento Compulsivo, Reabilitação Neuropsicológica avaliação e intervenção crianças e adolescentes, Reabilitação Neuropsicológica avaliação e intervenção adultos e idosos, Como Lidar com Transtorno Obsessivo-Compulsivo (TOC). Baralho Família Terapêutica* (Artesã Editora, 2020), *Baralho Autismo avaliação e intervenção* (Artesã Editora, 2021), *Baralho Orientação Profissional* (Artesã Editora, 2022).

Autores convidados

Ana Maria dos Santos Sieburger

Psicóloga, Especialista em Neuropsicologia– Avaliação e Reabilitação na Faculdade Mário Quintana – FAMAQUI/Porto Alegre/RS. Contato: amsieburger@gmail.com.

Dirlene Zolim da Rocha

Psicóloga (PUCRS), Especialista em Neuropsicologia–Avaliação e Reabilitação na Faculdade Mário Quintana – FAMAQUI/Porto Alegre/RS. Contato: dirlenedarocha@hotmail.com.

Edimara Ana Pagoto

Psicóloga, Especialista em Avaliação Psicológica e Diagnóstico Clínico, Especialista em Neuropsicologia – Avaliação e Reabilitação na Faculdade Mário Quintana – FAMAQUI/Porto Alegre/RS. Contato: edi.anapagoto@gmail.com

Eliana Furtado Dourado Brião

Psicóloga (PUCRS), Especialista em Neuropsicologia – Avaliação e Reabilitação na Faculdade Mário Quintana – FAMAQUI/Porto Alegre/RS. Contato: elianadourado@hotmail.com.

Irani Iracema de Lima Argimon

Psicóloga (PUCRS). Doutora em Psicologia Clínica (PUCRS). Mestre em Educação. Especialista em Toxicologia Aplicada. Professora Titular do Curso de Graduação e Pós-Graduação da Faculdade de Psicologia (PUCRS). Coordenadora do Grupo de Pesquisa Avaliação e Intervenção no Ciclo Vital. Pesquisadora de Produtividade do CNPq. Contato: argimoni@pucrs.br.

Jéssica Katerine Endruweit

Psicóloga, Especialista em Neuropsicologia–Avaliação e Reabilitação na Faculdade Mário Quintana – FAMAQUI/Porto Alegre/RS. Contato: dhissica@gmail.com.

Juliane Xavier da Silva

Psicóloga (UNISC/RS), Especialista em Neuropsicologia–Avaliação e Reabilitação na Faculdade Mário Quintana – FAMAQUI/ Núcleo Médico Psicológico, Especialista em Gestão em Saúde (UFRGS). Contato: julyanexavier@yahoo.com.br

Maria Breitenbach Renz

Psicóloga, Especialista em Neuropsicologia – Avaliação e Reabilitação pela Faculdade Mario Quintana – FAMAQUI/Núcleo Médico Psicológico – Porto Alegre/RS. Contato: mariabreitenbachrenz@gmail.com

Milena Bugs Antunes

Psicóloga (UCS), Especialista em Neuropsicologia na Faculdade Mario Quintana – FAMAQUI/Núcleo Médico Psicológico – Porto Alegre, Especialista em Terapia Cognitivo Comportamental (IWP-RS). Contato: milenabugsantunes@gmail.com

Natália dos Santos Aydos Rodrigues

Psicóloga, Especialista em Neuropsicologia – Avaliação e Reabilitação, pela Faculdade Mario Quintana – FAMAQUI/Núcleo Médico Psicológico – Porto Alegre. Contato: naty.rodrigues.94@gmail.com

Nola Catia Santos de Jesus

Psicóloga, Especialista em Neuropsicologia – Avaliação e Reabilitação, pela Faculdade Mario Quintana – FAMAQUI/Núcleo Médico Psicológico – Porto Alegre. Sócia Diretora e Gerente administrativa na UniMente Centro Psicológico. Contato: jesusnola@gmail.com

Raí Marques Montes

Psicólogo (PUCRS), Especialista em Neuropsicologia – Avaliação e Reabilitação na Faculdade Mário Quintana–FAMAQUI/ Núcleo Médico Psicológico, Aperfeiçoamento em Terapia Cognitivo Comportamental.Contato: raimmontes@gmail.com

Rogéria Leal Renz

Psicóloga, Especialista em Neuropsicologia – Avaliação e Reabilitação na Faculdade Mario Quintana – FAMAQUI/Núcleo Médico Psicológico – Porto Alegre. Contato: ro.renz@hotmail.com

Ronald Maeso Montes

Médico Neurologista (CREMERS 13765), Doutorado em Psicologia (PUCRS). Professor PUCRS/RS. Contato: ronald@montes.com.br

Rosimar Heleno de Almeida

Psicóloga (PUCRS), Especialista em Neuropsicologia –Avaliação e Reabilitação Neuropsicológica na Faculdade Mário Quintana – FAMAQUI/ Núcleo Médico Psicológico – Porto Alegre/RS, Mestre em Ciências Criminais – Escola de Direito (PUCRS), Integrante do Grupo de Pesquisa em Bioética e Saúde Mental (PUCRS). Contato: rosicifa.psico@gmail.com

Shirlei de Vargas Saldanha

Psicóloga (UNISC), Especialista em Neuropsicologia – Avaliação e Reabilitação na Faculdade Mário Quintana – FAMAQUI/ Núcleo Médico Psicológico – Porto Alegre/RS. Psicologia e Neuropsicologia. Contato: shirleisaldanha@yahoo.com.br.

Simone Radomsky Viapiana

Psicóloga (PUCRS), Especialista em Neuropsicologia – Avaliação e Reabilitação na Faculdade Mário Quintana – FAMAQUI/ Núcleo Médico Psicológico – Porto Alegre/RS. Especialista em Psicologia Cognitivo Comportamental (WP), Membro do FBTC. Contato: simone-via@hotmail.com

Tanise Franklin da Silva Fernandes

Psicóloga (ULBRA), Especialista em Neuropsicologia – Avaliação e Reabilitaçãona Faculdade Mário Quintana – /FAMAQUI/Núcleo Médico Psicológico – Porto Alegre/RS. Contato: tanisefsfernandes@gmail.com.

Úrsula Patrícia Webers

Psicóloga (PUCRS), Especialista em Neuropsicologia – Avaliação e Reabilitação na Faculdade Mário Quintana – /FAMAQUI/ Porto Alegre/RS. Especialista em Gestão de Pessoas (IBPEX/PR), Especialista em Terapia Cognitivo Comportamental (IMED/PF). Contato: ursulaweberspsicologa@gmail.com

Valéria Bitencourt Morocini

Psicóloga, Especialista em Neuropsicologia – Avaliação e Reabilitação na Faculdade Mário Quintana – /FAMAQUI/Núcleo Médico Psicológico – Porto Alegre/RS. Contato: valeriamorocini@gmail.com.

Vanessa Pozzi

Psicóloga (Ulbra, 2015). Especialização em Neuropsicologia (Avaliação e Reabilitação) pela Faculdade Mário Quintana - FAMAQUI/Núcleo Médico Psicológico-Porto Alegre/RS; Formação em Avaliação Psicológica, Formação em Autismo (Núcleo Médico Psicológico/Porto Alegre/RS) e Formação em Psicoterapia Psicanalítica pela Fundação Universitária Mario Martins. Contato: nessapozzi@gmail.com

Anotações

Construindo ideias
e conectando mentes

Este livro foi composto com tipografia Bembo Std
e impresso em papel Pólen Soft 80g/m² em março de 2025.